金冲及文丛

联合与斗争
——毛泽东、蒋介石
与抗战中的国共关系

金冲及 著

生活·讀書·新知 三联书店

Copyright © 2018 by SDX Joint Publishing Company.
All Rights Reserved.

本作品版权由生活·读书·新知三联书店所有。
未经许可,不得翻印。

图书在版编目(CIP)数据

联合与斗争:毛泽东、蒋介石与抗战中的国共关系/金冲及著.—北京:生活·读书·新知三联书店,2018.3 (2025.3重印)
(金冲及文丛)
ISBN 978-7-108-06239-0

Ⅰ.①联… Ⅱ.①金… Ⅲ.①国共合作-中国-1936—1946 Ⅳ.① K265.19

中国版本图书馆 CIP 数据核字(2018)第 027678 号

责任编辑	马 翀
装帧设计	蔡立国
责任印制	董 欢

出版发行 生活·讀書·新知 三联书店
 (北京市东城区美术馆东街22号 100010)
网 址 www.sdxjpc.com
经 销 新华书店
印 刷 河北松源印刷有限公司
版 次 2018年3月北京第1版
 2025年3月北京第6次印刷
开 本 635毫米×965毫米 1/16 印张 23.5
字 数 198千字
印 数 22,001-25,000册
定 价 46.00元

(印装查询:01064002715;邮购查询:01084010542)

目 录

前言 1

一、国共第二次合作的历史特点 3

二、国共合作抗日的最初阶段 9

三、磨擦怎样进入高潮 47

四、相对缓和的局面 123

五、局势再度恶化 153

六、联合政府主张的提出 173

七、结语 205

附录 213

（一）华北事变和抗日救亡高潮的兴起 215
    1."中华民族到了最危险的时候" 216
    2.一二·九运动爆发的由来 226
    3.各界救国联合会的成立 235
    4.南京政府对日政策的变化 249

（二）七七事变前蒋介石对日政策的演变　259

　　1. "攘外必先安内"方针的提出　259

　　2. 日本侵略者的步步进逼和蒋介石的犹豫摇摆　265

　　3. 转折的开始　272

　　4. 停止内战、合作抗日　280

（三）抗战前夜中共中央战略决策的形成　289

　　1. 中央红军到达陕北　290

　　2. 瓦窑堡会议　295

　　3. 东征和晋西会议　304

　　4. 对两广事变和国民党五届二中全会的反应　316

　　5. 中共中央关于逼蒋抗日的指示　323

　　6. 西安事变前后　335

征引文献　353

　　一、报刊征引文献　353

　　二、图书等征引文献　354

　　三、海外征引文献　363

后记　371

前　言

　　1937年至1945年的全民族抗日战争，构成近代中国历史上一大变局。这八年，中华民族同仇敌忾，浴血奋战，取得抗击外敌入侵的完全胜利，成为民族复兴的重大枢纽。这八年，走过的又是一条充满惊涛骇浪、危机迭出、起伏不定的崎岖道路。它给后人留下无数值得深思的话题。

　　在这场全民族抗战中，国共合作是一个关键性的要素。如果当时没有以国共合作为基础的抗日民族统一战线，很难形成全民族的抗日战争。由于大敌当前，尽管双方仍存在种种矛盾，但在抗战之初有过一段比较好的合作时期。随着战局的推移，磨擦不幸地发生了，上升了，有时甚至仿佛已到破裂的边缘。但又一再峰回路转，出现相对缓和，把合作保持下来，直到抗战胜利，始终没有破裂。

　　这样令人惊心动魄、曲折而复杂的局面，在历史上并不多见，也是对双方统帅部品格、智慧和驾驭复杂局势能力的严峻考验。

　　蒋介石在战争期间，虽然有时积极有时消极，但始终坚持抗战，没有屈服，和汪精卫截然不同。这是值得肯定的，也是国共两党能够继续合作的基础。但他对共产党的疑忌实在太深了，总是力图限制以致伺机消灭共产党，这是磨擦产生和上升的根由。但由于国内和国际诸多因素的制约，他也有所顾忌，不敢把事做绝，往往留有余地，碰了钉子就暂时歇手。直到抗战胜利后，才发动全面内战。

以毛泽东为首的中共中央以沉着冷静的态度，从容应对起伏不定的种种风浪。他们总结以往的历史经验和痛苦教训，正确处理联合与斗争的关系。这个异常复杂而又具有关键意义的问题既不像大革命时期和抗战时期王明主张的那样，"一切联合，否认斗争"，犯右的错误；又不像十年内战时期三次"左"倾错误那样，"一切斗争，否认联合"。而在斗争中，又根据实际情况，采取"有理、有利、有节"的恰当做法，斗而不破，一次次地化险为夷，不断取得新的成功，在处理全民族抗战时期的国共关系上，一直处于主导地位。

"前事不忘，后事之师。"已经过去七十多年的历史和先人的智慧，至今依然可以给我们不少有益的启示。

一、国共第二次合作的历史特点

要谈全民族抗日战争中的国共合作,首先必须从当时国共关系全局的实际情况出发。

如果把国共这次合作同十年前的第一次国共合作相比较,这个时期的国共关系有几个显著的特点。

第一,它是民族矛盾处于压倒一切地位时形成的。第一次国共合作时的大革命,主要矛头指向受帝国主义列强支持的北洋军阀,斗争的主要形式是北伐战争。那时,北洋军阀的统治已很脆弱;十多年的军阀统治和混战在国内极端不得人心,军阀阵营内部又处于四分五裂的状态。所以,国民革命军的北伐一开始,几乎是长驱直入,居于明显的优势地位。占领上海、南京后,蒋介石觉得自己羽翼已经丰满,不再需要共产党这个合作伙伴,便翻过脸来实行"清共"。而全民族抗战时不同了。一个民族敌人深入中国国土这一事实,起着压倒一切的决定作用。日本是一个拥有强大军事和经济实力的帝国主义国家。它的野心又那么大,要灭亡中国,在中国实行殖民统治。现实生活使大家看到:侵略军铁蹄所到的地方,处处是惨绝人寰的屠杀、焚烧和劫掠。中华民族已处在生死关头,对国共两党都是如此。只有合作抗日,才能维护整个民族的独立和生存。谁主张并实行团结抗日,谁就能得到人心;相反,便受到人民反对。这决定了合作的长期性。在整个抗战过程中,尽管双方的关系有过大起大落,合作却始终保持着,没有破裂。

第二,它是国共两党经历了十年内战的生死搏斗后形成的。国民党在1927年发动突然政变,昔日的盟友一下成为凶残的刽子手。中国共产党那时还是年轻的党,成立只有五六年时间,以前的工作主要集中在学生运动和工人运动,农民运动只是初步做了一些,对待那些善用政治手腕的官僚、政客和新军阀几乎没有经验,对理论和中国国情的了解还很不够,对国共关系突然全面破裂无论思想上和行动上都缺乏准备。据中共六大不完全的统计:从1927年3月到1928年底,共产党员和进步群众被杀害的达三十一万多人,其中共产党员两万六千多人。党的许多优秀领导人如瞿秋白、蔡和森、恽代英、陈延年、赵世炎、罗亦农、彭湃、张太雷、方志敏、邓中夏、陈乔年等先后牺牲在国民党屠刀之下。共产党员和革命群众流的血太多太多了。1927年和1934年,中国共产党两次被逼到毁灭边缘。这种伤痕是很难淡忘的。而在抗日战争过程中，处于强势地位的国民党当局一方面坚持抗战，在抗战初期还想利用中共领导的军队一起抵抗日本军队的进攻，另一方面又总想限制、削弱以致伺机消灭共产党。有过惨痛教训的共产党对此不能不时刻抱有戒备。这又不可避免地给合作带来极大的复杂性，有时甚至发展为严重的对立和冲突。

抗日战争时期国共合作中的联合与斗争，首先是上述这两个基本特点决定的：前一个特点决定了两党合作抗日的长期性，后一个特点又造成合作的复杂性。两者的相互关系并非一成不变，也不是直线式地发展，而是随着国内外局势的变动而起伏不定：有时（特别是抗战初期）合作得比较好；以后也有过相互关系比较和缓，甚至出现某些好转；而有时（特别在皖南事变前后）却出现狂风恶浪式的严重危机，仿佛已走到破裂的边缘。但基本局面没有改变：合作中一直存在着斗争，而斗争不管多么剧烈，在整个抗日战争过程中也始终没有破裂。

第三，它是在国共双方都有自己的军队和政权的情况下合作的。在第一次国共合作时，国民党只有广东一省并不巩固的政权和不多的军队；共产党在群众运动中虽有很大影响，但没有掌握政权，又几乎没有军队。而第二次国共合作时，国民党已"有着全国性的政权和强大的军事力量,并且有十年一党专政的统治";[1]共产党也有了自己领导的军队和政权,而且有很强的战斗力。国共合作首先从双方军队的合作抗日开始,这是合作的主要内容。但国民党很自大,合作是不平等的,而且始终把限制、削弱以致伺机消灭共产党领导的军队和政权作为它最关切的问题。共产党如果失去自己领导的军队和政权,就只能处在听人宰割、束手待毙的地位,这是惨痛的历史经验证明了的,是一刻也不能遗忘的。因此,军队和政权问题上限制与反限制的斗争,成为贯穿这个时期国共两党矛盾的焦点。

第四,它是在世界反法西斯阵线逐步形成的新历史条件下实现的。第一次国共合作时,资本主义世界刚从第一次世界大战后的严重社会危机中摆脱出来,进入相对稳定时期,以很大力量对付世界各地的革命运动。在远东占有最大权益的英、日、美三国对中国国民革命的态度大体上是一致的:最初抱着敌视的态度,以后又尽力扩大国共矛盾,把蒋介石拉过去,支持他的反共活动。而第二次国共合作时的情况起了很大变化。从国际范围来说:嚣张不可一世的以德、日、意为轴心的法西斯势力迅速崛起,以挑起大规模战争(特别是"闪电战")的手段,企图称霸世界,

---

[1] 任弼时著:《任弼时选集》,北京:人民出版社,1987年版,第180页。

对人类社会构成最严重的威胁。这样，便形成反法西斯阵线与法西斯阵线的对立。在远东，不仅苏联，就是美、英也希望中国能团结抗日，以牵制更多的日本兵力，不赞成国共分裂。这对中国共产党提倡的团结抗日是有利的。但这两大对立阵线的形成有一个过程，中间风云变幻，变化很多也很快，有时甚至使人觉得似乎难以捉摸。这又增加了国内政治局势演变的多样性和复杂性。

应对这样关系到国家民族命运而又异常复杂的局面，恰当地处理好国共合作中联合与斗争的关系，确实极为不易。到抗战的中后期，尤其如此。对作为国共双方领导人的毛泽东、蒋介石来说，既有战略视野和政治智慧的较量，又有意志和勇气的考验。而双方领导人的决断，对局势的发展演变有着至关重要的作用。本书准备着重考察毛泽东、蒋介石怎样应对抗战中的国共关系。当然，也不能不涉及当时国共关系中的某些一般情况和双方其他领导人的活动。

谈这个问题，本来应该先讲九一八事变对中国的巨大震撼，特别是华北事变后国共关系出现变化和西安事变后两党如何停止内战、实现第二次合作，才能把事情的来龙去脉讲清楚，但我写过《抗战前夜中共中央战略决策的形成》(《历史研究》2014年第1期)、《七七事变前蒋介石对日政策的演变》(《近代史研究》2014年第1期)、《华北事变和抗日救亡高潮的兴起》(《历史研究》1995年第4期)几篇论文。本书就从1937年全民族抗日战争开始时说起,而把那三篇文章作为附录。

二、国共合作抗日的最初阶段

1937年7月7日的卢沟桥事变,标志着全民族抗日战争的开始。在这场战争中,国共两党共同抗日。尤其是抗战初期,双方的合作比较好。

中国共产党对实行全民族抗战的态度,一开始就十分鲜明和坚决。事变发生后,中共中央发表宣言:"平津危急!华北危急!中华民族危急!只有全民族实行抗战,才是我们的出路!"[1]7月11日,毛泽东、朱德致电彭德怀、任弼时、邓小平:"中日战争有扩大之势,已由周(恩来)、博(古)、林(伯渠)向蒋交涉红军调赴河北应战。"[2]14日,中共中央致电叶剑英,要他通过西安行营转告蒋介石:"愿在蒋指挥下努力抗战,红军主力准备随时出动抗日,电令各军十天内准备完毕,待令出动,同意担任平绥线

---

[1] 中央档案馆编:《中共中央文件选集》第11册,北京:中共中央党校出版社,1991年版,第274页。

[2] 毛泽东、朱德致彭德怀、任弼时、邓小平电,1937年7月11日。

国防。"[1]同一天，朱德为红军将士题词："日本强盗夺我东三省，复图占外蒙，又侵我华北，非灭亡我全国不止。我辈皆黄帝子孙，华族胄裔，生当其时，身负干戈，不能驱逐日本出中国，何以为人！"[2]16日，毛泽东、朱德又致电彭德怀、任弼时等：在南京政府"许可主力红军参战条件下，拟以原一、二、四方面军出动，即以方面军编为师，军编为旅，旅编为团"。[3]

8月9日，毛泽东在中共中央政治局会议上，对卢沟桥事变是否已肯定地成为全民族抗日战争的开始，而不是局部性的事件，作出明确的判断："应估计大战已经到来，新的阶段在7月7日晚上即已开始。抗战已经开始，准备抗战的阶段已经结束。""卢沟桥事件是非偶然的，过此界限，非抗战不可。"[4]这个判断极其重要，是接着所采取一系列行动部署的依据。

8月22日，中共中央在陕北洛川召开政治局扩大会议。这是中国共产党在全民族抗战刚刚爆发的历史转折关头召开的一次重要会议，一共开了四天。会议根据敌强我弱的

---

[1] 毛泽东、朱德、彭德怀、贺龙、林彪、刘伯承、徐向前致叶剑英电，1937年7月14日。

[2] 朱德著：《朱德军事文选》，北京：解放军出版社，1997年版，第256页。

[3] 毛泽东、朱德致彭德怀、任弼时并告叶剑英、刘伯承、张浩电，1937年7月16日。

[4] 毛泽东在中共中央政治局会议上的发言，1937年8月9日。

形势,指出这场战争必将是持久而艰苦的,必须做到全国人民总动员,实行全面抗战。这就要求给人民以抗日所必需的民主自由权利,改善劳动大众的生活。如果不进行有利于抗日的根本改革,不把民众充分发动起来,而单纯依靠政府和军队的片面抗战,将无法取得胜利。动员全民奋起的"全面抗战"还是单纯依靠政府和军队作战的"片面抗战"那场争论,就是由此开始的。洛川会议本着这种精神,通过《抗日救国十大纲领》。

由于红军即将开赴前线对日作战,一个新的问题提到面前:红军对日军应该怎样作战?这时,红军将要遇到和交手的对象和以往不同,是由精良的现代武器装备起来并受过严格军事训练的日本侵略军,但他们的兵力终究有限,又受到中国民众的强烈反抗。毛泽东在会上所做的军事报告中,及时地根据日军的特点,指出红军作战方针应该确定为是"独立自主的山地游击战争(包括有利条件下消灭敌人兵团与在平原发展游击战争,但着重于山地)"。并说明:这种独立自主是在统一战略下的"相对的独立自主"。[1]这是红军作战方针的重大改变,是适应抗日战争这种新的历史条件下克敌制胜的唯一正确方法。对这个问题,毛泽东

---

[1] 毛泽东在洛川会议上的军事报告,1937年8月22日。

比谁都认识得更早更清楚。

洛川会议上，决定改组中共中央军事委员会，由毛泽东任主席，朱德、周恩来任副主席。它在8月25日正式发布命令："南京已经开始对日抗战，国共两党合作初步成功。为着实现共产党中央给国民党三中全会红军改名之保证，使红军成为抗日民族战争的模范，推动这一抗战成为全民族的抗日革命战争，以争取最后的彻底胜利。特依据与国民党及南京政治谈判结果，宣布红军改名为国民革命军第八路军。"[1] 八路军主力在8月、9月间由朱德、彭德怀率领，从陕西三原地区和富平县出发，东渡黄河，挺进华北抗日前线。

八路军在国难深重的关头，毅然开赴山西前线同日本侵略军作战，是何等可敬。可笑的是，在六年以后，国民党五届十一中全会1943年9月13日通过一份秘书处《关于中共破坏抗战危害国家案件总报告》之决议，其中说："此种阴谋，具见十八集团军由延安出发晋北时，毛泽东对干部之训话所谓'中日战争为中国共产党发展之绝好机会，我们的决策，七分发展、二分对国民党应付，其余一分为

---

[1] 中央档案馆编：《中共中央文件选集》第11册，北京：中共中央党校出版社，1991年版，第331页。

抗日'。"[1]这段话据他们说出自一个叛逃的八路军连级干部的口供。像这样无中生有,毫无事实根据的所谓下级军官的"口供",竟赫然见诸国民党中央全会正式通过的文件,以后又多次被一些文章和书籍反复引用,岂不荒唐!

再来看蒋介石对抗日战争的态度怎么样。

以往,日本侵略者曾多次发动过局部地区的军事行动。卢沟桥事变后时局发展会怎么样?蒋介石一时还看不准。他在7月8日的日记中写道:"倭寇在卢沟桥挑衅矣。彼将乘我准备未完之时,使我屈服乎?或故与宋哲元为难,使华北独立乎?"[2]他觉得还存在着两种可能性。第二天,他致电阎锡山说:"此间于昨日得到卢沟桥冲突消息后,即电军事委员会通令全国戒严,并准备全部动员,以防事态之扩大,另令孙仿鲁(连仲)部两师及庞更陈(炳勋)、高培五(桂滋)等部,即向保定石家庄集中,务祈即行准备,严密防范,至对于此事应如何应付,尚祈见示。"[3]孙连仲、庞炳勋都是原冯玉祥部的西北军,高桂滋是陕北的地方势力,都不是蒋介石的嫡系部队。他仍小心翼翼地按照1935

---

[1] 秦孝仪总编纂:《蒋介石大事长编初稿》卷5(上册),台北:国民党中央党史委员会,1978年10月版,第379页。

[2] 蒋介石日记(手稿本),美国斯坦福大学胡佛研究所藏,1937年7月8日。

[3] 秦孝仪总编纂:《蒋介石大事长编初稿》卷4(上册),台北:国民党中央党史委员会,1978年10月版,第70、71页。

年的"何梅协定"的约束,不敢派嫡系部队北上,还想再看一看。在7月10日的日记中写道:"我军已开始北进,彼或可于明日停战乎?"到12日仍写道:"非至万不得已,不宜宣战。"[1]

军事委员会办公厅主任徐永昌同天日记中写道:"何敬之(引者注:即何应钦)电话:卢沟桥和平解决方案又较有具体开展。""此间亦似盼望和平。"[2]蒋介石的儿子蒋纬国在《抗日战争指导》一书中写道:"蒋委员长在当时并不想和日本开战,这是可以体认的。""因为在七七事变发生后,蒋委员长仍然希望日本政府约束军人,不使事态扩大。"[3]至于国共关系,内战虽在西安事变后已经停止下来,但如何合作抗日,一时还没有提到具体议事日程上来。

但局势迅速恶化,平津已危在旦夕,日本决心全面侵华的野心日益明显。蒋介石知道再也无法退让了。他下了决心,在7月16日致电宋哲元:"卢案必不能和平解决。无论我方允其任何条件,而其目的则在以冀察为驻兵区域与区内用人组织皆得其同意,造成第二冀东。若不做到此步,

---

[1] 蒋介石日记(手稿本),美国斯坦福大学胡佛研究所藏,1937年7月10日、12日。
[2] 徐永昌著:《徐永昌日记》第4册(手稿本),台北:"中央研究院"近代史研究所,1991年影印,第75页。
[3] 蒋纬国著:《抗日战争指导》,台北:远流出版事业股份有限公司,1989年版,第426页。

则彼必得寸进尺无已事。决心运用全力抗战,宁为玉碎,毋为瓦全。"[1]这是他第一次如此明白地表示他下决心进行这场战争了。第二天,他在庐山谈话会上坦率地说:"如果卢沟桥可以受人压迫强占,那末我们百年故都、北方政治文化中心和军事重镇的北平就要变成沈阳第二。今日的北平若果变成昔日的沈阳,南京又何尝不可变成北平。"他在讲话中说了一句传颂一时的话:"如果战端一开,那就地无分南北,年无分老幼,无论何人皆有守土抗战之责任,皆应抱定牺牲一切之决心。"[2]这句话得到国内的普遍赞扬。蒋介石在19日的日记中写道:"立意既定,无论安危成败,在所不计。""谈话稿既发表,只有一意应战,不再作回旋之想矣。"

国难当头,蒋介石自知兵力不足,国共共同抗日便成为更迫切需要解决的问题。在19日的日记中,他写道:"对共党之收编应即解决。"[3]

蒋介石下定抗战的决心是值得赞扬的。国民党是当时中国最大的控制着统治权的政党,南京政府有着两百万军

---

[1] 钱世泽编:《千钧重负:钱大钧将军民国日记摘要》(一),台北:中华出版公司,2015年版,第482、484页。

[2] 秦孝仪主编:《蒋介石思想言论总集》卷14,台北:中国国民党中央委员会党史委员会,1984年版,第583—585页。

[3] 蒋介石日记(手稿本),美国斯坦福大学胡佛研究所藏,1937年7月19日。

队和得到国际承认的外交地位。没有它的参加,全民族抗战是难以形成的。但他对国共合作谈不到有平等的态度,不过是想对共产党实行"收编",完全受他的控制。这样的谈判自然不会被共产党接受,也不会有什么结果。

这以后十几天内,北平、天津相继沦陷。7月29日,蒋介石对记者发表谈话:"日本既蓄意侵略中国,不惜用尽种种手段,则可知今日平津之役,不过其侵略战争之开始,而绝非其战事之结局。"[1]8月13日,淞沪战役爆发,战火燃烧到南京政府统治的心脏地区。这对蒋介石的刺激自然更大了。他在当天日记中写道:"至此,虽欲不战而不可得,否则国内必起分崩之祸。与其国内分崩,不如对倭抗战。"[2]蒋介石侍从室负责军事工作的一处主任钱大钧,也在当天日记中写道:"今夜,余与俞樵峰(飞鹏)等宴共党之周恩来、朱德、叶剑英。席间,谈笑甚乐。"[3]

蒋介石对待共产党的态度,是随日本侵略者对他威胁和压力的大小而变化的。

共产党在十年内战中已经有了自己的军队和政权,尤

---

[1] 秦孝仪总编纂:《蒋介石大事长编初稿》卷4(上册),台北:国民党中央党史委员会,1978年10月版,第93页。

[2] 蒋介石日记(手稿本),美国斯坦福大学胡佛研究所藏,1937年8月31日,"本月反省录"。

[3] 钱世泽编:《千钧重负:钱大钧将军民国日记摘要》(一),台北:中华出版公司,2015年版,第502页。

其是军队,这是蒋介石最不放心的。在这以前,他在这年3月6日的日记中曾写道:"对'共匪'只可编其部队,而决不许其成立军部或总指挥部。"6月8日至15日,周恩来在庐山同蒋介石、宋美龄、宋子文进行多次会谈。9日,蒋介石在日记中写道:"共党尚欲设军事总机关,余严拒之。"[1]但口头上又向周恩来等表示:三个师以上的政治机关可以代行指挥权。这样说只是敷衍搪塞罢了。卢沟桥事变发生后,7月14日,他又要负责国共谈判的国民党代表张冲转告周恩来:"部队在改编后,各师须直隶行营,政治机关只管联络。"连"可以代行指挥权"也不再提了。很显然,他的目的就是要把共产党领导的军队先拆散,分别置于他控制的军队指挥下,逐步分化瓦解,最后加以吞并,这是他收拾许多地方实力派部队时惯用的手法。共产党自然不会上这种当。周恩来第二天愤然致信蒋介石:"此与来(注:周恩来自称)上次在庐所面聆及归陕向党中同志所面告者出入甚大,不仅事难做通,且使来一再失信于党中同志,恐碍此后各事之进行。"[2]这其实是痛斥蒋介石"一再失信",将"碍此后各事之进行"。谈判在一段时间内陷入僵局。

---

[1]蒋介石日记(手稿本),美国斯坦福大学胡佛研究所藏,1937年3月6日、6月9日。
[2]《周恩来书信选集》编委会编:《周恩来书信选集》,北京:中央文献出版社,1988年版,第136页。

到八一三战役爆发后，战局十分不利。在上海指挥作战的陈诚在日记中一再写道："淞沪在战略上对我极为不利。""政府平时毫无准备，战时手忙脚乱，此次临时令我与顾（祝同）来负此重责，事前毫无所闻，一切均无从着手，自难有妥当办法。"[1]中国军队先后有七十多万人在日军掌握制空权和制海权的滨海城市，浴血奋战，拼阵地消耗，牺牲极大，无力支援其他地区的作战。在这种情况下，蒋介石迫切需要有很强战斗力的工农红军迅速开赴华北前线投入战斗。于是，原来谈判中一直僵持不下的军队番号、编制和指挥问题顿时急转直下地得到解决。

蒋介石一改原来的态度，于8月18日同意红军改编为国民革命军第八路军，任命朱德、彭德怀为正副总指挥。他在8月28日的日记中写道："近日战局渐转劣势，人心动摇。""惟共党态度渐劣，惟有顺受之。"[2]这是一个重大的突破，国共谈判中长时间僵持的焦点终于得到消解。这样，八路军才能开赴山西前线，同友军合作，共同抗击日本侵略军。以后，蒋介石又同意将中共领导的南方各省游击队改编为国民革命军新编第四军，以从海外归来的叶挺任军长。

---

[1] 陈诚著：《陈诚先生日记》（一），台北："国史馆"，2015年版，第155、156页。
[2] 蒋介石日记（手稿本），美国斯坦福大学胡佛研究所藏，1937年8月28日。

接着，另一个问题也得到解决。正在庐山同蒋介石谈判的周恩来、博古、林伯渠在7月中旬已将《中共中央为公布国共合作宣言》面交蒋介石。但他的态度却十分冷淡，不愿发表。随着淞沪战役吃紧，蒋介石的态度也软化了。9月17日，他在日记中写道："沪战最为危急。"19日写道："共党宣言准予发表。"[1]22日，国民党中央通讯社公布了这个《宣言》。第二天，蒋介石发表谈话称："此次中国共产党发表之宣言，即为民族意识胜过一切之例证。""在存亡危急之秋，更不应计较过去之一切，而当使全国国民彻底更始，力图团结，以共保国家之生命与生存。"[2]尽管共同的政治纲领谈了几次，始终没有形成，但由国民党中央通讯社公布中共的《宣言》并发表蒋介石的谈话，终究在一定程度上承认了共产党的合法地位。这还是前进了重要的一步。陕甘宁边区政权问题虽没有完全达成协议，但国民党方面也已无法改变这早已形成的事实。

9月25日，毛泽东和张闻天致电正在同蒋介石谈判的周恩来等，肯定国民党这个举动："你们谈话请根据下列诸点：一、我们宣言及蒋氏谈话宣布了统一战线的成功。建

---

[1] 蒋介石日记（手稿本），美国斯坦福大学胡佛研究所藏，1937年9月19日。
[2] 秦孝仪主编：《蒋介石思想言论总集》卷38，台北：中国国民党中央委员会党史委员会，1984年版，第95页。

立了两党团结救国的必要基础。二、这个宣言不但将成为两党团结的方针,而且将成为全国国民大团结的根本方针。中华民族之复兴,日本帝国主义之打倒,将于今后的两党团结与全国团结得到基础。三、蒋谈话指出了团结救国的深切意义,确定了共产党在全国合法地位,发出了'与全国国民彻底更始'的诺言。但还表现着自大主义精神,缺乏自我批评,未免遗憾。今后问题是彻底实现三民主义及与三民主义相符合的中共提出的十大纲领。"[1]这个发给周恩来等的内部电报,表明共产党对国共合作的正式实现是充分肯定的,是充满诚意的。电报中批评国民党的"自大主义精神"是指它仍抱着不平等的姿态,"缺乏自我批评"是指它依然存在压制民众运动等"片面抗战"的缺陷,因此,在合作中仍需要保持批评的权利。这些都是为了扫除障碍,更好地实现和维护国共的合作抗日。

淞沪战役失败后,日军迅速西进,南京危在旦夕。12月11日,蒋介石在"本周反省录"中写道:"南京万一被陷,则对内部、对共党、对国民应有鲜明态度之表示:决定抗战到底,义无反顾。"南京失陷后,他又在12月21日的日记

---

[1] 中央统战部、中央档案馆编:《中共中央抗日民族统一战线文件选编》(下),北京:档案出版社,1986年版,第43、44页。

中写道:"与共党代表谈组织事。此时对共党应放宽,使之尽其所能也。"[1]经过淞沪会战失利和南京失陷,蒋介石嫡系部队的主力受到相当大的损失。在华北的主要战场上,阎锡山的晋军又一败再败。因此,蒋介石对共产党的态度确实"放宽"了不少,以便"尽其所能",这是形势所迫的结果。

这以后直到武汉和广州失守,国共合作的状况,总体上比较好。毛泽东在《论联合政府》中写道:"从一九三七年七月七日卢沟桥事变到一九三八年十月武汉失守这一个时期内,国民党政府的对日作战是比较努力的。在这个时期内,日本侵略者的大举进攻和全国人民民族义愤的高涨,使得国民党政府政策的重点还放在反对日本侵略者身上,这样就比较顺利地形成了全国军民抗日战争的高潮,一时出现了生气蓬勃的新气象。"[2]

国共合作抗日,首先表现在抗日作战的战场上。

国民党在这个时期内的对日抗战确实是比较努力的。拿淞沪会战来说,蒋介石投入的七十多万兵力中,他的嫡系部队除卫立煌、汤恩伯等部在华北外几乎都参加了,桂军、粤军、川军、滇军、湘军、东北军等也先后投入战斗,浴

---

[1] 蒋介石日记(手稿本),美国斯坦福大学胡佛研究所藏,1937年12月21日,"本周反省录"。
[2] 毛泽东著:《毛泽东选集》第3卷,北京:人民出版社,1991年版,第1037页。

血苦战达四个月。接着,第五战区司令长官李宗仁指挥的台儿庄战役,是中国军队取得的巨大胜利,歼灭日军近一万两千人。捷报传来,举国欢腾。周恩来说:"台儿庄、鲁南战争的胜利,促进各军抗战的决心。"[1]

中国共产党领导的八路军这时东进山西前线。周恩来和彭德怀、徐向前(山西五台人)在9月7日先赶到山西太和岭口阎锡山的前线指挥部,同阎会商两军合作抗日的问题。薄一波回忆道:"谈判后,阎锡山对我说:'周先生对抗战前途看得非常清楚。'阎锡山还要周恩来同志给他写个第二战区的作战计划。周恩来同志仅用一天的时间,就把作战计划写好了。阎锡山看了很吃惊,连说:'写得这样好,这样快!如能这样打,中国必胜!'他慨叹:'周先生的确是个大人才。国民党是没有这样的人才的!'"[2]

八路军开到山西前线后,在太原失守前主要是直接配合国民党中央军和晋军共同作战。平型关伏击战是八路军出师后第一次集中较大兵力对日军进行的成功战役,打破了日军不可战胜的神话。这次战役,担任正面防御的是晋绥军四个师和几个旅,左翼是高桂滋部陕军,右翼是八路军第一一

---

[1]周恩来在中共中央政治局会议上的报告,1938年9月15日。
[2]薄一波著:《领袖元帅与战友》,北京:中央文献出版社,2008年版,第91页。

五师。当日军进入右侧山路时，受到早就埋伏在这里的八路军突然袭击，共歼敌近千人，缴获不少武器辎重。时任阎锡山高级参谋的老同盟会会员续范亭写道："谨按平型关战役，八路军的大捷，其估价不仅在于双方死亡的惨重，而在于打破了皇军不可战胜的神话，提高了我们的士气。在敌人方面，从南口战役以来，日寇长驱直入，如入无人之境，在平型关忽然受到惨重的打击和包围被歼，使日寇知道中国大有人在，锐气挫折，不敢如以前那样的长驱直入。"[1] 毛泽东发电称："是役已将敌攻平型关计划破坏"，"我们捷报发至全国，连日各省祝捷电甚多"，并且说到发电祝捷的个人和单位中包括有蒋介石。[2]

忻口战役是守卫太原最后门户的重要战役。蒋介石嫡系将领卫立煌任第二战区前敌总指挥，率领中国军队八万人坚守阵地，顽强抗击。八路军三个师配合正面作战，先后收复雁门关、平型关，还奇袭阳明堡机场，焚毁那里的全部日军飞机二十四架。朱德对来到山西前线的英国记者贝特兰说："敌人已直接从北方沿其他的路线前进。他们已经顽强地推进到忻口。中央军和晋军扼守忻口。这里就起了恶战。南京

---

[1] 续磊、穆青编著：《续范亭文集》，北京：人民出版社，2013年版，第242页。
[2] 毛泽东著：《毛泽东军事文集》第2卷，北京：军事科学出版社、中央文献出版社，1993年版，第68页。

的军队打得很好——他们坚守了三个星期。我们很钦佩卫立煌将军在忻口的抵抗。同时，我们的军队迅速向北移动。正如你所知道的一样，我们克复了雁门关。不久，我们的军队独立行动，就切断了日军的三条路线——自大同到雁门关的路线、自蔚县到平型关的路线，以及西方的自朔县到宁武的路线。在这时候，已向南方前进的日军遭了严重的困难。他们不能取得给养，因为道路被我们占领着。运输军火的车子不得不中途折回。他们没有汽油的供给，因此不能运用机械化部队。曾有一时，日军真的到了绝望的境地。"[1] 贝特兰对外作了报道。卫立煌对周恩来说："八路军把敌人几条后路都截断了，给我们忻口正面作战的军队帮了大忙。"[2] 这是国共双方在正面战场上配合得最好的一场作战。

太原失守后，战场上的形势发生很大变化。国民党正规军基本上向南或向西渡过黄河撤走，阎锡山也率部西渡黄河迁到陕西宜川县的秋林镇（以后又移到紧靠黄河东岸的克难坡），有较强战斗力的主力只有卫立煌部仍留在豫北的中条山区。八路军并没有随着渡黄河西撤，继续坚持以山西为主要阵地支撑华北抗战。它的主力向敌后挺进，建

---

[1] [英]詹姆斯·贝特兰著，林淡秋等译：《华北前线》，北京：新华出版社，1986年版，第168页。
[2] 赵荣声著：《回忆卫立煌先生》，北京：文史资料出版社，1985年版，第35页。

立抗日根据地,开展独立自主的山地游击战,第一个就是依托五台山的晋察冀根据地。毛泽东在延安的一次报告中说:"在华北,以国民党为主体的正规战争已经结束,以共产党为主体的游击战争进入主要地位。""我们主张全国人民总动员的完全的民族革命战争,或者叫作全面抗战。因为只有这种抗战,才是群众战争,才能达到保卫祖国的目的。"[1]1938年3月9日,蒋介石在日记中写道:"听美国武官报告第八路军作战经过。"第二天,蒋介石的日记中又写道:"对晋南部队之处置无人总其成,决派朱德指挥。"[2]11日他就直接电令第三军军长曾万钟、第十四军军长李默庵、第十七军军长高桂滋、第四十七军军长李家钰:"于徽俊如(注:第二战区副司令长官卫立煌)未到以前,望兄等皆受朱德总司令之指挥,务希和衷共济,使各部门行动配合整个计划,发挥效能,克奏肤功。"[3]不久,朱德又升任第二战区副司令长官。这仍是国共两党在军事上密切配合作战最好的时期。

为什么八路军到了敌后不仅能站住脚跟,并且很快地发展起来?

朱德在回答英国记者贝特兰时说:"第一,这是山地

---

[1] 毛泽东著:《毛泽东选集》第2卷,北京:人民出版社,1991年版,第387—388页。
[2] 蒋介石日记(手稿本),美国斯坦福大学胡佛研究所藏,1938年3月9日、3月10日。
[3] 《民国二十七年之蒋介石先生》,台北:政治大学人文中心,2016年版,第125页。

战,因此敌人不能用坦克和飞机;还有,因为这是奇袭。第二,我们有其他的正规华军的合作和帮助。""我们已经看出,日本的步兵在独立动作的时候并不十分灵动。他们的交通和给养全赖机械的工具。如果这些被人截断,他们就陷于真实的不利,他们不能利用山地,而必须走最容易的最平坦的路线。"朱德着重地指出八路军作战和其他许多部队不同的根本特点:"我们有民众的帮助,我们已把民众组织并训练成游击队,以骚扰敌人的交通线。""在他们进军的主线以外,日军一点不曾占领什么。我们的军队深入在他们的后方,而且——因为河北的义勇军和游击队的合作——实际上已占据了他们所通过的整个的区域。我们无须顾虑后方,因为我们是在自己的国土中作战,无论到了哪里,民众都支持我们,给予我们以实物和帮助。"朱德还告诉贝特兰:"你知道的,第八路军并不为了中国共产主义作战,而且联合所有其他的军队为了中国民族的独立作战。我们连同国民党的军队,正在为了自由民主的中华民国作战。"贝特兰写道:"我觉得朱德说这话的时候,是诚挚的。我所见过的中国共产党员,无论在他们自己的区域中或在军队中,都充分拥护这个主张。"[1]

---

[1] [英]詹姆斯·贝特兰著,林淡秋等译:《华北前线》,北京:新华出版社,1986年版,第167、169—171页。

当八路军主力向敌后挺进时,毛泽东致电前方各将领叮嘱:"必须坚持抗日民族统一战线政策,八路对华北各友军尤其对阎及各县地方政权,地方绅士,必须保持好的友好关系,一切须求合法与统一,减少磨擦。"[1]

八路军在华北敌后建立抗日民主根据地并得到发展,是从日本占领区收复国土,得到民众的支持,完全不应该受到以后发生的无端指责,更谈不上什么"割据"行为了。

国共合作抗日,还表现在其他方面。

在大后方,经中共中央同意,周恩来担任国民政府军事委员会政治部副部长(部长是陈诚),郭沫若担任负责宣传工作的政治部第三厅厅长。第三厅人才济济,拥有大批全国知名的进步文化人士,包括阳翰笙、胡愈之、田汉、张志让、洪深、杜守素、冯乃超、史东山、应云卫、冼星海、张曙等。他们在武汉地区开展了轰轰烈烈的抗日宣传周,每天有一个主题,如歌咏日、戏剧日、电影日、漫画日等,包括组织四五十万人参加的庆祝台儿庄大捷的火炬大游行,后来又举行了热烈的献金活动。第三厅所辖十个演剧队和孩子剧团到各地演出,也产生不小的影响。

---

[1] 中央统战部、中央档案馆编:《中共中央抗日民族统一战线文件选编》(下),北京:档案出版社,1986年版,第60页。

这时，毛泽东的《论持久战》在大后方得到公开出版发行，批判了喧嚣一时的"亡国论"和"速胜论"，指出抗日战争将经过战略防御、战略相持、战略反攻三个阶段，兵民是胜利之本，最后胜利属于中国。在人们面前清晰地描绘出战争将如何发展的全过程，产生极大反响，增进了大后方民众对共产党的了解。

八路军和新四军在许多重要城市设立公开的办事处或通信处。《新华日报》和《群众》周刊在大后方得以公开发行，尽管在事实上仍受到许多限制和迫害。

国民党在1938年3月29日至4月1日召开临时全国代表大会，发表了大会宣言和"抗战建国纲领"。中共中央书记处向各中央局、各省委特委发出指示，表明党应采取积极的立场："立在主动地位，取积极赞助与拥护的态度，指出其基本精神同我党的主张是一致的。""关于其中反对阶级斗争与反对国际主义的理论以及其他缺点，应给以侧面的适宜的解释。"[1]

国民党临时全国代表大会后，接着召开的五届四中全会通过《国民参政会组织条例》。国民参政会的成员主要是

---

[1] 中央档案馆编：《中共中央文件选集》第11册，北京：中共中央党校出版社，1991年版，第491页。

国民党方面的人,也有一部分党派、社会团体和各界的代表,中共领导人也有七人为国民参政员;这个参政会虽然只能发点议论,并无任何实权,但终究有了这样一个常设机构。一些参政员利用这个场合慷慨陈词,产生不小的社会影响。当时,国民党副总裁、国防最高会议副主席汪精卫在战事紧要关头公然鼓吹反对继续抗战的"和平"主张。1938年10月28日,国民参政会第二次会议在重庆举行。救国会领袖邹韬奋写道:"开幕之后,霹雳一声,陈嘉庚先生在新嘉(加)坡来了一个电报提案(陈先生也是国民参政员,当时因事未到),内容极简,而意义极大。这个提案的内容只是这寥寥十一个大字:'官吏谈和平者以汉奸论罪!'这寥寥十一个字,却是几万字的提案所不及其分毫。"[1] 这种状况在过去不曾有过。国民党表现得比过去还是有了不少进步。

  为什么国共合作在这个时期能够处在良好的状况?毛泽东说:"国共两党,合则两利,分则两伤,这是过去历史已经证明了的。""合作是在一定条件之下的。什么条件呢?就是反帝反封建。谁能遵守这一条就与之合作到底。"[2] 这就把问题说得很清楚了。以后虽然蒋介石发动三次反共高

---

[1] 邹韬奋著:《韬奋全集》第10卷,上海:上海人民出版社,1995年版,第218页。
[2] 毛泽东对抗大一大队成立的演讲词,1938年5月4日。

潮，国共关系发展到破裂的边缘，共产党依然坚持国共合作，避免破裂，原因同样在这里。而蒋介石尽管一心想伺机消灭共产党，但在采取行动时仍不敢把事情一下子做绝，原因也与此有关。

从国际范围来看，那时英、法两国正恐惧地感受到德国纳粹势力的迅猛发展，第一次世界大战的主战场是在法国境内，造成当地人民生命财产的极大损失，使他们心有余悸，竭力以退让来避战，因此，便尽力推行绥靖政策，无力顾及东亚；美国刚经历那场空前的经济大危机，国内的孤立主义思潮占着优势地位；而苏联正在给予中国军事援助。陈诚在1937年9月30日的家书中写道："俄国帮助中国兵器不少。"[1]这些武器，都是交给国民党控制的国民政府的，而不是交给八路军和新四军的。贝特兰在《华北前线》中写道："我同第八路军相处已近五个月，曾与它的好几个部队，有过极密切的接触，但是我从未看见过一支苏联式的步枪或是机枪，更不要说什么大炮、坦克、飞机和苏联人员的踪迹了。"[2]苏联的空军战士也到武汉同来袭的日本飞机作战。1938年七八月间，苏联军队在边境地区张鼓峰同日军发生武装冲突，

---

[1] 陈诚著：《陈诚先生书信集·家书》（下），台北："国史馆"，2006年版，第445页。
[2] [英]詹姆斯·贝特兰著，林淡秋等译：《华北前线》，北京：新华出版社，1986年版，第280页。

给予日军重大打击。蒋介石为了争取苏联的继续援助，也需要同中共改善关系。他以后在《苏俄在中国——中国与俄共三十年经历纪要》中回忆国共第二次合作形成经过时写道："中日战争既已无法避免，国民政府乃一面着手对苏交涉，一面亦着手中共问题的解决。"[1]可见他一直把这两个问题联系在一起考虑。这种国际环境，对国共关系的改善也是有利的。

对抗日作战中为民族生存而英勇牺牲的将士，不管他属于哪一个党派，中国人民都以崇敬的心情沉痛地悼念他们。1938年3月12日，延安隆重举行纪念孙中山先生逝世十三周年及追悼抗敌阵亡将士大会。毛泽东在会上发表演讲。他说："八个月中，陆空两面都做了英勇的奋战；全国实现了伟大的团结；几百万军队与无数人民都加入了火线，其中几十万人就在执行他们的神圣任务当中光荣地、壮烈地牺牲了。这些人中间，许多是国民党人，许多是共产党人，许多是其他党派及无党派的人。我们真诚地追悼这些死者，表示永远纪念他们。"[2]

这是全民族抗战初期国共关系的主要方面。

---

[1] 秦孝仪主编：《蒋介石思想言论总集》卷9，台北：中国国民党中央委员会党史委员会，1984年版，第68页。

[2] 中央统战部、中央档案馆编：《中共中央抗日民族统一战线文件选编》（下），北京：档案出版社，1986年版，第96页。

但是，历史是复杂的。蒋介石对共产党的疑惧实在太深。他在1937年11月4日说："军事失利，反动派逐渐猖狂，共党尤为跋扈。呜呼，外患未消，内忧日增矣。"[1]但当时"军事失利"，需要共产党领导的军事力量共同抗日，蒋介石又很自大，认为共产党只是在向他穷促求和，所以最初在处理中共问题上倾向采用"溶共"的方式。他在1938年1月29日的日记中写道："对共党之方针，使之融化。"[2]"融化"也是消灭的另一种办法。这已埋下此后两党关系逐步恶化的根苗，但由于当时局势的限制，还没有表面化。

国共既要合作，原应建立起比较稳定的合作关系：一是要有明确的共同纲领，二是要有比较固定的组织形式。1937年12月21日，中共代表团去见蒋介石。这时，国民政府已迁都重庆，但党政军主要机构仍驻武汉。周恩来向蒋介石提出成立两党委员会、确定共同纲领、出版日报、补充和改造部队等具体建议。周恩来给中共中央的电报说："蒋当答复：所谈极好，照此做去，前途是见好转，彼想的也不过如此，对我们所谈完全同意。彼也认为外敌不足虑，他欲前进困难愈多，军事虽失利，并不足虑，只要内部团结，

---

[1]《蒋介石五记·困勉记》（上），台北："国史馆"，2011年版，第583页。
[2] 蒋介石日记（手稿本），美国斯坦福大学胡佛研究所藏，1938年1月29日。

胜利定有把握。"[1]这些话显然口是心非,没有诚意可言。对改善两党关系的这些根本问题,蒋介石的办法是一再拖延不决,或答应了又改口变卦。他答应设立的两党关系委员会开过几次会,国民党方面没有提出任何具体意见,形同虚设,最后不了了之。共同纲领问题事实上被搁置起来。两党合作的组织形式也无法解决,最后只剩下一个:随时约见,随时协商。事实上,由于两党处在不平等地位,这种"约谈"和"协商"云云,只要蒋介石不允许,就什么都办不成。

周恩来和中共代表团在这种处境下,仍力求通过谈判先决一些具体问题,维持国共两党的合作。1939年8月4日至15日,周恩来在中共中央政治局会议上多次做了长篇发言,生动地描述这种情况:国民党从来不承认共产党同它有对等的地位,并且尽力限制共产党的发展。然而它是怯懦的,只要事实的发展不危害到它的根本利益,同时事实的存在成为不可改变的,它也只好承认事实;它又是自大的,即使事情已经存在,只要它有权力否认,有可能拖延,仍然是不肯公开承认的。因此,这种合作不仅是不平等的,而且是不稳定的,只是在不得已的状况中存在,在习惯中发展。此前此

---

[1] 中央统战部、中央档案馆编:《中共中央抗日民族统一战线文件选编》(下),北京:档案出版社,1986年版,第61页。

后的国共谈判,大体上就是如周恩来所说的那样进行的。

对民众运动,国民党当局在武汉等地仍常采取压制措施,解散了许多群众组织起来的很有影响的抗日团体,如蚁社。蒋介石在1938年5月4日的日记中写道:"学生不准参加任何政治团体。颁行禁律:无论任何团体,如有此学生运动,应作内乱罪处置。"[1]抗战爆发后才获得释放的救国会重要领导人李公朴再次被捕,罪名是"煽动工潮"。连政治部三厅的活动,不久也遭遇阻碍横生。郭沫若写道:"陈诚要三厅搞扩大宣传周,本心是想为新成立的政治部,为他这个政治工作的入伍生,增加一点光彩。但没有想到武汉的民气竟那么一点就燃了。于是乎他,和他的一竿子人,就又害怕起来。"很快,突然用政治部名义给第三厅发出训令称:"查三厅近所印行各种宣传文件中,每有'人民''祖国''岗位'等字样,此等文字殊不妥帖。'人民'应一律改用'国民','祖国'改用'国家','岗位'改用'职分'。"郭沫若立刻用孙中山文章中多次使用这些"字样"加以驳斥。"这项驳斥,以后没有下文,但在事实上'人民'和'祖国'等字样成为了一般的禁忌。"[2]

---

[1]蒋介石日记(手稿本),美国斯坦福大学胡佛研究所藏,1938年5月4日。
[2]郭沫若著:《洪波曲》,北京:人民文学出版社,1979年版,第59、60页。

不久，一场新的更大的风潮又很快起来。1938年初，国民党CC系和复兴社控制的《扫荡报》《武汉时报》《血路》《抗战与文化》等报刊，连篇累牍地发文鼓吹"一个领袖、一个主义、一个党"，鼓吹"今天国民党以外的一切党派，都没有独立存在的理由。不止今天，就是将来也没有独立存在的理由"。[1] 2月10日的《扫荡报》发表社论，公然声言中国有三种妨碍并破坏统一的因素，把陕甘宁边区说成西北的新的封建割据区域，指责红军虽改易旗帜却不服从中央，并说国民党外存在其他党派影响了中国的政治统一，要求取消这三种势力。"一个领袖、一个主义、一个党"的问题，在武汉闹得满城风雨。

这其实正反映了蒋介石的思想。他在二三月间日记中一再提到："一党制宜积极刚强"，"各党最高领袖之责任与权限"，"领袖问题之研究"。2月10日，周恩来去见蒋介石，说明这种宣传的严重消极后果。蒋介石却推得干干净净，表示：对主义的信仰并不准备加以限制，孙中山已经说了共产主义与三民主义并不矛盾，我们任何人都不能修改或反对；对各党派也无意取消或不容许他们的存在，只愿溶成一体。周恩来重申：国共两党都不能取消，"只有从联合

---

[1] 叶青：《关于政治党派》，转引自《血路》第2期，1938年1月22日。

中找出路"。蒋介石回答：可以研究，并说：《扫荡报》的言论不能代表国民党和他个人的意见。陈立夫补充说：蒋总裁已批评了《扫荡报》，要各报以后不再刊登这类文章。[1]

由于时机还不成熟，对国民党来说，这只是一场试探性的攻势，但实在是个不好的兆头。周恩来已敏锐地预感到："蒋由铲共、到合并、到限制的三阶段。"他又说："蒋现在对政权更放松，对军事是一点不放松的"，"企图操纵军事力量"。[2]因为中共如果失去了军队，即便在政权中分得几个席位，也没有什么作用，随时可以被取消，这已由以往历史的无数事实所证明。周恩来的估计是清醒的，合乎实际的。

既要联合，又要斗争，既要坚持并发展抗日民族统一战线，又要保持党的独立自主，如何恰当地把握好这个"度"，确实是一个相当棘手而不易处理的新问题。

这时在中共中央内部出现过一场不大不小的风波，那就是以王明为代表的右倾错误。周恩来在延安整风时曾一针见血地指出，王明路线的本质是：党外步步投降，党内处处独立。它在党内不少人中产生过一定影响。但它终究只是局部性的问题，半年多后就得到纠正。

---

[1] 王明、周恩来、博古、董必武、叶剑英致毛泽东、洛甫并中共中央书记处，并转朱德、彭德怀、任弼时电，1938年2月10日。
[2] 周恩来在中共中央政治局会议上的报告，1938年9月15日。

分歧是从抗战期间以国共合作为基础的抗日民族统一战线中,共产党是不是要保持自己的独立自主引起的。这是统一战线工作中的根本性问题。

抗战爆发后不久,1937年8月9日,毛泽东在中共中央政治局会议上说:"国共合作大体成功,彻底完成是以后任务。""反倾向问题,一是急躁病,一是适合国民党的适合主义。保持组织的独立性、批评的自由。"[1]上海、太原失陷后,他在11月12日又提出:"在党内在全国均须反对投降主义。""一定要实行'统一战线中的独立自主'这个原则,一定要克服投降主义或迁就主义。"[2]

由于国共合作的极大重要性而蒋介石对共产党又深怀敌意,如果共产党在国共合作中没有保持冷静的头脑,放松甚至放弃独立自主,听任别人支配,那就存在被消灭的危险,这是生死攸关的大事。毛泽东在国共合作一开始就清醒地提出坚持独立自主这个极端重要的问题。这对以后局势的发展有着至为深远的影响。

1937年11月29日,担任着共产国际执委会主席团成员和政治书记处候补书记的王明从莫斯科回延安。12月9日至

---

[1] 毛泽东在中共中央政治局会议上的发言,1937年8月9日。
[2] 毛泽东著:《毛泽东选集》第2卷,北京:人民出版社,1991年版,第391、395页。

14日,中共中央举行政治局会议,通常称为"十二月会议"。

王明等回国前三天,共产国际总书记季米特洛夫带了王明、康生、王稼祥去见斯大林。斯大林叮嘱:"对于中国共产党现在的基本问题是:融入全民族的浪潮并取得领导地位。"[1] 他又说:"你们中国现在搞统一战线,要注意自己不要叫人家统走。要有决心到大海中游泳,但又不要把自己淹死。"[2] 这是共产国际的基本态度。

王明在十二月会议上做了长篇报告。他重申抗日民族统一战线和国共合作的重要性,这本来不成问题。而他着重强调的却是:"目前的中心问题是如何争取抗日战争的胜利,如何巩固统一战线,即是如何巩固国共合作问题。我们党虽然没有人破坏国共合作,但有同志对统一战线不了解,是要破坏统一战线。"他所指的就是洛川会议强调的在抗日民族统一战线中必须坚持党的独立自主问题。他说:"在统一战线中两党谁是主要的力量?在全国政权与军事力量上要承认国民党是领导的优势的力量。""没有力量,空喊无产阶级领导是不行的。空喊领导,只有吓走同盟军。"

他提出一个口号:"今天的中心问题是一切为了抗日,

---

[1] [保]季米特洛夫著,马细谱等译:《季米特洛夫日记选编》,桂林:广西师范大学出版社,2002年版,第60页。
[2] 薄一波在中央整党工作指导委员会第十次办公会议上的讲话,转引自徐则浩著:《王稼祥传》,北京:当代中国出版社,1996年版,第288页。

一切经过抗日民族统一战线，一切服从抗日。现在我们要用这样的原则去组织群众。"他举例说："我们对政权问题，不要提改造政权机构，而是要统一的国防政府。""行政制度在山西等地区不能建立与（陕甘宁）特区同样的政策，要同样用旧县政府、县长，不用抗日人民政府。"既然他说在统一战线中"要承认国民党是领导的优势的力量"，那么，他所说的"一切经过"和"一切服从"，只能是一切都要"经过"和"服从"蒋介石。

对军事问题，王明更强调要实行"统一"。他说："我们要拥护统一指挥。八路军也要统一受蒋指挥。我们不怕统一纪律、统一作战计划、统一给养，不过注意不要受到无谓的牺牲。红军的改编，不仅名义改变，而且内容也改变了。""我们八路军、新四军是要向着统一的方向发展，而不是分裂军队的统一。过去提国民党片面抗战，是使他们害怕，要提政府抗战很好，要动员广大人民来帮助抗战，不要提得那样尖锐。""在抗战条件下不怕国民党的限制，而是我们的方法不好。人民拥护八路军，许多同志过于高兴，也是不好的。"[1]

政治局内许多人把王明的话误看作是共产国际的意见。

---

[1] 王明在十二月会议上的报告，1937年12月9日。

国共两党经过十年内战后又重新合作，是十分缺乏经验的新问题。要重新合作，不能不作出一些让步，有的是重大的让步，如停止土地革命。怎样恰当地处理合作和保持独立自主的关系，许多人心里还不那么有数。所以，不少重要领导人检查过去的统一战线工作，在不同程度上做了过分的自我批评。如说："抗战以来对国民党本质上的转变估计不足"；"我们强调独立自主，便走到与统一战线对立起来"；"把全面抗战与片面抗战对立起来"。有的以往同王明关系密切的成员还说："群众运动，一切要为了统一战线，一切服从统一战线。"[1] 这样，就造成党的领导层内的思想混乱。

毛泽东在讨论时发言说："在统一战线中，要了解'和'与'争'是对立的统一。目前应该是和为贵。""八路军与游击队应当使成为全国军队的一部分，但是要政治上的区别。""如果没有共产党的独立性，便会使共产党降低到国民党方面去。国民党与共产党谁吸引谁这个问题是有的，不是要国民党吸引到共产党，而是要国民党接受共产党的政治影响。"[2]

当时，毛泽东的处境十分困难。延安整风时，他说到

---

[1] 十二月会议记录，1937年12月10、11日。
[2] 毛泽东在十二月会议上的报告，1937年12月10日。

这件事:"我是孤立的。当时,我别的都承认,只是持久战、游击战、统战原则下的独立自主等原则问题,我是坚持到底的。"[1]

尽管如此,十二月会议并没有形成决议案,中共中央的常委成员也没有变更,因此依然能继续贯彻执行洛川会议的政治路线。

十二月会议结束后,王明不愿留在延安,而急于去武汉。那时,南京刚刚失陷,蒋介石和国民党的党政军机关都移驻武汉,全国各界各派爱国民主人士、社会名流和各国外交官、记者也大多集中在这里。显然在王明看来,只有武汉才是中国政治舞台的中心,急着要赶到那里去。周恩来后来指出他"十二月出去意在入阁",毛泽东说他"梳妆打扮,送上门去"。12月21日,他和周恩来等在武汉去见蒋介石。蒋介石当天日记中只淡淡地写了一句:"与共党等谈组织事,此时对共党宜放宽,使其尽其所能也。"[2] 这是蒋介石第一次见到王明,日记中连王明的名字也没有提到,可见他并不看重王明。周恩来后来说:"当时蒋介石也不要王明,连个部长都没给他当。毛泽东同志说:要是给他一个部长当,

[1] 毛泽东在中共中央政治局会议上的发言,1943年11月13日。
[2] 蒋介石日记(手稿本),美国斯坦福大学胡佛研究所藏,1937年12月21日。

也许情形更坏。"[1]周恩来还说过,王明没有被蒋介石选中的一个原因是:脚跟轻,腹中空,未为人所重视也。

12月25日,王明会见美国合众社记者白得恩时说:"国民政府军事委员会委员长蒋先生精明坚决,雄才大略,力能胜任领导全国抗战。"又说:"抗战以来,中国在各方面已有相当进步,例如政府开始成立全中国统一的中央政府","同时,开始建立了全中国统一的国民革命军的基础,更有重大意义"。[2]

1938年2月27日至3月1日,中共中央举行政治局会议。王明从武汉回延安参加会议,再一次系统地发表他的右倾错误主张。会后,他到武汉又不经中共中央同意而以个人署名公开发表一篇《三月政治局会议的总结》。该总结写道:"国民党现在在政府与军队中均居于领导地位","陕甘宁边区政府是中华民国的地方政府之一,服从统一的中央国民政府"。他还强调:"须要建立统一的国家军队。"它的基本条件有七条:统一指挥,统一编制,统一武装,统一纪律,统一待遇,统一作战计划,统一作战行动。怎样作战?他要求:"确定和普遍地实行以运动战为主、配合以

---

[1]《周恩来选集》编委会编:《周恩来选集》(下卷),北京:人民出版社,1980年版,第311、312页。

[2]陈绍禹:《王明选集》第5卷,[日本]汲古书院,1975年11月发行,第77、80页。

阵地战、辅之以游击战的战略方针。"[1]

对蒋介石在国共合作中的政治态度应该怎样估量,这是如何对待其政策的依据。应该说,蒋介石此时决心并积极投入抗日战争是值得肯定的,对共产党的态度也确有改善。但他总想有朝一日要消灭共产党。1937年12月1日,他在日记的"对共党对军阀政客之方针"中写道:"未至溃决,当以苦心忍耐处之。若果一旦崩溃,则无此顾虑,惟以非常手段处理。"[2]这里,早已透露出杀机。12月10日,也就是十二月会议的第二天,蒋在日记中写道:"以全局设计,应暂使能与共党合作抗倭,似为相宜。"[3]这里值得注意的是一个"暂"字,可见在他看来国共合作只是权宜之计。13日又写道:要注意"共党阴谋与反动派","如一旦溃决,只有快刀斩乱麻,成败有所不计也"。[4]蒋介石一直在磨刀霍霍,待机下手。如果按照王明那套主张去做,在合作中解除一切戒备,甚至连"八路军也要统一受蒋指挥",那无异束手待毙,蒋介石一旦翻脸,势必葬送党,葬送革命。

王明的问题,已到了非解决不可的时候了。

---

[1]《群众》周刊,第1卷第19期,1938年4月23日。
[2]蒋介石日记(手稿本),美国斯坦福大学胡佛研究所藏,1937年12月1日。
[3]同[2],1937年12月10日。
[4]同[2],1937年12月13日。

武汉失守前后，中国共产党在延安召开六届六中全会。这次全会的目的是总结抗战以来的经验教训，并解决以王明为代表的右倾错误，确定党在抗战新阶段的方针和任务。刚从莫斯科回国的王稼祥带来了共产国际总书记季米特洛夫的意见和共产国际的书面文件。季米特洛夫的意见是："领导机关中要在毛泽东为首的领导下解决，领导机关中要有亲密团结的空气。"[1]共产国际的书面文件中说："要保持统一战线中各党派的独立性，不要在统一中束缚自己的手足，最低限度纲领是不能让步的。"[2]这些，在全会前的政治局会议和全会上都做了传达。王明在党内、特别是做实际工作的各级领导干部中本来就没有多少根基，只是拿了"共产国际"的招牌来吓唬人。这块招牌一旦拆穿，他遗留的问题就不难解决。

在中共六中全会上，毛泽东做了《论新阶段》的报告。报告首先肯定卢沟桥事变发生后，"全中国形成了一个空前的抗日大团结，形成了伟大的抗日民族统一战线"，"这个战争是为了把中华民族从半殖民地状态中从亡国灭种危险中解放出来的战争"。同时，也明确地批评大后方出现的压

---

[1]《王稼祥选集》编辑组编：《王稼祥选集》，北京：人民出版社，1989年版，第141页。

[2] 毛泽东在中共中央政治局会议上的发言，1943年11月13日。

制民众运动的现象,指出:"敌人乘我弱点之处,不但在军事,而且在政治,在我政治制度之不民主化,不能与广大人民发生密切的联系。""长期艰苦的抗日战争,一切须取给于民众,没有普遍发展的并全国统一的民众运动,要长期支持战争是不可能的。"[1]

在全会将结束时,毛泽东做了结论,针对国民党的新动向和党内出现的右倾错误思想,毫不含糊地把"统一战线中的独立自主问题"作为主题之一。他说:"为了长期合作,统一战线中的各党派实行互助互让是必需的,但应该是积极的,不是消极的。""用长期合作支持长期战争,就是说使阶级斗争服从于今天抗日的民族斗争,这是统一战线的根本原则。在此原则下,保存党派和阶级的独立性,保存统一战线中的独立自主;不是因合作和统一而牺牲党派和阶级的必要权利,而是相反,坚持党派和阶级的一定限度的权利;这才有利于合作,也才有所谓合作。否则就是将合作变成了混一,必然牺牲统一战线。""中国的情形是国民党剥夺各党派的平等权利,企图指挥各党听它一党的命令。""我们的方针是统一战线中的独立自主,既统一,又

---

[1] 中央档案馆编:《中共中央文件选集》第11册,北京:中共中央党校出版社,1991年版,第560、561、611、613页。

独立。"[1]

  当抗日战争正从战略防御阶段转入战略相持阶段的历史时刻,明确地提出并解决这些问题,统一全党的思想,有着极端重要的意义(当然,从思想方法的高度来总结以往的经验教训,树立实事求是的新传统,还有待延安整风来解决)。如果前面所说的这些问题没有在抗战第一阶段正要结束时在党内得到解决,中国共产党就很难在新阶段到来后更复杂的情况下清醒而正确地应对抗日民族统一战线中愈演愈烈的种种更加复杂的问题。

---

[1] 毛泽东著:《毛泽东选集》第2卷,北京:人民出版社,1991年版,第537—540页。

三、磨擦怎样进入高潮

武汉、广州相继失陷后，抗日战争进入以战略相持为特征的新阶段。国共关系却明显恶化，磨擦行动逐步进入高潮。这是什么原因呢？

前面说过，蒋介石对国共合作，很大程度上是不得不做出的最后选择。他对待中国共产党态度的好坏，是随着他受到日本侵略者军事进攻威胁的大小而转移的。最初，日方根据以往经验，以为只要"对华一击"，不难"速战速决"，使中国屈服。卢沟桥事变后才九天，徐永昌日记在7月16日载："昨闻日陆相发表谈话云：中国如同儿童所弄之轻气球，不值一击。"[1]不料在一年多的作战中受到中国军队和民众的顽强抵抗，而对新占领区又要分兵据守，它实际上有限的兵力再也无法保持原有的进攻势头。战场上的消耗，使新兵比重增加，军队素质也明显下降。日方自己

---

[1] 徐永昌著：《徐永昌日记》第4册（手稿本），台北："中央研究院"近代史研究所，1991年影印，第77页。

编写的战史写道:"这样,对华作战未能歼灭中国军之主力即已达到攻击的极限,而以此态势进入长期持久战。"[1]日军已力不从心,同前一阶段在华北、华中、华南的凌厉攻势相比有了明显差别。

蒋介石也多少觉察到这种变化,他在1938年11月下旬的南岳军事会议上说:"日本占领了武汉并接着占领我们长沙和南昌,然而他进到岳州以后,就不能再攻进来,这就证明他的力量不够,气势已衰。"[2]蒋介石的侍从室主任钱大钧在日记中也记录蒋介石的话:"敌人兵力已使用至极高度,已无可再发展之处。"[3]

日本军事进攻压力的减轻,使蒋介石松了一口气,却把目光又更多转向如何限制共产党力量的发展上来。本来,他以为共产党领导的军队只有四万多人,武器装备又差,力量不大,开往敌后以后,在日军的反复"扫荡"下,至少将极大地被削弱,也许会被消灭,结果却在民众全力支持下迅速发展起来,这是他怎么也没有料想到的。他在1938年最后一天的日记中写道:"共党乘机扩张势力,实

---

[1]《日本军国主义侵华资料长编(上)·〈大本营陆军部〉》,成都:四川人民出版社,1987年版,第461页。

[2] 中国国民党中央委员会党史委员会编:《中华民国重要史料初编——对日抗战时期》第3编(1),台北,1981年版,第130页。

[3] 钱世泽编:《千钧重负:钱大钧将军民国日记摘要》(二),台北:中华出版公司,2015年版,第693页。

为内在之殷忧。"并在同天写道:"共党祸乱成性,叛迹日著,明年惟对此为最大问题之一,倭寇实已不能再为深患矣。"[1]经过这样的比较权衡,在他看来,日军的入侵不再是"明年"的"最大问题",他已急于要制定行动"方案",消弭共产党这个"殷忧",特别是要消除共产党领导的军事力量的发展。他在1939年1月6日的日记中写道:"目前急患不在敌寇",而把"共党到处发展"列为"急患"中的第一位,提出"应定切实对策,消弭殷患"。[2]这是抗战期间国共关系一个极为重要的大变化的信号。

只要把这以前和以后比较一下,不难看到国内政治、社会、文化等方方面面的情况,都走上急剧变动的状态。这是一个影响深远的转折点。

邹韬奋在《抗战以来》这本书中,生动地描绘出他亲身感受的国内局势的逆转:"八一三全面抗战开始,如把政治的进步当作'曲线图'来看的话,那么可说这'曲线'开始渐渐向上升,取径尽管迂回曲折,而渐渐上升却是事实,而其主要的象征或经纬则为团结和民主。""1938年是政治'曲线'的最高峰,1939年便很不幸地渐渐往下降了。

---

[1] 蒋介石日记(手稿本),美国斯坦福大学胡佛研究所藏,1938年12月31日。
[2] 同[1],1939年1月6日。

至1941年的皖南事变后的数月间降到最低度,在妥协阴谋派大有重新扩大内战以破坏抗战的企图!"他又写道:"1939年,政治'曲线'逐渐下降,华北发生国共间的'军事摩擦',大后方发生国民党和各抗日党派'文化摩擦'。其实'文化摩擦'这个名词还不能成立,因为军事还可以武装对垒一打,受压迫的方面还有武装来对抗一下。讲到大后方的进步文化,一遇到国民党的压迫,那就只有受压迫罢了。"[1]

共产党领导的军队在日本侵略军占领的敌后地区发展游击战争,建立抗日民主根据地,对中国人民的抗日事业本来十分重要。共产党对国民政府一直采取支持的态度,并且谨慎地不在国民党当局控制的地区发展游击战争和建立抗日民主根据地,而蒋介石却认为"目前急患不在敌寇",而把"共党到处发展"视为"急患"。可见他的注意力重点已逐步从抵抗日本侵略者转移到防制和对付共产党方面来。国共关系的恶化,成为不可避免。

蒋介石用什么办法来对付共产党?因为在实现第二次国共合作时共产党做出了许多重大让步,蒋介石又认为它的力量已有很大削弱,前面说过,他曾考虑用"溶共"的做法,以便像《孙子兵法》所说的"不战而屈人之兵"。但

---

[1]邹韬奋著:《韬奋全集》第10卷,上海:上海人民出版社,1995年版,第857—859页。

他决不答应采取第一次国共合作时那种共产党以个人身份参加国民党而保留共产党组织的做法。1938年12月12日,王明、周恩来等见蒋介石后,第二天向中共中央书记处报告说:"对两党问题,他说:共产党员退出共产党,加入国民党,或共产党取消名义将整个加入国民党,我都欢迎,或共产党仍然保存自己的党我也赞成,但跨党办法是绝对办不到。我的责任是将共产党合并国民党成一个组织,国民党名义可以取消,我过去打你们也是为保存共产党革命分子合于国民党。此事乃我的生死问题,此目的如达不到,我死了心也不安,抗战胜利了也没有什么意义。所以我的这个意见,至死也不变的。共产党不在国民党内发展也不行,因为民众也是国民党的,如果共产党在民众中发展,冲突也是不可免。"王明、周恩来等的报告说:"我们分别解释一个组织办法做不到,如跨党办法做不到,则可采取我们提议的其他方式合作。蒋答:其他方式均无用。"[1]

这以后几天,国民党副总裁、国防最高会议副主席汪精卫突然离重庆出走,发表主和电报并公开叛国投敌。1939年1月1日,国民党中央执行委员会常务会议临时会议决议:"大义所在,断难姑息,即予永远开除党籍,并撤除一切职

---

[1] 中央统战部、中央档案馆编:《中共中央抗日民族统一战线文件选编》(下),北京:档案出版社,1986年版,第183页。

务。"[1]不少以往与汪精卫关系相当密切的国民党将领和人士纷纷通电声讨汪精卫的叛国行为。这表明蒋介石和国民党当局决心同汪精卫的投降派决裂，仍坚持对日抗战。这个严厉决定，对国民党内那些或明或暗主张乞和的人无疑是一个有力打击，对那些动摇不定的人也起了稳定作用。

对国民党这个决定，共产党给予充分肯定，并认为它将推动国共合作继续进步。中共中央书记处于1月5日在内部发出指示："这是中国抗战与抗日民族统一战线的一大进步，这是目前时局的基本特征。""这种进步，将必然推动国共合作的继续进步。"那是中国共产党所期待的。同时，中共中央也清醒地注意到事情还有另外一面，要求对国民党内潜藏的反共倾向继续保持警惕。指示中说："这并不会取消国民党历来限共防共的政策；最近国民党各报上向本党提出的交出八路军新四军、取消边区及放弃共产主义等，以及在华北、西北各地的许多磨擦，就是这种限共防共政策的具体体现。"[2]

蒋介石处心积虑限制和打击八路军的方针和这方面正在出现的变化，共产党看得很清楚。周恩来早就说过："八

---

[1]《汪精卫撤职经过》，《文献》卷4，1939年1月10日。
[2] 中央统战部、中央档案馆编：《中共中央抗日民族统一战线文件选编》（下），北京：档案出版社，1986年版，第185页。

路军，蒋的方针企图远派到敌人远方。打得不好，使八路军削弱。打得好，他派人来收复失地。""封锁我们与各地方军的关系，并挑拨我们与地方军关系。"[1]蒋介石没有想到，八路军到敌人远方后，不但没有削弱，而且依靠当地民众，很快发展起来，不断开辟新的抗日民主根据地，这是他愈发不能容忍的。

　　面对这种不容忽视的复杂情况，应该怎么办？中共中央采取慎重的态度，要求静观，从大处着眼，再多看看，不能求之过急。在对军内和民众的宣传工作中仍尽力维护国共合作、共同抗日，继续热情赞扬在前线坚持抗日的国民党将士，力争继续改善国共关系。对各地日益增多的磨擦活动的批评，一般只讲到地方当局，避免直指蒋介石和国民党中央。这自然是为了顾全大局，留有转圜的余地。

　　当时，毛泽东为《八路军军政杂志》撰写了《发刊词》，诚恳地以和解的态度写道："八路军的这些成绩从何而来？由于上级领导的正确，由于指战员的英勇，由于人民的拥护，由于友军的协助，这四者是八路军所以获得成绩的原因。"他强调："其中友军的协助是明显的，没有正面主力军的英勇抗战，便无从顺利的开展敌人后方的游击战争，没

---

[1] 周恩来在中共中央政治局会议上的报告，1938年9月15日。

有同处于敌后的友军之配合,也不能得到这样的成绩。八路军的将士应该感谢直接间接地配合作战的友军将士。"[1]对坚决抗日而英勇作战的那些国民党将士来说,这种评价是公正的。

毛泽东当然也看到国民党当局已对共产党开始磨擦活动,但仍尽量克制和忍让,在抗日的前提下力求避免国共双方关系进一步恶化,在这方面做了许多努力。他致电周恩来等:"在目前磨擦很多、(国民政府)军委会严令禁止八路军入中原的时候,我正规部队可暂缓去华中。"[2]在陕甘宁边区会议上,毛泽东在报告中首先强调:"根本的,主要的,就是我们中国要在坚持抗战、坚持持久战,巩固与扩大抗日民族统一战线,增加力量,使敌我力量相比,并使之超过敌人力量,必须要克服困难,力求进步。"接着,他不指名地讲到那些顽固分子:"他们说'反共第一',不过还有第二条'抗日第二',这是他们和汪精卫等不同的。""他们还说'抗日'的,所以还可以与之做朋友。"可以看出,共产党对维护国共合作抱着真诚的愿望,在内部也做了不少工作,力求避免局势的继续恶化。与此同时,对国民党

---

[1] 毛泽东:《发刊词》,《八路军军政杂志》创刊号,1939年1月2日。
[2] 毛致周、博、凯并告朱、彭电,1939年1月13日。

当局日益变本加厉的倒退行为也提出批评:"除此以外,他们还要反对进步,不要民众运动,民主政治也说不好,改良民众生活也说不好。不懂得没有民主、不改良民生,是打不胜日本的。"他说:"统一战线里互让互爱是一条,附带的一条就是这'不准',没有这条就不行。要巩固统一战线,一定要有这一条:'不准欺压。'"[1]这种批评,态度明朗,但仍很留有余地。

尽管如此,蒋介石和国民党当局却另有一番打算。他们加紧反共的主意已定。三天后,也就是1939年1月21日,国民党召开五届五中全会。这是抗战期间蒋介石对中共政策发生重大变动的转折点。

蒋介石在会前五天的日记中已反映出他的心情:"共党发展甚速,其势已浸凌日汹。"[2]1月26日,蒋介石在全会上明白地说:"对中国共产党的态度怎样?我们对于中国共产党,不要纵容他,不必怕他,更不好利用他。我们要回溯过去民国十五、十六年何以闹成如此地步,就是我们本党同志不争气,不团结,不坚定,有的想利用他,因而放纵他。有的害怕他,因而避忌他,而不能严正监督他领导他的缘

---

[1] 毛泽东:《目前政治形势》,1939年1月18日。
[2] 蒋介石日记(手稿本),美国斯坦福大学胡佛研究所藏,1939年1月16日。

故。""中共是不讲信义、只重手段的,你决不能丧失自己立场去迎合他、迁就他,你愈迁就他愈看不起你,甚至要侮弄你,你如想利用他,那他要更进一步的来利用你,使你身败名裂而后已。"[1]参加这次国民党中央全会的王子壮在日记中还记下蒋介石的一段话:"吾人对共党之态度,是要以领导党的立场,纠正其错误,反对其妄为,指正其趋向。总之,应以保育的态度相待。久之,共产党必将融化于本党,始有其存在之余地。"[2]全会通过的《关于党务报告的决议案》写道:"今后本党应着重革命理论之宣传与领导,而使违反主义之思想无从流布于社会,而于战区及敌人后方,尤应特别注意。"[3]这些话,矛头显然是指向共产党的。

更严重的是,全会原则通过要限制异党活动。4月14日,国民党中央执行委员会秘书处奉命印发"极密"的《防制异党活动办法》。《办法》规定:"如异党活动最烈之区域,应实行联保连坐法,使人民不敢与异党分子接近而受其利用。""如发现有宣传阶级斗争,鼓动抗租、抗税、罢课、罢工、

---

[1]《民国二十八年之蒋介石先生》,台北:政治大学人文中心,2016年版,第60、61页。

[2] 王子壮著:《王子壮日记》第5册,台北:"中央研究院"近代史研究所,2001年影印,第37页。

[3] 荣孟源主编:《中国国民党历次代表大会及中央全会资料》(下册),北京:光明日报出版社,1985年版,第554页。

破坏保甲扰乱治安者，无论其假借任何名义，应一律依法从严制裁。""各级军政机关与学校等非有特殊情形并经呈准者，一概不准擅自延用异党分子，对于已用人员各该机关负责人应随时监督考查，倘发现有异党或左倾分子，应即撤销其职务，否则一经检举，应负渎职之责。"这个《办法》是发给"各省市党部、政府"的，并且叮嘱："关于应付异党之对策与办法，必须层层负责，尽量避免书面传递之方法，各机关拟具对策时，亦应根据地方事实环境立言，不可辄用中央口气或翻印中央所颁布之原则，至必须保存之文件亦应指定忠实可靠人员严密保管，以免泄露。"[1]6月下旬，在陈诚主持下，国民党方面连日集议如何对付八路军，并拟定《共党问题处置办法》。连与会的军令部长徐永昌也在日记中写道："中央对军事政治工作不自努力，遽进而日求对付八路军，真是舍本逐末。"[2]

经过这次中央全会，全面推行反共活动便成为国民党中央的正式决策。此种局势已难以挽回了。

毛泽东一向密切关注着时局中出现的变动，对蒋介石和国民党的磨擦行动是很警觉的。他在国民党五届五中全

---

[1]《皖南事变资料选》编选组编:《皖南事变资料选》，上海：上海人民出版社，1983年版，第75、77、78页。

[2] 徐永昌著:《徐永昌日记》第5册（手稿本），台北:"中央研究院"近代史研究所，1991年影印，第65页。

会期间所做的一次内部讲话中以明白的语言提出:"对无理的磨擦,我们决不是容忍姑息的。我们要抱定'人不犯我,我不犯人''人若犯我,我必犯人'的原则。第二条原则是很重要的。比方我在这屋子站着,他把我挤一下,我若让他进一下,这样一步一步会挤得我无容身之地。所以,他挤来,我们反挤一下,挤回他原来地位。他要磨擦,我们就反磨擦。"[1]这是对国民党那次全会做出的针锋相对的反应。

当时,国内外还有许多事情不能不使蒋介石分心:需要在军事上准备应付日军从武汉向重庆进攻;已成为他主要后方的四川,地方实力派内部在首脑刘湘突然去世后互不相下,矛盾重重,并走向激化,使蒋介石只得自兼四川省政府主席;汪精卫叛逃后,有些余留问题需要处理;他对云南龙云还很不放心;国际上,欧战即将大规模爆发,苏日发生军事冲突,需要仔细估量形势并研究应对方案。国民党五届五中全会后半年左右时间内,蒋介石在反共方面一时还腾不出手来,没有什么大动作,原因就在这里。

毛泽东这时常说:不为天下先。这种情况下,中国共产党对国民党的态度仍比较缓和。2月15日,根据中国共产党建议,得到蒋介石同意,由国共合作所办的西南游击

---

[1] 毛泽东在第十八集团军延安总兵站检查工作时的讲话,1939年1月28日。

干部训练班正式开学，汤恩伯任教育长、叶剑英任副教育长，中共派出干部三十多人。毛泽东说："去吧，讲我们的一篇道理。"[1]受训的干部一千多人，为时三个月。4月29日，毛泽东在延安活动分子会议报告中说："国民党有许多东西，我们的态度应该怎样呢？我们的态度只要他们中间有一点东西是好的，我们就拥护这一点好的。如抗战是好的，我们拥护抗战；国民参政会是好的，我们拥护它；国民精神总动员也是有好的地方，我们就拥护它好的地方。其它的一切东西，都以这个为标准。凡是有一点是好的，我们就拥护这一点，推动于全国实行起来，有一点坏的东西，我们为了革命，为了抗日，要批评它。"[2]

4月17日，陈诚在南岳游击训练班同刚从东南各地巡视归来的周恩来谈国共关系问题。陈诚在当天日记中写道："中共问题根本办法——在取消组织，因凡有组织者，无不有磨擦冲突。治标办法——划定区域，规定任务，派大公无私并铁面无私者，前往依法处理。"[3]这里说得很清楚：解决问题的"根本办法"只有取消共产党的组织，其他只是"治标"而已。

---

[1] 据叶剑英谈话记录，1982年3月25日，转引自《叶剑英传》编写组编：《叶剑英传》，北京：当代中国出版社，1995年版，第269页。

[2] 毛泽东在延安活动分子会议上的报告，1939年4月29日。

[3] 陈诚著：《陈诚先生日记》（一），台北："国史馆"，2015年版，第228页。

到这年5月，蒋介石觉得可以腾出手来了，开始把反共磨擦的问题放到更重要的地位上来。经过全盘衡量，他在5月3日"手谕"中提出三个问题"令各厅长以上官长研究作答，并电白（崇禧）部长、林（蔚）参谋长、陈（诚）长官查照办理见复"。这三个问题两个是国际问题，一个就是"对八路军在华北、陕北之自由行动应如何处置"[1]。他在考虑并在内部征求意见，对八路军的行动"应如何处置"了。这是他要腾出手来着重对付的。4日他在日记中写道："电蒋（鼎文）为何不截阻往陕北之青年"[2]，要加紧对边区的封锁。

6月8日，他们觉得时机已趋成熟，陈诚给蒋介石的一份签呈中提出两条意见：一是"中央要求该党（注：指中国共产党）正式宣布再度真诚表示取销共党之组织与一切活动，无论在名义上、在实质上均应诚实如一"；二是"如该党组织与一切活动不但不取消，而其不顾大局、不遵法令、自由行动之影响实是妨碍抗战，无疑增加敌人之势力，此种责任共党必须负之，我中央亦难长此坐视。"[3] 这个签呈得到蒋介石的赞许。他在当天日记中声色俱厉地写道："对共明言各点，甲，共党应正式宣布表示取消共党之组织与

---

[1] 陈诚著：《陈诚先生日记》（一），台北："国史馆"，2015年版，第240页。
[2] 蒋介石日记（手稿本），美国斯坦福大学胡佛研究所藏，1939年5月4日。
[3]《民国二十八年之蒋介石先生》，台北：政治大学人文中心，2016年版，第303页。

活动，必须名实一致乃可准其此称；乙，否则如不愿取消或不遵法令不顾大局，如过去行动，乃为妨碍抗战亦即增加敌军势力，此种责任应由共党负之，我中央不能长此坐视；丙，中央决不受人压迫与欺侮；丁，未遵令撤退，不再谈话。"10日他在约见周恩来、叶剑英谈话后又在日记中写道："对共党痛斥其不法与封建言行。"[1]他的话越说越重，是中国共产党根本无法接受的，蒋介石显然要下手了。

6月12日，发生了震惊全国的平江血案。国民党第二十七集团军杨森部一个连奉命袭击新四军在湖南平江嘉义的留守通讯处，杀害通讯处人员十人，其中包括通讯处主任、中共江西省委副书记涂正坤和湘鄂赣特委书记罗梓铭。正如董必武所说："这是近来一件非常的惨案。制造此惨案的，不简单是余连（注：指余姓连长率领的那个连），而是一种有计划有步骤的大规模的破坏我国团结的阴谋。"[2]

这样的事情在抗战以来还不曾发生过，对中国共产党自然是重大的刺激，从中敏锐地看出这不是孤立的事件，而是一场"有计划有步骤的大规模的破坏我国团结的阴谋"。7月9日，毛泽东在陕北公学讲演中毫不含糊地说："现在有些顽固分子，他们这些人相当可恶。他们似乎又要搞一

---

[1] 蒋介石日记（手稿本），美国斯坦福大学胡佛研究所藏，1939年6月8日、10日。
[2]《董必武文集》编辑组编：《董必武统一战线文集》，北京：法律出版社，1990年版，第114页。

下的样子。""你们有两件武器，一件是口，一件是手。你好好的，大家讲道理，我们就行'君子动口不动手'。但是要是你动手了，我也就打你一家伙。"[1]从"动口"到"动手"，是非同小可的变化。它是国民党当局有计划地挑起的，中国共产党不能不立刻做出相应的回答。

12日，中共中央在延安召开追悼平江惨案死难烈士大会。毛泽东在大会上做了《必须制裁反动派》的演说。他在大会前十多天还有一次内部讲话，说："我们要有两套本领，目的为了什么？为了加强统一战线。因为顽固分子他死顽固。他磨擦来，一定要磨擦去。你如果不磨去，他会愈磨愈凶起来。你磨下去，好比在他头上打了一下，使他的头不敢再钻过来。他就想一想，还是不磨吧，讲亲爱。这个时候，我们也同他讲亲爱，请他喝茶，大家讲和平。所以磨擦是对付顽固分子，结果还是讲亲爱。但是有一个原则：我们不要先打人。人家打来了，我也打过去。磨擦的最后目的是讲和。磨擦是讲和的最好办法，但是，不是要磨擦下去。"[2]

毛泽东这个讲话说明了共产党对磨擦的基本态度：第

---

[1] 毛泽东在陕北公学的演讲，1939年7月9日。
[2] 毛泽东在陕甘宁边区县区长会议上的报告，1939年7月12日。

一，我们不要先打人；第二，你打过来，我也打过去，否则他就会"愈磨愈凶起来"；第三，这样做的目的仍是为了实现和平。这几条应对的基本原则，合情合理，明白易懂，在整个抗日战争期间一直坚持这样做，没有改变过。对如此重大而复杂的问题，在它刚露头时，就能敏锐地察觉，提出明确而恰当的处理原则，实在很不容易。

对平江惨案，尽管共产党没有采取"动手"的报复行动，而是用多种方式提出抗议，但国民党当局都没有答复。9月16日，毛泽东在和中央社、扫荡报、新民报三记者谈话中便说："我可以率直地告诉你们，我们根本反对抗日党派之间那种互相对消力量的磨擦。但是，任何方面的横逆如果一定要来，如果欺人太甚，如果实行压迫，那末，共产党就必须用严正的态度对待之。这态度就是：人不犯我，我不犯人；人若犯我，我必犯人。但我们是站在严格的自卫立场上的，任何共产党员不许超过自卫原则。"谈话中公开提出的这十六个字，同前面所说的原则是一贯的。由于它语言概括简练，又通过中央社等媒体发表，产生的影响就更大。

在这次谈话中，他还根据中共中央《为抗战两周年纪念对时局宣言》的要求，用鲜明简练的语言提出：共产党的口号是："坚持抗战，反对投降"；"坚持团结，反对分裂"；

"坚持进步,反对倒退"。[1]这三句话有着鲜明的针对性,并且在各种场合反复地讲,给人留下很深的印象,成为共产党在抗日战争进入战略相持阶段后向各界人士和民众提出的最响亮、影响最大的口号。

蒋介石对毛泽东这些话有什么反应?他历来看重的只是实力。10月上旬,日军在第一次长沙战役中被迫全线撤回原有阵地。蒋介石十分得意,在8日的日记中写道:"湘北大捷,此役又开转败为胜之机运。"[2]日军的压力有了减轻,他认为正便于腾出手来更强硬地对付共产党,而把毛泽东讲的"人不犯我,我不犯人,人若犯我,我必犯人"看作虚声恫吓,置若罔闻。25日,他在日记中写道:"对叶剑英痛斥共党之骄横愚妄。"他在这个月的反省录中记录:"军政内部之意见与共党之磨擦渐烈。"[3]可以感觉到,这些警告不但没使蒋介石收手,相反,反共的锣鼓正在越敲越紧。

进入11月,在国民党当局看来,对日作战"最近军事稳定"。[4]蒋介石经常把对共产党的态度同苏联的状况联

---

[1]毛泽东著:《毛泽东选集》第2卷,北京:人民出版社,1991年版,第590、591页。
[2]蒋介石日记(手稿本),美国斯坦福大学胡佛研究所藏,1938年10月8日,"上星期反省录"。
[3]蒋介石日记(手稿本),美国斯坦福大学胡佛研究所藏,1939年10月25日,10月"本月反省录"。
[4]徐永昌著:《徐永昌日记》第5册(手稿本),台北:"中央研究院"近代史研究所,1991年影印,第220页。

系在一起来考虑。这时，苏联和芬兰战争发生，国联大会将苏联开除出国联。蒋介石准备乘此对共产党采取行动了。他在11月1日日记中写道："中国共产党之跋扈与枭张以后必甚，叛乱不远乎？"[1]在这里，蒋介石已经对共产党采用"叛乱"二字。其实，共产党对国民党并没有采取什么行动，蒋介石也举不出什么事实来，他所说共产党"叛乱不远乎"，只是表明他要发动反共重大军事行动已经为时"不远"了。

11月11日，国民党武装人员一千八百多人又在河南确山县竹沟镇围攻新四军留守处，惨杀留守处人员两百多人。这都是山雨欲来风满楼的险恶景象。

国民党五届六中全会在11月12日至20日举行，这是一次在反共方面又迈进一大步的重要会议。从蒋介石在会议期间日记来看，他在14日写道："共党叛乱，非到其实力充足后不敢公开发难。"可见他们没有找到什么共产党要"公开发难"的事实，更谈不上"叛乱不远"。但在19日他却写道："然不可以不防范于无形也。"[2]也就是说，即便没有事实，甚至承认并"无形"可寻，还得先下手为强，实行所谓"防范于无形"。在这种思想指导下，全会上出现一片反共叫嚣，

---

[1] 蒋介石日记（手稿本），美国斯坦福大学胡佛研究所藏，1939年11月1日。
[2] 同[1]，1939年11月14日、19日。

如张继在大会报告中说:"共党之边区政府,系国中有国。"[1]政治气氛越来越富有爆炸性了。

把国民党这两次中央全会比较一下,不难看出:五届五中全会决定要从政治上反共,而五届六中全会就部署军事上反共了。这是抗战期间国共关系的又一次重大变化。

蒋介石在12月16日的日记中已把共产党称为"敌党",在21日又写道:"我国以后困难全在内部之处理,而倭敌已无问题矣。"这表明他心目中重点已经转移,把第一位的问题从抗日转到反共。他在25日的日记中更是直截了当地提到"对'共匪'之防范"。[2]

蒋介石已不再打算搞什么"溶共",知道这是办不到的,而是要直接以武力进攻共产党,掀起第一次反共高潮。鉴于国内外的客观条件,他知道这时要一下子全部消灭共产党还做不到,这种进攻还只能是有重点的、局部性的:一在山西,一在河北。他在11月16日的日记中已写道:"晋情与华北情势更急也。"[3]此外,国民党在陕北也发动进攻,侵占了陕甘宁边区的五个县。

---

[1] 王子壮著:《王子壮日记》第5册,台北:"中央研究院"近代史研究所,2001年影印,第396页。

[2] 蒋介石日记(手稿本),美国斯坦福大学胡佛研究所藏,1939年12月16日、21日、25日。

[3] 同[2],1939年11月16日。

山西是八路军东进抗日时最先到达的地区。当地地方势力首领阎锡山已统治山西二十多年，久经风雨，精于权术。但行政院参事陈克文在日记中评论他只会打小算盘："阎实系一个并无坚定主宰，看环境变迁，随时应付。"[1]日本侵略者步步进逼，对阎锡山在山西的统治构成严重威胁；战前红军东征时，蒋介石派五个师入晋，事后不撤，也构成他一块心病；又想同共产党拉关系。可以说："阎锡山是在三个鸡蛋中间跳舞，哪一个也不能碰着。"[2]这"三个鸡蛋"是指日本人、蒋介石和共产党。共产党人薄一波（山西籍）乘机同阎锡山谈判，得到他同意，在山西接办起特殊统一战线形式的抗日救亡群众组织"山西牺牲救国同盟会"。后来，又抽调一批骨干分子，以牺盟特派员名义派到各县工作，有些当了县长。

卢沟桥事变爆发后，日军大举攻入山西。阎锡山说："我们处在大难临头、千钧一发的时候，只有决心牺牲，才能保住我们的国家。"[3]他说的"才能保住我们的国家"，实际上是说才能保住他二十多年来在山西的统治地位。由于

---

[1]陈克文著：《陈克文日记》（上册），"中央研究院"近代史研究所，2013年版，第448页。
[2]薄一波著：《七十年奋斗与思考》（上卷），北京：中共党史出版社，1996年版，第203页。
[3]阎伯川先生纪念会编：《民国阎伯川锡山先生年谱长编初稿》（3），台北：商务印书馆，1988年9月版，第2027页。

山西兵力严重不足，在薄一波建议下，阎锡山曾同意组建新军，称为山西青年抗敌决死总队，总队长是晋军的鲁英麐（后来当了傅作义嫡系主力第三十五军军长），总队政治委员是薄一波。半年内发展到四个纵队，主力约七万多人。它的成员主要是青年知识分子，军事干部很多由阎锡山派来的军官担任，八路军也派来一些红军营团级干部做指导，政治干部多数是秘密的共产党员，政治委员有最后决定权。薄一波讲过他们的做法："注意不把斗争的矛头直接对向阎锡山，而是集中打击少数最反动的旧派，以便继续争取阎，推动阎前进。对于阎锡山的主张，只要表现进步而又不束缚我们手足的，我们都赞成；凡是模棱两可的，我们就从进步的方面加以解释贯彻；凡是反动倒退的，我们就'以子之矛，攻子之盾'，用他的进步主张来批判、反对和抵制。我们把这种做法叫作：拥护阎司令长官的进步主张与反对顽固分子的纲领。"[1]他后来说："这支武装形式上是戴着'山西'帽子，归阎锡山指挥，实际上则是由我党领导的。"[2]

但在太原、临汾相继失守后，阎锡山的政治态度发生了变化。"这时旧军节节败退，溃不成军；而新军却挺进敌

---

[1] 薄一波著：《七十年奋斗与思考》（上卷），北京：中共党史出版社，1996年版，第272页。

[2] 薄一波著作编写组编：《薄一波论新军》，北京：中共党史出版社，2008年版，第338页。

后，迅猛发展，搞得如火如荼。新旧力量之间此消彼长的巨大变化，使阎锡山惴惴不安。他在日记中写道：'二的利害成不了一的团结，二的认识成不了一的行为。'于是，他在'逃过了灭亡'之后，开始对抗战以来依靠和支持牺盟会、决死队的政策，进行了全面的反思。他对旧军发出警告说：'不要使最后胜利的场中，没有了自己。'要求旧军赶快准备，保存和扩充实力。"他说了一句有名的话："天要下雨，要赶快备雨伞。一落人后，就要吃大亏。"[1]

新军是坚决抗日的，矛盾的发展在于阎锡山和山西旧派觉得越来越不能任意控制这支新军了。毛泽东、张闻天、王稼祥在8月22日致电彭德怀等："关于新旧势力的冲突，我们基本方针是支持发展新势力，但我党及战委公开表示态度时不要作左右倾，我们应号召新旧各派团结起来，设法作到在旧派反对新派时不反对我党我军，并能同我们在某些地方合作抗日、动员组织群众与改造部队。"[2]这样做的目的，显然是力求团结，并避免山西新旧两派的矛盾冲突扩大成为国共两党之间的矛盾冲突。

可是，国民党当局对中共的疑惧却越来越深。11月30

---

[1] 薄一波著：《七十年奋斗与思考》（上卷），北京：中共党史出版社，1996年版，第269、275页。

[2] 毛、洛、王致德怀、贺、萧、关、甘并赵、罗、子华、尚昆电，1939年8月22日。

日,蒋介石在日记中写道:"中共于最近期间将有变故之猜测及苏俄与倭寇协以谋华之谣诼,于理于势皆不可能。""中共亦不致突变,然不能不防耳。"[1]这时已到十二月事变发生的前夜,蒋介石明明知道共产党这时"于理于势皆不可能"有什么反对国民党和阎锡山的活动,他所谓"不能不防",其实是在说尽管中共"不致突变",我仍然要先发制人,单方面采取军事行动。于是,山西旧军开始秘密集结,阎锡山派到新军的旧军官也准备从内部策应。

到1939年12月,"阎锡山充当了第一次反共高潮的急先锋,他先派王靖国和陈长捷率十九军、八十一军进攻正在抗击日军'冬季攻势'的决死二纵队。二纵队一边抵抗日军,一边进行自卫,在八路军协助下,给王、陈两部沉重打击后,苦战突围,转入晋西北。阎又命赵承绶作进攻晋西北决死队和八路军的准备和部署。在晋东南,阎锡山派孙楚勾结日伪军和国民党进攻决死三纵队。三纵队内部反动军官叛变,里应外合,使三纵队和五专区各县抗日政权遭到重大损失,三个主力团都被拉走了,许多优秀干部惨遭杀害"。[2]一纵队也不得不奋起反击。"十二月事变"

---

[1] 蒋介石日记(手稿本),美国斯坦福大学胡佛研究所藏,1939年11月30日,"本月反省录"。

[2] 薄一波著:《七十年奋斗与思考》(上卷),北京:中共党史出版社,1996年版,第284页。

就这样开始了，导致新旧军的全面冲突。新军坚决反击，随后实际上加入了八路军。国民党这次进攻，只是搬起石头砸了自己的脚。郝柏村感叹："一夕之间，共军战力增加四五万人，而阎锡山之势日促。"[1]

为了顾全大局，共产党没有就此同国民党和阎锡山撕破脸。毛泽东在12月23日叮嘱道："新军反攻时，口号应是拥阎讨逆、打倒汉奸。不要忘记拥阎口号。"[2]薄一波回忆道："十二月事变之后，1940年2月15日，党中央派萧劲光、王若飞持毛泽东主席的亲笔信到秋林镇，向阎锡山面述我党关于恢复新旧军团结抗日的主张。经过谈判达成协议，双方划分了驻防地区。在1941年1月国民党发动第二次反共高潮中，阎锡山保持了中立。这样，基本上保持了山西的抗日民族统一战线，稳住了山西的抗战局面，直到抗战胜利。"[3]

毛泽东把驻防地区的划定看作抗战以来最大的胜利，使共产党的力量可以起半决定作用。蒋介石在日记中只能无可奈何地写道："共党促动阎部叛变。阎所信任新练决死

---

[1] 郝柏村著：《郝柏村解读蒋公八年抗战日记（1937—1945）》（上），台北：远见天下出版股份有限公司，2013年版，第482页。
[2] 毛泽东、王稼祥：《对晋西南事变的方针》，1939年12月23日。
[3] 薄一波著作编写组：《薄一波论新军》，北京：中共党史出版社，2008年版，第390页。

队十余团皆为共党煽动，其第八路军意掩护叛军而收容之。"他发现大打的时机还不成熟："对共党此时当先严密防范，相机制裁。"[1] 吃了点苦头后，蒋介石反共的气焰就没有原来那么高，但他很明白：不能就此罢手，只是要等待"相机制裁"。

河北的情况和山西有所不同。冀中和冀南是一片平原。当日军沿平汉铁路和津浦铁路大举南下时，国民党的正规军几乎已撤出这个地区，当地百姓得不到中国军队的保护，在日伪军和土匪横行下生活痛苦不堪。

八路军在山西敌后建立抗日根据地后，毛泽东、张闻天、刘少奇在1938年4月21日向他们发出电报，提出在河北、山东平原地区大力发展游击战争。这是一项富有远见的大胆而及时的决策，根本改变了八路军在华北的战略布局。电报写道："根据抗战以来的经验，在目前全国坚持抗日与正在深入的群众工作两个条件之下，在河北、山东平原地区广大地发展抗日游击战争是可能的，而且坚持平原地区的游击战争也是可能的。""党与八路军部队在河北、山东平原地区，应坚决采取尽量广大发展游击战争的方针，尽量发动最广大的群众走上公开的武装抗

---

[1] 蒋介石日记（手稿本），美国斯坦福大学胡佛研究所藏，1939年12月25日。

日斗争。""在收复的地区应即建立政府,设法多少恢复当地的抗日秩序。"电报还叮嘱一定要处理好同仍留在敌后坚持抗战的原国民党政府机构的合作关系:"在范(筑先)专员、丁(树本)专员地区,仍有原来的政府,应即通过统一战线的推动,迅速改造与加强政府,使之成为人民的抗日政府,吸收坚决有能力的分子参加进来,洗刷腐化无能的分子,使政府、部队、人民密切联系起来。"[1]八路军各部都先后派出主力部队,挺进冀南、冀东、冀中、冀鲁边和冀鲁豫边等平原地区,协同当地中共组织和人民武装,创建和发展平原抗日根据地,大大扩展了八路军在华北的力量和影响。

蒋介石最初对共产党和八路军在华北敌后的展开并不在意,还表示同意,认为那是共产党自投险境,在优势日军"扫荡"下,更易被消灭。他在1940年1月的日记中写道:"后方'共匪'无心,其力全在战区,故抗倭'剿共'可以双管齐下,且'共匪'适夹在敌我之间,更易为力,此则抗战之初使'共匪'调往前方之效,未为其所欺,其利用甚大也。"[2]

---

[1] 毛泽东著:《毛泽东军事文集》第2卷,北京:军事科学出版社、中央文献出版社,1993年版,第217、218页。
[2] 蒋介石日记(手稿本),美国斯坦福大学胡佛研究所藏,1940年1月27日,"上星期反省录"。

怎样在日本侵略者控制的地区开展平原游击战争？这对八路军来说，确实是一个异常艰难而又缺少足够经验的新课题。

抗战初期，八路军主要是依托山区开展游击战争的。前面说过，日本侵略军的现代化军事装备（如飞机、坦克、大炮等）在山区都不易充分发挥作用。山区崎岖复杂的地形，又便于行动灵活机动并得到当地民众支持掩护的八路军指战员开展活动。而在平原地区，却失去了这种有利条件。平原地区交通方便，又利于敌军的运动和增援；城市坚固，被敌军占领固守，不易夺回；部队和群众又都缺乏平原游击战的经验。这些，都是很大的困难。蒋介石认为共产党自投险境，不是完全没有理由。

怎么办？共产党的军事行动有一个重要特点：当中央军委根据实际情况做出重大战略决策后，充分发挥在第一线指挥作战的各级将领的主动性和创造性。率领八路军第一二九师一部主力进入冀南平原的徐向前，这时提出了"人山"的主张。他说："冀南平原人烟稠密，村镇如网，虽然没有崇山峻岭，但八百万人口，却是难得的进行游击战争的依靠力量。群众是真正的铜墙铁壁。所以，我们一到冀南，就提出建立'人山'的思想，放手发动群众，组织群众，武装群众，团结一切抗日力量。由于抗日战争的正义性,由于我党的正确路线、方针、政策在八路军的模范作用,加上日本侵略者实行极端野蛮的政策,激起人民无比的仇恨,因而短时间内,冀南的群众便迅速发动起来,形成了真正的'人山'。"[1]至于国民党少数留下来而真正坚持抗日的爱国官员和将领,如山东第六区行政督察专员范筑先,八路军同他建立起很深友谊,大力支持他的抗日行动。

八路军东进冀南敌后,放手发动和组织群众,有力打击侵华日军,严惩反动会道门,争取伪军反正,收编地方武装,建立起冀南行政公署和新的县政府。这是中国人从日军占领下收复失地,是满足当地民众的渴望,是正义的中华民族抗日战争所迫切需要的,有什么过错呢?其中,建立政权是很重要的。在敌后建立起根据地,如果没有政权,怎么能把群众组织起来,怎么能推行人民需要的政治、经济、文化、社会建设,怎样解决部队的兵源、粮源、财源和联络通信等各项需要,怎样在当地建立起抗日的民主新秩序?这又有什么过错?何况原来的旧政权机构在日军进攻下几乎"都跟着逃散了"。

开辟敌后抗日根据地是艰难的,而把它坚持下去并得到发展更加艰难。为什么共产党领导的军队能够做到,而

---

[1]徐向前著:《徐向前军事文选》,北京:解放军出版社,1993年版,第420、421页。

国民党的军队却不能,导致两者在敌后的处境和发展状况大相径庭?关键在于:是不是能够紧紧依靠当地民众,真正站在中国人口绝大多数的农民一边,从他们的切身利益和需要出发,不断打击侵略者,并在抗日根据地进行广泛的经济和政治上的民主改革,又注意团结社会上一切可以团结的力量共同奋斗。

美国很有影响的《时代》和《生活》两杂志的驻华记者西奥多·怀特和安娜·雅各布做了生动的描写:"共产党的全部政治论题可以概括为下面的一段话:如果你遇见这样的农民——他的整个一生都被人欺凌、被人鞭笞、被人辱骂,而且他的父亲把祖祖辈辈传下来的痛苦感情都转移给了他。你真正把他作为一个人来对待,征求他的意见,让他组织自己的警察和宪兵;给予他权力,让他决定自己应交纳多少赋税,让他自己决定是否减租减息,如果你做到了这一切,那么,这个农民就会变成一个具备奋斗目标的人。而且,为了保卫这个目标,他将同任何敌人——不管是日本人还是中国人——进行殊死拼搏。如果你再给这个农民提供一支军队和一个政权,帮助他耕种土地,收割庄稼,为他消灭曾经强奸他妻子、糟蹋他母亲的日本鬼子,那么,他就必然会忠于这支军队、这个政府以及控制军队和政府的政党;必然会拥护这个政党,按照这个党给他指引的方向进行思考,并在很多情况下成为这个政党的积极参加者。"[1]这两个记者朴实地描写了一场在农村底层发生的社会大变动,这是中华民族历史上不曾有过的,是民众所需要的,也是中国共产党领导的抗日民主根据地能够在敌后植下根来,并且从小到大地发展起来的原因所在。

八路军在华北敌后那么快地发展起来,却是蒋介石原来根本没有想到的。他越来越焦躁起来,给八路军的发展和敌后抗日根据地的建立起了个名称叫"割据"。周恩来后来在七大上说:"他对我们在敌后的政策,就是让我们到敌后打敌人,削弱我们。正如朱德同志那天说的,国民党在华北很快地就退走了,不能不让我们去。所以武汉时期,他答应要我们到华北、山东去发展游击战争。徐向前同志带一一五师(注:中共中央军委决定从八路军一一五师和一二九师抽调兵力,由徐向前率领,进入山东开展工作)到山东去,还得到了他的同意。但是他看到我们的游击战争有发展,人民力量有发展,建立了根据地,就害怕,所以紧跟着就派鹿钟麟、张荫梧带兵同我们磨擦。"[2]

1938年5月20日,蒋介石任命鹿钟麟为河北省政府主

---

[1] [美]西奥多·怀特、安娜·雅各布著,王健康、康元非译:《风暴遍中国》,北京:解放军出版社,1985年版,第216、217页。

[2] 《周恩来选集》编委会编:《周恩来选集》(上卷),北京:人民出版社,1980年版,第198页。

席。随即又任命张荫梧等为河北省政府委员。[1]鹿钟麟原是冯玉祥西北军的重要将领,资历很老,但长期赋闲,并无实力,在河北更无根基。他取道山西,请八路军护送,通过日军封锁线,进入八路军开辟的冀南抗日根据地。路过山西长治时,鹿钟麟曾访问八路军总部,与彭德怀会谈,议定冀中、冀南行政专区人选暂照八路军所任不变。张荫梧是失意军人,一贯反共,与军统特务势力关系密切,拥有一批人数不多的杂牌武装,掌握着实权。

中国共产党对他们仍待之以礼。6月7日,毛泽东、张闻天、刘少奇致电邓小平等:"目前你们最好能与张荫梧接洽,以探询他们的意图。如果他们委员到各地,我们应表示欢迎,在各地与他们所委之人接洽合作的办法,以及武装、政权、民众的统一组织方式等,以尽可能使他们接受我们所提之办法。""如果他们所委之人在各地拒绝与我们合作,并从各方面来公开反对我们时,那我们就应在团结抗日的口号下公开批评他们破坏团结,在群众中孤立他们,并向上级机关控告他们。"[2]这是内部的商议,所提的办法是友好的,也是合情合理的。

蒋介石委派鹿钟麟等来河北的目的,是为了排除共

---

[1] 郭卿友主编:《中华民国时期军政职官志》(上),兰州:甘肃人民出版社,1990年版,107页。

[2] 毛、洛、胡致小平并朱瑞、伯承、聂、彭诸同志电,1938年6月7日。

产党在当地苦心经营并发展起来且得到民众支持的力量。1939年1月7日，蒋介石致电鹿钟麟，要他严防共产党"破坏冀察行政"，"全力维持华北政令之统一"。[1]他不是要鹿钟麟"全力"抗日，而是要他"全力"对付正在敌后抗日的共产党，预示着一场反共风潮即将在冀南掀起。

鹿钟麟到河北后，由于有合法地位，任命张荫梧为民政厅长兼河北民军总指挥，搜罗当地流散的国民党军残部、地主土匪武装和会道门势力，宣布取消冀南行政主任公署，在各地另行任命委员、县长等。山西"十二月事变"发生时，国民党当局又派原驻河南的第九十七军军长朱怀冰率部北进河北，包围压迫八路军，摧残原已建立的抗日政权。刘伯承去见鹿钟麟、朱怀冰，对他们说："我们已经退避三舍了，实在无地可退，你们总得让我们抗日有地！八路军一个师抵抗了十万日军、十万伪军，并非怕你们，不过为了团结，不忍自相残杀。要是逼人太甚，我们是有人民作后盾的。"[2]鹿、朱两人却置之不理，并在12月下旬向八路军大举进攻，结果大部被歼。接着，国民党军石友三部又开入冀南、冀鲁豫地区，向八路军进攻，又被击败。不久，石友三公开同日军勾结，被蒋介石下令处决。

---

[1] 秦孝仪总编纂：《蒋介石大事长编初稿》卷4（上册），台北：国民党中央党史委员会，1978年10月版，第291页。
[2] 军事科学院军事历史研究部编著：《中国人民解放军战史》第2卷，北京：军事科学出版社，1987年版，第178页。

对中共中央所在的陕甘宁边区，国民党当局也有动作。徐永昌在12月30日的日记中写道："(上午)十时半在蒋先生处讨论八路军通电要求明定陕甘宁边区二十三县归八路军并惩办何绍南等。""(晚)九时在何（应钦）寓开会，仍讨论对八路军问题。贺衷寒报告与毛泽东谈判经过。择要若干条，一言以蔽之，以在西北成立一附俄共产国（新近调两旅过河西，即增加其建国基础部队耶？）。何敬之琐碎无要言，引起多数废话，直至十二时方散。"[1]陕甘宁边区的状况，本来在第二次国共合作前已经形成，并没有多少变化。贺衷寒那些凭空捏造的无稽之谈，说明他们对共产党的敌视和猜疑已到何等地步。何应钦"琐碎无要言"，说明他们已无计可施了。

蒋介石在掀起这次反共高潮的行动中没有捡到什么便宜。日军又在这前后大举从北海登陆，攻陷昆仑关，进占南宁，力图切断大后方南部的对外运输线，白崇禧、陈诚等先后从重庆赶往广西指挥作战。蒋介石自己也在1940年1月7日至12日和2月21日至28日两次赶往桂林和柳州，一时顾不上再花力气进行反共的军事行动了。

中共这时采取缓和态度，只是提出八路军在敌后已得

---

[1] 徐永昌著：《徐永昌日记》第5册（手稿本），台北："中央研究院"近代史研究所，1991年影印，第254页。

到很大发展，要求将它从一军三师增编为三军六师。这就是说，还是把国民政府作为中央政府对待，只是争取它批准在敌后抗战已经取得的成果，没有乘胜对顽固派发动大规模反攻。蒋介石在 12 月 30 日的日记中写道："昨日夜接'共匪'朱德有日通电，要求政府惩办肇事祸首、取缔反共邪说等，其乱迹已显，但其用意仍在乘胜扩充地盘、巩固边区，甚恐我军进剿也。此事应大事小做，惟布置军队、准备实力而已。"在同日所写"上星期反省录"中又说："其无力叛变，故只有严防。"[1]蒋介石对中共力量的实际情况一直缺乏清醒的判断，总是根据自己的主观意图行事，对扩编八路军一事自然不会答应，但碰了钉子在武力反共上一时拿不出什么别的办法，只有先"大事小做"，草草收场，同时，"布置军队、准备实力"，以便在以后再发动规模更大的反共行动。

周恩来后来在中共七大上回忆道："朱德同志说得很对，蒋介石就是怕一个东西，怕力量。你有力量把他那个东西消灭得干干净净，他就没有说的。朱怀冰消灭完了，蒋介石从来没有提过这个事情。他只好捏住鼻子叫卫立煌和朱总司令谈判，划漳河为界。"[2]

---

[1] 蒋介石日记（手稿本），美国斯坦福大学胡佛研究所藏，1939 年 12 月 30 日，"上星期反省录"。

[2]《周恩来选集》编委会编：《周恩来选集》（上卷），北京：人民出版社，1980 年版，第 200 页。

不同政党之间,首先需要阐明各自对国家民族前途命运的根本主张,求得民众的了解和比较。1939年、1940年之交,毛泽东接连发表《〈共产党人〉发刊词》《中国革命和中国共产党》《新民主主义论》三篇文章,第一次在中国人面前旗帜鲜明地提出新民主主义的完整理论。这是具有首创性的重大理论突破:不仅回答了当前时局中的种种问题,而且阐明了中国现阶段民主革命的性质和未来建设新中国的一系列基本问题,指明了"中国向何处去"的大方向,在民众中产生巨大影响。

在1939年12月发表的《中国革命和中国共产党》中,毛泽东具体分析中国的社会性质和实际国情后指出:"现阶段的中国革命究竟是一种什么性质的革命呢?""我们称这种革命为新民主主义革命。"一个月后,他又做了关于新民主主义的著名讲演,提出"我们要建立一个新中国"。他说:"中国革命的历史特点是分为民主主义和社会主义两个步骤,而其第一步现在已不是一般的民主主义,而是中国式的、特殊的、新式的民主主义,而是新民主主义。"[1]这里说得很清楚:中国共产党现阶段进行的,不是社会主义革命,仍是民主革命,但那并不是西方式的民主革命,而是新民主主义的革命,这

---

[1] 毛泽东著:《毛泽东选集》第2卷,北京:人民出版社,1991年版,第646、647、665、666页。

是中国的历史特点所决定的。他接着系统地说明新民主主义的政治、经济、文化应该是怎样的。这篇讲演用《新民主主义论》的题目一发表,立刻引起强烈反响,使人感到耳目一新,对此后国共关系的发展产生了全局性的深刻而久远的影响。

为什么中国共产党选择在此时写出并发表这几篇有着重大理论意义的文章?这是当时国内客观形势的要求。

在土地革命时期,由于国民党当局的残酷镇压、严密封锁以及对共产党的种种造谣污蔑,加上中共中央当时"左"的关门主义错误,一般民众对共产党的真实情况和主张了解很少。共产党的政治影响主要是在革命根据地的贫苦农民和城市里的革命知识分子中。全民族抗战爆发后,中国共产党从过去遭受严密封锁的狭小天地里走出来,公开走上全国政治大舞台,受到越来越多人们的关注。他们不仅要求了解中国共产党对当前种种问题的具体主张,还渴望了解它对时局发展和中国未来前途的基本主张。中国共产党要在抗日民族统一战线中显示并坚持独立自主,必要条件是要在全国人民面前鲜明地亮出自己区别于其他政党的政治信念和主张,把人们吸引到自己高举的旗帜下来。新民主主义便成为这样的旗帜。

还要看到一个事实:第二次国共合作形成时,中共中央在《为公布国共合作宣言》中说:"孙中山先生的三民主义为中国今日之必需，本党愿为其彻底的实现而奋斗。"[1]这对促成国共合作起了重要作用，也是中国共产党的真诚愿望。这里特别强调中国共产党"愿为其彻底的实现而奋斗"的是"孙中山先生的三民主义"。孙中山主张中国要实现民族独立、民主政治、民生幸福，确实是提纲挈领地抓住了近代中国最迫切需要解决的三大问题，并且主张用革命的手段来实现它。国民党一大时，他又果断地推行联俄、联共、扶助农工三大政策。这就是"孙中山先生的三民主义"。当国民党的中央通讯社公开发表中共中央这个宣言后一个星期，毛泽东在《国共合作后的迫切任务》中写道："在共产党方面，十年来所实行的政策，根本上仍然是符合于孙中山先生的三民主义和三大政策的革命精神的。共产党没有一天不在反对帝国主义，这就是彻底的民族主义；工农民主专政制度也不是别的，就是彻底的民权主义；土地革命则是彻底的民生主义。""现在的问题，不是共产党信仰不信仰实行不实行革命的三民主义的问题，反而是国民党信仰不信仰实行不实行革命的三民主义的问题。"[2]可见中国共产党在这个问题上始终是前后一贯的。

---

[1]《周恩来选集》编委会编：《周恩来选集》（上卷），北京：人民出版社，1980年版，第77页。

[2] 毛泽东著：《毛泽东选集》第2卷，北京：人民出版社，1991年版，第368、369页。

国民党当局却故意撇开"孙中山先生的三民主义"这个前提，在武汉失陷前夜就鼓吹所谓"一个主义，一个政党，一个领袖"，扬言：既然三民主义可以满足中国现在和将来的一切要求，便不需要再有一个政党来为共产主义奋斗了，企图借此制造思想混乱。这就更需要中国共产党进一步澄清这些根本性的问题。

《新民主主义论》中还明白地指出："'一个主义'也不通。""三民主义和共产主义两个主义比较起来，有相同的部分，也有不同的部分。""相同部分。这就是两个主义在中国资产阶级民主革命阶段上的基本政纲。1924年孙中山重新解释的三民主义中的革命的民族主义、民权主义和民生主义这三个政治原则，同共产主义在中国民主革命阶段的政纲，基本上是相同的。由于这些相同，并由于三民主义见之实行，就有两个主义两个党的统一战线。忽视这一方面是错误的。"对"不同部分"，《新民主主义论》指出了四点：民主革命阶段上一部分纲领的不同；有无社会主义革命阶段的不同；宇宙观的不同；革命彻底性的不同。"忽视这些差别，只看见统一方面，不看见矛盾方面，无疑是非常错误的。"[1]这就把两个主义的相同之处和不同之处从

---

[1] 毛泽东著：《毛泽东选集》第2卷，北京：人民出版社，1991年版，第687、688页。

理论上说清楚了。"一个主义,一个理论、一个领袖",是根本站不住脚的。这场论战,也是击退蒋介石反共磨擦的一个组成部分。

当然,新民主主义的理论不是突然提出来的,也不只是针对当时某些具体情况来说的,而是中国共产党以中国的实际国情为出发点,经过长时期的探索和思考形成的。用毛泽东后来的话说:"在抗日战争前夜和抗日战争时期,我写了一些论文,例如《中国革命战争的战略问题》《论持久战》《新民主主义论》《〈共产党人〉发刊词》,替中央起草过一些关于政策、策略的文件,只有在那个时候才能产生,在以前不可能,因为没有经过大风大浪,没有经过两次胜利和两次失败的比较,还没有充分的经验,还不能充分认识中国革命的规律。"他说,只有经过两次胜利和两次失败,在抗日战争时期,"中国民主革命这个必然王国才被我们认识,我们才有了自由"。[1]

"新民主主义"这面大旗,就这样在全国人民面前高高地举起来了。它把新民主主义国家的政治、经济、文化的基本特征和具体内容,把中国共产党主张建立的新中国是怎样一个国家,为人们勾画出一个清晰而完整的轮廓,使

---

[1] 毛泽东著:《毛泽东著作选读》(下册),北京:人民出版社,1986年版,第825、826页。

接受这种主张的人树立起明确的方向感。

毛泽东早年说过:"主义譬如一面旗子,旗子立起了,大家才有所指望,才知所趋赴。"[1]这面旗子应该色彩鲜明、简单明了又有着十分丰富而确定的内涵,才易于为更多的民众所理解和接受。中国共产党在这时独立自主地树立起"新民主主义"这面旗子,使越来越多的民众"有所指望""知所趋赴"。这是中国历史上的一件大事。它不仅对抗日战争的中后期产生重大影响,而且对以后的中国革命和建设起了巨大的指导作用。

尽管如此,进入1940年,共产党仍力图维护国共合作抗日的局面,没有在打退国民党第一次反共高潮后便大肆渲染并扩大国共之间的分歧和矛盾,彼此分手。1月10日,毛泽东致电驻阎锡山那里的办事处主任王世英:"(甲)国共分裂之谣不可信,这是汉奸放的空气。(乙)你应对外表示:八路拥护阎长官抗日建国,一如往常。但希望旧军停止进攻新军,双方和解,以利抗日。"[2] 11日,他又致电彭德怀:"目前还不是全国下雨之时,在全国任务还是组织进步力量,力争中间阶层,击破大资产阶级的动摇与反动,这种可能

---

[1] 中共中央文献研究室、中共湖南省委《毛泽东早期文稿》编辑组编:《毛泽东早期文稿》,长沙:湖南出版社,1990年版,第554页。

[2] 毛泽东致王世英电,1940年1月10日。

性现在还未丧失。"但在经历了"十二月事变"这样的事变后,他在1月30日为中央书记处起草致朱德、彭德怀、杨尚昆等电,提醒他们不能过于退让:"对河北与山西境内的任何军队,不论是中央军、晋绥军及石友三,如果它进攻八路地区,我应在自卫原则下,在有理有利条件下,坚决反抗并彻底消灭之。"[1]他在这里强调了这种对国民党当局反抗的"自卫原则"。

2月20日,毛泽东对形势做了概括:"蒋在华北、西北、中原向我的攻势,经过我们几个月的坚决反攻,可以说基本上已把他的攻势打下去了。"[2]3月5日,他和王稼祥又致电彭德怀:"反磨擦的武装斗争,在西北、华北的主要的地区,有暂时告一段落之必要与可能。因蒋之军事攻势已基本上被我击溃,而蒋现时实无法大举'剿共'。""我们方面目前任务是在主要地区求得对内和平,以便在半年之内集中力量巩固已有阵地,这个任务的意义是伟大的。"[3]

国民党方面的态度怎么样?

阎锡山在发动"十二月事变"吃了亏之后,态度确实起了变化。毛泽东、王稼祥在1月31日一份电报中说:"据

---

[1] 毛泽东著:《毛泽东文集》第2卷,北京:人民出版社,1993年版,第259、267页。
[2] 毛泽东致彭德怀电,1940年2月20日。
[3] 同[1],第271页。

王世英处消息，阎内部对新军和战主张尚不一致，而阎本人则觉解决新军已非力所能为，对勾结中央亦尚有顾虑。因此，山西及新派斗争可能一时期处于麻痹状态中。"[1] 3月初，中共中央派萧劲光、王若飞赴秋林镇见阎，住了四天，受到极大欢迎。萧、王向阎及各方传达中共中央及八路军赞助"新旧团结、拥阎抗日"时，阎锡山表示欢迎，说："已令各军停止军事行动及政治攻击"，"今后当注意以进步求团结"。"阎公开说：他是国共两党之间的中间力量，他之存在是于团结有利的。"[2] 经过这番斗争，八路军同阎锡山的关系就此缓和下来。

蒋介石因为刚碰了钉子，又没有什么新的有效办法，只能先停一下手，再看一看。1940年1月27日他提出三条计划："甲，先取守势；乙，不与法律地位；丙，不必交涉。"但他并不甘心，觉得现在日军进攻的势头已经减弱，还是能腾出手来及早对付共产党的。他明明知道共产党并没有破裂的意图和行动："以理论言，以共党利害言，以革命整个局势言，皆无背叛革命与抗战之可能。"既然如此，他该歇手了。不！他在3月4日的日记中写道："对共党限制其范围，

---

[1] 毛、王致朱、彭、杨、贺、关电，1940年1月31日。

[2] 毛泽东为中央及军委起草的致朱、彭、杨、傅、陆、贺、甘、林、赵、陈、黄、刘、邓、彭、聂并转告新军各领袖电，1940年3月5日。

严防其叛变与暴动,使之守纪律奉命令,弗过骄横跋扈而已。其次则使之拥护统一,不敢破坏抗战、违反三民主义,使之就范。此亦所以成全共党之道也。如其有违反纪律、破坏法令,即破坏统一与抗战,则任何牺牲亦所不惜也。"[1]

到3月下旬,蒋介石的态度更趋强硬,他在22日的日记中写道:"半年来共党形势汹汹,叛迹日著,而其跋扈枭张几乎不可向迩。""余决不以苏俄与倭寇之关系受其胁制,且必执行余之职权以制服此不法无知之徒也。"[2]

摆在中国共产党面前的,是个异常复杂的、充满矛盾的难题。大敌当前,为了维护中华民族的独立和生存,必须依靠全国人民的团结,必须坚持国共合作。但国民党在合作中,却不管你如何力求缓和,依然处处算计,不断制造事端,破坏团结,一心想要"积极准备,消患未然",甚至准备狠下毒手,企图消灭共产党。面对这样的合作者,应该怎么办?怎样恰当地处理联合和斗争的关系?确实十分棘手。以往不少领导人在处理类似问题时常采取简单化和绝对化的做法,出现"左"或右的错误,吃过很大的苦头,几乎濒于失败的边缘。这些用血换来的惨痛教训是不容忘

---

[1] 蒋介石日记(手稿本),美国斯坦福大学胡佛研究所藏,1940年1月27日、3月4日、6日。
[2] 同[1],1940年3月22日。

却的。

事端层出不穷。这正需要共产党及其领导人直面异常复杂的现实，权衡方方面面的利弊得失，深思熟虑，果断地做出战略决策。

毛泽东表现出了成熟地驾驭极端复杂局势的雄才大略。1940年3月11日，他在延安中共高级干部会议上做了《目前抗日统一战线中的策略问题》的报告。这是一个有着纲领意义的重要报告。报告说："抗日战争胜利的基本条件，是抗日统一战线的扩大和巩固。而要达此目的，必须采取发展进步势力、争取中间势力、反对顽固势力的策略，这是不可分离的三个环节，而以斗争为达到团结一切抗日势力的手段。"[1]

报告中有一句名言："以斗争求团结则团结存，以退让求团结则团结亡。"意思是在抗日民族统一战线时期，斗争是手段，团结是目的，不能因团结而放弃斗争，更不能因斗争而使团结破裂。这是对极端复杂的现实斗争生活做出的高度的理论概括，充满了辩证法的大智慧。

报告还提出：在同顽固派的斗争中，"第一是自卫原则。人不犯我，我不犯人，人若犯我，我必犯人。这就是

---

[1] 毛泽东著：《毛泽东选集》第2卷，北京：人民出版社，1991年版，第745页。

说,决不可无故进攻人家,也决不可在被人家无端攻击时不予还击。这就是斗争的防御性。对于顽固派的军事进攻,必须坚决、彻底、干净、全部地消灭之。第二是胜利原则。不斗则已,斗则必胜,决不可举行无计划无准备无把握的斗争。应懂得利用顽固派的矛盾,决不可同时打击许多顽固派,应择其最反动者首先打击之。这就是斗争的局部性。第三是休战原则。在一个时期内把顽固派的进攻打退之后,在他们没有举行新的进攻之前,我们应该适可而止,使这一斗争告一段落。在接着的一个时期中,双方实行休战。这时,我们应该主动地又同顽固派讲团结,在双方同意之下,和他们订立和平协定。决不可无止境地每日每时地斗争下去,决不可被胜利冲昏自己的头脑。这就是每一斗争的暂时性。在他们举行新的进攻之时,我们才又用新的斗争对待之。这三个原则,就是'有理','有利','有节'。"[1]"有理""有利"这两条原则,毛泽东以前已经说过。这次又增加了一个"有节",要有分寸,这一条十分重要,整个方针就更完整了。抗日战争期间,中国共产党在同国民党当局斗争时,始终紧紧地把握住这个方针,博得越来越多中间势力的同情和支持,对人心向背起了重大作用。

---

[1] 毛泽东著:《毛泽东选集》第2卷,北京:人民出版社,1991年版,第749、750页。

这篇报告是一个战略性的大决策,是共产党抗战两年多来实行抗日民族统一战线中处理各种复杂问题的经验总结,是共产党在抗日战争时期应对国共关系中种种具体事件的明确指导方针。

准确把握时机,是领导工作十分重要的问题。三天后,中共中央书记处及军委致电朱、彭、杨等:"(甲)反磨擦斗争必须注意自卫原则,不应超出自卫的范围。如果超出这个范围,则对全国的影响和统一战线是很不利的,尤其对中央军应注意此点,因国共合作主要就是同中央军的合作。(乙)目前山西、河北的反磨擦斗争即须告一段落,不应再行发展。"[1]

在坚决打破国民党当局从山西、河北发动的大规模武装进攻而又适可而止地告一段落后的一段时间内,国共两党处于相对"休战"状态。八路军和新四军继续以主要力量同日本侵略军作战,在鲁南、皖南、晋冀豫边、晋西北、淮海等地对日军开展艰苦的反"扫荡"战斗。但蒋介石内心一刻也没有放松如何对付共产党。他在日记中写道:"中共态度虽转缓和,然其阴谋与暴动必日深一日。应积极准备,

---

[1] 中共中央书记处及军委致朱彭杨、刘邓、左黄、陈罗、徐朱电,1940年3月14日。

消患未然。"[1]中共中央也清醒地看破这一点，并且注意到局势发展中出现的新动向：国民党正在把武装反共重点转到中共力量相对较弱的华中的新四军方面来，向全党发出警告：不要因必要的"休战"而丧失警惕。毛泽东看得很准。4月4日，他致电彭德怀："蒋召周、朱谈判，主要将是华中问题。彼现梦想将新四军调入黄河以北，划黄河以北给我，把我送入敌人手上，堵塞归路，困死，饿死。我决不能上他们当。"[2]

由于有过河北磨擦的实际经验和教训，5月4日，毛泽东指示东南局，决不要被蒋介石别有用意的命令所束缚，应该放手地大踏步向华中敌后发展："所谓发展，就是不受国民党的限制，超越国民党所能允许的范围，不要别人委任，不靠上级发饷，独立自主地放手地扩大军队，坚决地建立根据地，在这种根据地上独立自主地发动群众，建立共产党领导的抗日统一战线的政权，向一切敌人占领区域发展。"需要注意：这种发展是指在日本侵略者已经占领的地区，到敌人后方去发展，而不是在国民党统治的地区。"在

---

[1] 蒋介石日记（手稿本），美国斯坦福大学胡佛研究所藏，1940年3月23日，"上星期反省录"。
[2] 毛泽东致彭德怀电，1940年4月4日。

国民党统治区的方针，则和战争区域、敌后区域不同。"[1]根据这个指示，这以前正从皖南地区东进到苏南茅山地区的陈毅，指挥新四军一部渡长江北上，开辟苏北敌后抗日根据地；八路军黄克诚部也从太行山南下，向冀鲁豫地区和苏北发展，两军遥相呼应。

抗战中的国共关系，一直随着国内外局势的发展而时张时弛，起伏不定。蒋介石在第一次反共高潮被击退后，一段时间内没有立刻再发动全国范围的反共军事行动。这是因为：先是有日军向桂南的大举进攻，以后又受到国内外其他一些因素的牵制。用他自己4月5日日记中的话来说："此时内外环境矛盾复杂已极。"[2]它在国内的表现，主要是日本侵略军向鄂西大举进攻，攻占宜昌，重庆受到严重威胁；日本飞机在整个夏季对重庆进行规模空前的大轰炸，城内常变成一片火海，警报一响，政府机关和市民不得不经常匆忙地躲入防空洞避难，生命财产损失异常惨重，许多工作处于半停顿状态；又值气候干旱，粮食和其他农作物歉收，物价高涨，人心异常动荡。在国际上，欧战局势突然发生巨变，德国法西斯军队在纳粹指挥下长驱直入，

---

[1] 毛泽东著：《毛泽东选集》第2卷，北京：人民出版社，1991年版，第753、754、756页。

[2] 蒋介石日记（手稿本），美国斯坦福大学胡佛研究所藏，1940年4月5日。

占领丹麦、挪威、比利时、荷兰，并在 6 月 14 日攻陷巴黎，法国迅速屈服，英国危殆。这几乎是人们都没有预想到的。蒋介石在 6 月 22 日的"上星期反省录"中写道："德国降法，殊出意外，国际形势又一大变，影响我抗战之前途更大矣。"[1]国际局势下一步究竟会怎样发展，对中国会产生怎样的影响，此时用激烈手段处理国共关系会产生怎样的后果，蒋介石一时都看不准。在这种情况下，他在 7 月 25 日的日记中写道："对中共方针用政治解决为主。""对苏俄至少维持现状，不宜恶化。"[2]但他一直想对共产党下手的念头从来没有断过。

共产党发现国民党高层中一些人，如行政院副院长孔祥熙（院长由蒋介石兼任）同日本仍有勾搭，十分担心国民党当局会出现对日投降的局面，将这种危险性估计得很严重，并把各地出现的反共磨擦看作可能是国民党当局在为投降做准备，要求党内提高警觉，但整个工作的重点仍是要求冷静观察，以更大的规模在敌后开展打击日本侵略者的军事行动。

此时，国内战场局势也发生着变化。侵华日军为了巩

---

[1] 蒋介石日记（手稿本），美国斯坦福大学胡佛研究所藏，1940 年 6 月 22 日，"上星期反省录"。
[2] 同[1]，1940 年 7 月 25 日。

固已在中国占领地区的统治，而且发现共产党领导的军队在它的后方很快发展，于是将兵力重点从前线移向华北后方，向敌后抗日根据地发动猛烈的"扫荡"性进攻。他们依靠几条可以迅速移动兵力的交通线，分割各抗日根据地之间的联系，扩张占领区，并对占领区民众实行惨绝人寰的"三光"（杀光、烧光、抢光）政策，使敌后抗日根据地日见缩小，部队供应日趋紧张。八路军总部根据以上情况，决定在8月下旬乘青纱帐茂盛时，集中力量在华北敌后对日本侵略军发动一场规模空前的进攻，那就是以正太铁路为重点的破袭战，以后又扩展到整个华北地区和其他主要交通线。在这次战役中，八路军共出动一百零五个团二十多万人，还有许多地方游击队和民兵参加，所以称为"百团大战"。这场战役持续三个多月，使正太铁路中断达一个月，沉重打击了日军的"囚笼政策"，毙伤日伪军两万多人，提高了八路军的声威，也是对何应钦之流常说的八路军、新四军"不对敌作战，专攻击国军"的谎言又一次用事实做出有力回击。彭德怀回忆道："此役胜利的消息传到延安，毛主席立即给我来电说：'百团大战真是令人兴奋，像这样的战斗是否还可组织一两次？'"[1]毛泽东在一次干部会议

---

[1] 彭德怀著：《彭德怀自述》，北京：人民出版社，1981年版，第238页。

的报告中说:"百团大战的估计:是敌我相持阶段中一次更大规模的反扫荡的战役反攻。""顽固派不能再说什么游而不击。"[1]

百团大战也有力地支持了正面战场的作战,它的成果有目共睹,在大后方产生重大影响。第一战区司令长官卫立煌在 8 月 26 日致电朱德:"顽寇陆续增兵,企图扫荡华北,截断我西北国际交通,兄等抽调劲旅,事以迎头袭击,粉碎其阴谋毒计,至深佩慰。"28 日又再次致电朱德:"贵部发动百团大战,不惟予敌寇以致命之打击,且予友军以精神上之鼓舞。"蒋介石也在 9 月 4 日致电朱德、彭德怀称:"贵部窥此良机,断然出击,予敌甚大打击,特电嘉奖。除电饬其他各战区积极出击以策应贵部作战外,仍希速饬所部积极行动,勿予敌喘息机会,彻底断绝其交通为要。"[2]这是蒋介石也承认八路军在敌后给日本侵略者"甚大打击"的铁证。

尽管蒋介石在口头上承认八路军的战斗成绩,还"特电嘉奖",内心却吃惊地看到共产党在华北敌后的军事实力竟已发展到如此规模,大大超出他的预料,于是更加急于

---

[1] 毛泽东:《时局与边区问题》,1945 年 9 月 23 日。
[2] 中国人民革命军事博物馆、《百团大战历史文献资料选编》编审组编:《百团大战历史文献资料选编》,北京:解放军出版社,1991 年版,第 224、228 页。

采取强硬行动来对付共产党,并且把动手的地点改选在华中地区。9月5日,军令部长徐永昌向蒋介石进言:"共党决不停止江淮间活动,我抗战愈久,共势愈张。"[1]7日,也就是蒋介石在发给八路军发动百团大战"嘉奖"令后三天,蒋在日记中写道:"中共积极进攻我沦陷区,各部队收械扩地,扩张其势力,准备叛变。"他还担心华北的八路军和华中的新四军在苏北敌后会合,在9月21日的日记中写道:"注意:1,苏北之人事与'共祸';2,倭患与'共祸'之研究。"在这天所写"本星期预定工作课目"中列入"限制中共在苏鲁行动","对倭对共之难易得失与利害关键"。在28日的日记中,他又写道:"变更战略,整理战线。"[2]可见他已把对付心目中的"共祸"放到越来越重要的"变更战略"的地位,下决心实行更狠毒的反共军事行动。这便是第二次反共高潮的由来。

这次反共高潮从10月19日何应钦、白崇禧的"皓电"饬令八路军和新四军在一个月内全部开赴黄河以北开始,并且在这个问题上把话说得很死,一步不让。这是他们精心设计的一着。此时,八路军有几十万人集中在黄河以北,

---

[1] 徐永昌著:《徐永昌日记》第5册(手稿本),台北:"中央研究院"近代史研究所,1991年影印,第404页。
[2] 蒋介石日记(手稿本),美国斯坦福大学胡佛研究所藏,1940年9月7日,"上星期反省录",9月21日、28日"本星期预定工作课目"。

粮食给养等本已十分困难，日军在百团大战后又把这个地区作为反复"扫荡"的重点，作战频繁。在这种情况下，强令黄河以南的八路军和新四军要在短短一个月内集中开往黄河以北这块狭小地区，否则就加以违抗"军令"的罪名，这无异是想借日军之手消灭共产党领导的抗日军队，自然是中共无论如何也不能接受的。国民党当局紧接着便以"统一政令军令"为名，制造震惊中外的皖南事变。皖南事变，成为第二次反共高潮的最高峰。

为什么第一次反共高潮的中心在华北，第二次反共高潮的主要矛头转到华中，特别是皖南的新四军军部？这是因为百团大战已显示八路军主力有很强的战斗力，而国民党在华北敌后并没有多少兵力，要发动大规模军事行动力不从心。而华中的情况不同：新四军主力和八路军一部刚在华中敌后展开。国民党正规军在苏北还有徐州战役后因撤退不及而被日军割断在苏北的韩德勤部（顾祝同的嫡系）几万人。新四军陈毅部渡江北上后，韩部便大举南下发动进攻。陈毅首先争取留在苏北抗日而未向新四军大规模进攻的地方势力李明扬部合作。"派代表去见李明扬，表明我顾全大局，灭敌、反顽、联李的方针不变，要他以'互助互让、共同发展'八个字来推动抗战。"以后，陈毅又直接同李明扬通电话，再次表明"为了团结抗战，愿意与他们重修旧好，将俘虏他们的人员全部释放，归还缴获的部分枪支，并愿将郭村等地全部让出交给他们，但要求他们团结抗日，助我东进；如果将来韩顽不以民族利益为重而向我进攻时，希望他们保持中立。李明扬难中得救，全部答应。"当时，韩德勤部有三万多人，陈毅部只有七千多人。陈毅向韩提出"划定防区"的建议。韩表面上同意，却想乘陈部立足未稳之际，一举消灭陈部。9月3日，韩德勤部突然向陈毅部根据地黄桥发动进攻。当地士绅向韩德勤呼吁"停止内战，团结抗日"时，韩要挟说："新四军如有诚意，应先退出姜堰。"姜堰是一块富裕地区。为了顾全大局，新四军在9月17日主动退出姜堰。中共中央也公开提出："韩不攻陈，黄（克诚）不攻韩，韩若攻陈，黄必攻韩。"[1]但韩仍在10月4日大举进攻黄桥。事情逼到这等地步，新四军不得不在陈毅、粟裕指挥下奋起反击，以四分之三的兵力作为突击力量，只以四分之一兵力力守黄桥。10月6日，陈部全歼韩部主力第八十九军军部，军长李守维渡河时失足落水而死。陈部获得全胜。"在黄桥作战时，韩德勤不能更多调兵来，就是因北面受八路军牵

---

［1］粟裕著：《粟裕战争回忆录》，北京：解放军出版社，1988年版，第218—227页。

制。"[1]10月10日陈部和南下的八路军黄克诚部在东台会师，打开了在苏北建立抗日民主根据地的局面。韩德勤部这次向陈毅部的进攻，可以说是皖南事变的前奏，却以失败告终。

此时，新四军军部却仍一直局促于皖南。那里隔长江以北有日军重兵防守，东侧有第三战区的大量国民党军队驻扎，处在易受两面夹击、处境十分危险的地位。新四军负责人项英在极端险恶的环境中犹豫不决，没有坚决执行中共中央一系列要求他迅速行动脱离险境的重要指示。这就给了国民党当局可乘之机。而且，从华中下手，对国民党当局来说还有着切断八路军同新四军会合的作用。这也是他们极为关心的问题。

蒋介石为什么选择这个时候来发动规模更大的反共新高潮？除了国内因素外，也同当时激烈变动着的国际形势有关。

这年8月至9月间，随着法国向德国投降，日军准备乘此开入法国控制下的越南，切断中国大后方从南路运入海外物资的通道。蒋介石为对付这件事花费了不少精力，把反共军事行动的时间稍稍延搁了一些。

更重要的是，9月19日，日本御前会议决定订立德、日、意三国同盟。蒋介石在27日听到一点儿风声，认为这

---

[1] 陈毅在中共七大上的发言，1945年5月1日。

件事将促使日本与英、美、苏之间对立,对中国抗战有利,十分兴奋,在当天的日记中写道:"据报,倭德意西四国防御同盟之条约,有于今午在柏林签字之说(引者注:西班牙佛朗哥政府后来没有参加这个同盟条约)。如此说果确,则我抗战之困难又减少一层,倭寇之失败当可指日而待。"他认为,这个同盟条约一签订,日本势必同英美、可能还与苏联站在对立方面。各方(特别是英美)都会拉拢中国。他又写道:"我国立场自当较前优裕乎?近来时虞国际形势混沌,抗战将临绝境,以致心神恍惚不安,尤以明年之难关艰危更为忧患。今得此息,是乃天父扶掖之为,而非人力所能为也。"

9月27日,德、日、意三国同盟条约正式签字。这是原来看起来变动不定的世界政治局势中的大事:日本已经明朗地同德、意法西斯势力紧紧站在一起,同美、英、苏等国处于对立地位,从而使中国的抗日战争能更多地得到后述诸国的支持。第二天,蒋介石在日记中写道:"德意倭三国同盟果已实现,此在抗战与国际形势上于我实求之不得者。从此,如我能戒慎进行,则抗战必胜之形势已定矣。"[1]前面所说"变更战略,整理战线"八个字就是在同

---

[1] 蒋介石日记(手稿本),美国斯坦福大学胡佛研究所藏,1940年9月27日、28日。

一天日记中所写。他对中国共产党也要考虑"变更战略"了。

在重庆的周恩来11月1日致电中共中央,对蒋介石此时的心态做了分析:"三国协定后,英积极拉蒋,蒋喜。现在日本拉蒋,蒋更喜。斯大林电蒋,蒋亦喜。此正蒋大喜之时。""蒋现在正处于三个阵线争夺之中。""破裂的危机已至。务请中央迅速考虑各种办法,权衡轻重比较,如何能对时局有利,速行决策指示。"中共中央也认为,在国际形势这种重大变动下,国内的反共活动必将出现更严重的局面,十分担心蒋介石在日本拉拢下走向妥协或投降。11月2日,毛泽东复电周恩来:"中央几次会议都觉此次反共与上次不同,如处理不慎,则影响前途甚大。故宣言与指示拟好又停。今日会议讨论你一日建议,仍主表面和缓,实际抵抗。"[1]

向共产党下手是蒋介石抗战以来的夙愿。日军占领中国大片国土,他无可奈何,大体上一直处于防御作战的地位。八路军、新四军在敌后奋战,收复国土,得到发展,这对中国抗战是好事,他却无法忍受,视为心腹之患。文的"溶共"办法做不到,就来武的。这以前,一时因诸种因素而没有能

---

[1] 中央档案馆编:《皖南事变(资料选辑)》,北京:中共中央党校出版社,1982年版,第74、75页。

采取大的行动，现在遇到他认为可以腾出手来并且条件有利时，他就要断然行动了。何应钦、白崇禧的"皓电"，明知共产党不可能接受，不过是为了他下一步在共产党不服从"政令军令统一"的名义下采取行动预造借口罢了。

毛泽东十分敏锐，并且更加把目光的焦点集中到皖南、江南地区。他和王稼祥在9月间致电刘少奇、项英，提醒项英："顾（祝同）有对皖南、江南我军采取压迫手段之可能，望项准备应付办法，惟不可先动手，应取自卫原则为有利。"[1]

蒋介石这时已在具体部署对皖南、江南新四军动手了。11月4日，他秘密致电负责执行此项行动的第三战区司令长官顾祝同："如对江南新四军展开行动时，事前须充分准备与详细侦察其内情，并须派优良部队担任此项任务，不可随便行动，反为其所乘，则后事更难收拾矣，务希十分谨慎为要。"[2]前台还在热热闹闹地唱戏，幕后早已在悄悄地紧密锣鼓部署大规模军事行动了，并且郑重叮嘱："务希十分谨慎为要。"

11月14日，国民党军令部秘密拟定《黄河以南'剿灭'

---

[1]毛、王致胡服、项英电，1940年9月。
[2]《民国二十九年之蒋介石先生》，台北：政治大学人文中心，2016年版，第602页。

'匪军'作战计划》。三天后，正式作为军事部署下达。27日，军令部长徐永昌在日记中写道："对共军事部署令布达已十日矣。余初亦思及今后因此对削抗倭力量，或竟演变至更窘地步。继思共党之欲断送中国，较汉奸为甚，其背景亦较倭寇为险，欲免其祸，迟早必出于一战，再退恐至无能与战。"可见不管共产党怎样力求缓和抗战中的国共关系，不管共产党怎么做，国民党当局此时早已下定决心武力消灭黄河以南共产党领导的抗日军队，特别是江南的新四军，这一切都是悄悄地进行的，随时可以制造一个借口来开始行动。第二天，徐永昌到蒋介石处同进晚餐，同座有何应钦、白崇禧、程潜、张治中、贺耀祖等。徐永昌在当天日记中写道："按共军今日势力范围虽大，其能力不因此而减小。及今不图，后恐为患太大。一再与蒋先生言之，渠亦极忧此也。"[1]蒋介石的态度，同徐永昌是完全一致的。

11月30日，英国驻华大使向蒋介石表示：担心中国发生内战。蒋介石回答："内战决不发生，惟共党活动实有约束之必要。今不及时约束，将有无穷之后患。"[2]

12月9日，蒋介石又下达《解决江南新四军方案》。次日，他给第三战区司令长官顾祝同发出"特急"电："该战区对

---

[1] 徐永昌著：《徐永昌日记》第5册（手稿本），台北："中央研究院"近代史研究所，1991年影印，第447、479页。

[2]《民国二十九年之蒋介石先生》，台北：政治大学人文中心，2016年版，第661页。

江南'匪部',应按照前定计划,妥为部署,并准备如发现江北'匪伪'竟敢进攻兴化(引者注:江北新四军并未进攻兴化)或至限期(本年十二月卅一日止)该军仍不遵命北渡,应立即将其解决,勿再宽容。"[1]事实上,新四军不可能也来不及做到完全"遵命"行动,这是他意料中的事。"应立即将其解决,勿再宽容",就把他的"前定计划"说得十分明白。对新四军下手的时间已指日可待。

12月13日,蒋介石致电顾祝同:"新四军最后计划必如兄5日电所报者。""我军对'匪军'必须先要寻预防对策,作一网打尽之计,谋定而后劫,切勿轻易行动,反为其所制也。"[2]这也是对第三战区下达对江南新四军采取大规模军事行动的正式命令。时间在皖南事变发生前二十多天,目标是把江南新四军"一网打尽",是十分狠毒的。

几天后,顾祝同在12月20日和26日密令所部分别开往皖南新四军军部附近集结。26日,《第三战区作战机密日记》载:"顾长官所行部署,不惜自浙西赣东、闽省远调兵力控置强大部队。"[3]蒋介石和国民党当局部署早定,只候

---

[1]《皖南事变资料选》编选组编:《皖南事变资料选》,上海:上海人民出版社,1983年版,第113页。
[2]《民国二十九年之蒋介石先生》,台北:政治大学人文中心,2016年版,第712页。
[3]同[1],第117页。

新四军进入他准备好的伏击地区,一场震惊中外的皖南事变有如箭在弦上,已不可避免。

蒋介石如此紧锣密鼓地准备进行的军事行动,在他日记中却几乎不加提及,以免提前泄露计划。这样谨慎小心,在他日记中并不多见。只是到这年 12 月 31 日所写的"本月反省录"中含蓄地写了一段:"对中共与第十八集团军示以最大之限度与最后之决心。彼以为我惧外泄或敌知我内部冲突为余弱点。余偏示之以不惧","一年来时时以此国内共党变乱为最大危机者,今幸未至溃烂,虽曰人事,未始非天助之力也"。[1]

1941 年 1 月 3 日,蒋介石在日记中又写了一句"商议中共新四军等策略",[2] 仍谨慎地不提及他们事前怎样商议和周密部署,仿佛随后的事变真是由新四军向国民党第四师突然袭击而发生的,他却超然事外。其实谁都清楚,如果没有蒋介石的部署,顾祝同和上官云相绝不敢自行实行如此规模的军事集结,更不用说发动皖南事变、袭击新四军军部的大动作了。

中共中央对蒋介石的行动有着很高警惕,此前已一再电令新四军迅速行动渡江北上,项英却犹豫不决,一再拖

---

[1] 蒋介石日记(手稿本),美国斯坦福大学胡佛研究所藏,1940 年 12 月 31 日,"本月反省录"。
[2] 同[1],1941 年 1 月 3 日。

延。1月4日，新四军军部和所属皖南部队九千多人，才离开军部所在的皖南泾县云岭，渡过青弋江，准备经苏南渡江北上。过青弋江后又在陈家祠堂停留商议了一天。

6日，新四军军部和所属皖南部队进入两侧高峰夹峙的泾县茂林山区时，突然遭到早就埋伏在那里的第三战区第三十二集团军总司令上官云相（原北洋军阀孙传芳的旧部）指挥七个师共五万余人的包围袭击。这样大兵力秘密集结在这里，不用说，绝不是什么临时的应对行动。据上官云相的参谋处长武之棻说："约在1940年底，顾祝同派了第三战区司令长官部参谋处长岳星明，在皖南徽州召开秘密会议。""会议目的是，如果新四军不能于1940年底前开过江北，决用武力消灭新四军。"会后，上官云相得意地说："大部队渡江，必遭日军袭击消灭。新四军如在云岭按兵不动，则就地包围，坚决消灭他。"[1] 1月8日，徐永昌日记写道："顾司令长官电话：新四军有不遵指定路线北渡之'匪部'主力八九千，我以五师人围攻于泾县，有可望整个击灭。"[2] 第二天，蒋介石在日记中写道："江南新四军残部现已冲突，应

---

[1] 武之棻：《上官云相袭击新四军的经过》，全国政协文史资料委员会编：《中华文史资料文库》第5卷，北京：中国文史出版社，1996年版，第231页。

[2] 徐永昌著：《徐永昌日记》第6册（手稿本），台北："中央研究院"近代史研究所，1991年影印，第6页。

积极肃清。中共以现势决不敢以此叛乱也。"[1]新四军部队奋战七昼夜，除两千多人突围到皖北、苏北外，共有七千多人牺牲或被俘。军长叶挺在同国民党军谈判时被扣，副军长项英在突围时被叛徒杀害。

这就是震惊中外的皖南事变。

陈毅在中共七大发言报告新四军抗战始末时愤激地说："蒋介石、顾祝同一部分大地主大资产阶级的代表，对新四军经常用命令的口气，'合不合法''军令政令'等等的紧箍咒，箍到新四军的头上。""那时候我们的军部采取了无条件的让步政策，可耻的让步政策，造成了精神上对他们的屈服，没有公开起来反抗的勇气，这一点是最大的失败。皖南事变为什么造成一个血海呢？主要的原因也就在这一点。""他们是先以计诱，督促叶、项率队过江，然后以七万大军围歼我军于行军途中。严格说来，皖南事变不是一个什么战争，而是国民党头子蒋介石利用其抗战统帅地位，布置陷阱以歼灭其部属的罪恶阴谋。叶、项的错误不在于违抗命令，而在于忠实的服从其命令。"[2]

国民党的最高决策机构对皖南事变的下一步如何善后

---

[1] 蒋介石日记（手稿本），美国斯坦福大学胡佛研究所藏，1941年1月9日。
[2] 陈毅在中共七大上的发言，1945年5月1日。

也有争论,有主张更加强硬的,也有担心国共关系全面破裂的。蒋介石在1月9日同白崇禧谈话时说:"江南新四军既已与我发生冲突,自当积极肃清。以现势观察,中共决不敢在此时有所叛乱也。"[1]徐永昌在12日的日记记道:"在军委会开会,讨论党政军如何联合应付共军事。"他在1月15日日记中记道:"早间,敬之来,研讨对新四军善后问题。九时半往军委会,会商问题。健生(白崇禧)主张宣布新四军不服从命令及其谋窜扰后方等之经过,即取消该军番号,叶挺交军法。贵严(贺耀祖)恐与共党全面破裂,主妥协怀柔。文伯(张治中)相当附和之。余与敬之、为章(刘斐)则同意健生主张。"午后,又赴黄山蒋介石住处研讨对新四军处理方案,各人仍持原有意见。"蒋先生主再考虑一夜。余谓政治上全破裂于国家有利:一、共党今日系以国民党打国民党,以中央法令制服地方人民,尤其能公开的活动,其阴谋与煽惑青年。破裂则难再假借利用矣。二、共党两年来之行动,早不因未破裂而少有顾忌。彼不以大兵加于中央军者,正为其假借中央法令也,正为其假借抗战以争取民众。三、果不破裂再假以一二年假借利用时间,其势力必至可以接受俄国正式接济,可以与敌伪正式停战

---

[1]《民国三十年之蒋介石先生》,台北:政治大学人文中心,2016年版,第27页。

媾和。今日已迟一年半，再迟恐至不堪设想。"[1]

16日，蒋介石在日记中写道："新四军既为顾长官全部解决，不得不速定处置对于撤销其番号与叶、项交军法会审之利害。""为新四军事研究颇切，然决心甚坚，对此事正应彻底解决，以立威信，而振纪纲，即使俄械与飞机停运亦所不惜也。"17日的日记写道："本日手拟对新四军撤销番号令稿。""酉刻发表撤销新四军命。"[2]但他内心也仍存有顾忌。国民党中央宣传部长王世杰在当天日记中写道："军部负责长官均力主公布，蒋先生亦以为是。惟谓公布文件中应不涉及共产党或第十八集团军，而以指斥新四军为限。此事遂于今日午后七时如此决定。"[3]

新四军在大江南北奋勇抗击日本侵略者，是众所周知的事情。国民党当局在大敌当前的严重局势下竟制造皖南事变，采取如此狠毒的手段，并且准备进一步行动，这是很多人没有想到的。胡绳说道："我1941年初到香港，那时发生了皖南事变，满脑子认为国共要分裂了。"[4]在共产党内，许多人旧恨新仇一起涌上心头，认为这是"四一二政变"

---

[1] 徐永昌著：《徐永昌日记》第6册（手稿本），台北："中央研究院"近代史研究所，1991年影印，第9、11、12页。

[2] 蒋介石日记（手稿本），美国斯坦福大学胡佛研究所藏，1941年1月16日、17日。

[3] 王世杰著：《王世杰日记》第3册（手稿本），台北："中央研究院"近代史研究所，1990年影印，第10、11页。

[4] 胡绳对《中国共产党的七十年》编写组的讲话，1991年2月6日。

的重演，国共关系已面对根本破裂，从而提出种种如何应对的设想，包括不惜军事回击。中共中央曾在1月14日给共产国际总书记季米特洛夫的电报中提出："我们准备在政治上和军事上给予蒋介石所实行的这种广泛的进攻以有力的反击。"[1]刘少奇也提出过在山东准备包围沈鸿烈、在苏北准备包围韩德勤的主张。这些是在几千战友突然遭受血腥镇压引起的极大激愤下一时有过的想法，有些人说出些过激的话，这是不足为奇的。但这些只是议论，并没有做出决定，更没有付诸实际行动，而且时间极短。

当根据各方面情况反复考虑后，大家很快就冷静下来。第二天，也就是1月15日，刘少奇首先提议："以在全国主要的实行政治上的大反攻，但在军事上除个别地区外，以暂时不实行反攻为要。"[2]毛泽东在同日致周（恩来）、叶（剑英）并告彭（德怀）、左（权）、胡（服，即刘少奇）、陈（毅）电称："中央决定发动政治上的全面反攻，军事上准备一切必要力量粉碎其进攻。"[3]这实际上已改变了上一天电报中所说"在政治上和军事上"准备进行"有力的反击"那个

---

[1] 中共中央党史研究室第一研究部译：《共产国际、联共（布）与中国革命档案资料丛书》第19卷，北京：中共党史出版社，2012年版，第116、117页。
[2] 刘少奇致毛泽东、朱德、王稼祥并彭德怀等电，1941年1月15日。
[3] 中央档案馆编：《皖南事变（资料选辑）》，北京：中共中央党校出版社，1982年版，第147页。

考虑，在真正做出决断时是慎重而恰当的。当极为悲愤的情况下，能很快做出如此冷静的决断，十分不容易。

是不是因为共产国际的态度才改变了原来的想法？并不是那样。共产国际总书记季米特洛夫曾给毛泽东发来电报说："我们认为分裂不是不可避免的。"[1]那是在1941年1月4日，时间还比较早，新四军军部刚从云岭出发，皖南事变还没有发生。直到1月16日，季米特洛夫才收到中共中央书记处14日发来的那份关于皖南事变情况的报告。18日，他给斯大林写信说："无论中国共产党人的处境如何艰难和危险，他们都不能不反击蒋介石对新四军的强盗式进攻，也不可能不对蒋介石军队对八路军和边区的进攻进行自卫。假如蒋介石不终止其总的侵略行动，则不可避免地将燃起内战。当然，这种战争只会对日本人有利。"当天，他在日记中写道："深夜我得知此信已被转交斯大林。"20日，他在日记中又写道："我同莫洛托夫谈了中国。他对我说：为了讨论和采取相应的措施，对已发生的事我们应获得更确切的情报。"[2]可见，在皖南事变发生后那一段时间内，共产国际并没有对中国共产党提出过如何应对的具体意见。而中

---

[1] 中国社会科学院近代史研究所翻译室编译：《共产国际有关中国革命的文献资料（1936—1943）》第3辑，北京：中国社会科学出版社，1990年版，第50页。

[2] [保]季米特洛夫著，马细谱等译：《季米特洛夫日记选编》，桂林：广西师范大学出版社，2002年版，第122、123页。

共中央在1月15日已经做出上述冷静的决断,并不是由于共产国际的意见而改变了自己原有的计划。

国民党当局1月17日的通令一发表,中国共产党就按照既定的军事守势、政治攻势的方针来对待。20日,毛泽东以中共中央军委发言人名义发表谈话:"我们是珍重合作的,但必须他们也珍重合作。老实说,我们的让步是有限度的,我们让步的阶段已经完成了。他们已经杀了第一刀,这个伤痕是很深重的。他们如果还为前途着想,他们就应该自己出来医治这个创伤。"[1]同一天,中共中央军委发布命令,任命陈毅为新四军代理军长、刘少奇为政治委员,重建新四军军部。

18日,周恩来不经过国民党的新闻审查人员,在重庆《新华日报》发表题词手迹:"千古奇冤,江南一叶,同室操戈,相煎何急。""为江南死国难者致哀。"[2]报纸散发后,轰动了山城重庆。八路军驻重庆工作人员到处印发各种揭露事实真相的材料。周恩来还在重庆的险恶环境中,奔走于中间派人士和外国在华人士间,向他们说明事实真相,收到重大效果。许多中间派人士从事实中看到,这次是国

---

[1] 毛泽东著:《毛泽东选集》第2卷,北京:人民出版社,1991年版,第776页。
[2]《新华日报》1941年1月18日。

民党把事情做到如此决绝的地步,责任完全在蒋介石方面。他们越来越多地把同情转到共产党方面来,深感争取自由民主和反对内战而团结的必要。作为中间派政治代表的中国民主政团同盟(后改名为中国民主同盟)就是在这时成立的。这是大后方人心的重大变动,是蒋介石没有想到的。

皖南事变发生后,国际上也普遍反对蒋介石这样做。在德、日、意同盟形成后,英、美害怕蒋介石这样做会引起中国国内的大规模内战,不利于他们以中国牵制日本的目的。美国总统罗斯福的代表居里来华访问,对蒋介石说:"美国在国共纠纷未解决前,无法大量援助中国。中美间之经济财政等问题不可能有任何进展。"[1]这句话对蒋介石的压力很大。那时,大后方物价,特别是粮价飞涨。陈克文在上年12月14日的日记中曾写道:蒋介石在这天"第一次专门讨论经济问题的会报",可见事态之危急。陈克文还写道:"战时经济到了目前,敌人固然是精疲力竭,我们自己也实在有些支持不住,假使没有最近美国和英国的先后借款,恐怕真不免于塌台了。"[2]蒋介石还特别需要美国在"经济财政等问题"上的"提助"。王世杰在2月7日日记

---

[1]《新中华报》1941年3月9日。
[2] 陈克文著:《陈克文日记》(上册),台北:"中央研究院"近代史研究所,2013年版,第687页。

中写道:"国际间对于新四军事件,群以中国将发生大规模之内战为忧,且颇多受共产党方面宣传而不直政府之处置者。"[1]苏联大使潘友新也向蒋介石当面提出质问说:"苏联政府对于此次之冲突与斗争,非常关怀,深恐由此引起内战,因而损及贵国抗战之力量也。"并且不客气地问道:"新四军为数不过六七千人,何敢进攻邻近之大军?"[2]连日本军队乘此皖南事变的发生以十五万多兵力向豫南发动猛烈攻势,使蒋介石忙于应付,这又是他没有预料到的。

国际舆论对皖南事变也反应强烈。路透社华盛顿2月2日电:"此间对此种内哄殊为遗憾,因时至今日中国如能战胜威胁国共两党之日本,亟需保持密切之团结。""当日本正准备向'南海'推进时,中国为本身及友邦之利益计,急应尽量牵制多数在华之日军,是故此刻竟发生此种剧烈内哄,实为极大不幸。"莫斯科《真理报》在1月27日称:此"无异扩大内战,而内战唯有削弱中国而已"。[3]蒋介石处于十分狼狈和孤立的境地。

这个时期内,毛泽东和在重庆的周恩来十分频繁地交

---

[1] 王世杰著:《王世杰日记》第3册(手稿本),台北:"中央研究院"近代史研究所,1990年影印,第22页。

[2] 《民国三十年之蒋介石先生》,台北:政治大学人文中心,2016年版,第73、75页。

[3] 《皖南事变资料选》编选组编:《皖南事变资料选》,上海:上海人民出版社,1983年版,第478—480页。

换意见。毛泽东敏锐地看清客观形势发生的这种深刻变化。他在2月14日致电周恩来，指出局势正在发生的巨大转折："蒋从来没有如现在这样受国内外责难之甚，我亦从来没有如现在这样获得如此广大的群众（国内外）。""目前形势是有了变化的，1月17日以前，他是进攻的，我是防御的；17日以后反过来了，他已处于防御地位，我之最大胜利在此。""只要此次高潮下降，'剿共'停顿，将来再发动高潮，再举行'剿共'，就困难了，故目前是时局转变关头。"[1]

蒋介石发动皖南事变，最初以为时机有利，不会在国内外受到大的反对。他在1月19日日记中还得意地写道："中共除悲鸣以外当无他法也。"28日更写道："中共对我中央之心理：甲，以为中央在抗战中决不敢制裁中共朱彭叶项；乙，以为苏俄最近接济中央之武器已到新疆而未缴付之时，更不敢制裁中共，因此有恃无恐，为所欲为，更放肆无忌矣。""余令以断然处置，殊出其意料之外也。"[2]但他对形势发展趋向的估计完全错了。

到2月间，他在国内外都已陷于异常孤立和进退失据的境地。2月1日，他在"上星期反省录"中写道："新四

---

[1] 中央档案馆编：《皖南事变（资料选辑）》，北京：中共中央党校出版社，1982年版，第207、208页。

[2] 蒋介石日记(手稿本)，美国斯坦福大学胡佛研究所藏，1941年1月19日、28日。

军余波未平,美国受共党宣传鼓惑更甚,其政府心理、援华政策几乎动摇。(宋)子文甚以为虑,余以千虑难逃一失,乃以泰然处之。"他也不得不承认自己失算了。23日,他在日记中写道:"茶馆酒肆之消息,应设法收集与指导民意为最要。"3月2日写道:"中共不出席参政会,世人多有忧色,以为从此开内战,已不能对倭。"[1]

进入3月后,蒋介石终于撑不住了,只好在态度上来一个大转弯。3月6日,他在国民参政会二届一次会议上宣布:"以后亦决无'剿共'之军事,这是本人可负责声明而向贵会保证的。"[2]这等于公开认输了。18日,他在日记中写道:"令各地对中共案暂取静观态度。"[3]第二次反共高潮来势比第一次凶狠多了。但形势比人强,蒋介石到这时不得不暂时偃旗息鼓。

皖南事变也使更多共产党人对抗战正在进行时应当如何应对国民党人可能发动突然的大规模军事行动,有了更加清醒的认识。一位美国外交官戴维斯记下三年后在延安同陈家康的一段谈话:"我问他,共产党人什么时候开始不

---

[1] 蒋介石日记(手稿本),美国斯坦福大学胡佛研究所藏,1941年2月1日、23日,3月2日。
[2] 重庆市政协文史资料研究委员会、中共重庆市委党校编:《国民参政会纪实》(下卷),重庆:重庆出版社,1985年版,第887页。
[3] 同[1],1941年3月18日。

怕打内战的。家康说:1941年新四军之后,共产党人认识到,他们必须使自己力量强大到足以制止任何进攻。"[1]国内的政治局势发生了重大变化。

5月8日,毛泽东为中共中央起草《关于打退第二次反共高潮的总结》的指示。指示一开始就指出:"这一次的反共高潮,正如3月18日中央的指示所说,是已经过去了。继之而来的是在国际国内的新环境中继续抗战的局面。"指示重申:"在中国两大矛盾中间,中日民族间的矛盾依然是基本的,国内的阶级间的矛盾依然处在从属的地位。一个民族敌人深入国土这一事实,起着决定一切的作用。"指示还指出:蒋介石"在反共方面,既要反共,甚至反到皖南事变和1月17日的命令那种地步,又不愿最后破裂,依然是一打一拉的政策。""其对我党既然还在一打一拉,则我党的方针便是'即以其人之道,还治其人之身',以打对打,以拉对拉,这就是革命的两面政策。只要大地主大资产阶级一天没有叛变,我们的这个政策总是不会改变的。"[2]

指示根据皖南事变后的实际经验,在抗日民族统一战

---

[1] [美]约翰·佩顿·戴维斯著,罗清、赵仲强译:《抓住龙尾——戴维斯在华回忆录》,北京:商务印书馆,1996年版,第342页。

[2] 毛泽东著:《毛泽东选集》第2卷,北京:人民出版社,1991年版,第781、782页。

线中，比以前更突出地强调"争取中间派"的极端重要性，指出这是能否得到大多数人心支持、从而取得胜利的关键："须知中国社会是一个两头小中间大的社会，共产党如果不能争取中间阶级的群众，并按其情况使之各得其所，是不能解决中国问题的。"[1]

这以后，国共关系又趋向一定程度的缓和。由于共产党进行了"有理、有利、有节"的斗争，全面分裂的危机得到避免，抗日民族统一战线内部的力量对比发生深刻变化，对此后的中国政治生活产生了深远影响。

中国共产党就是这样在实践中，不断总结经验，不断探索前进的。

---

[1] 毛泽东著:《毛泽东选集》第2卷，北京：人民出版社，1991年版，第783页。

四、相对缓和的局面

打退以皖南事变为标志的第二次反共高潮后，从1941年年中起，国共关系在一段时间内出现走向缓和的明显趋向。看起来似乎不容易理解：皖南事变发生后，国共两党关系仿佛已走到破裂的边缘，为什么不到半年后又会出现一个相对缓和的局面，而且在此后近两年时间内双方没有发生大的冲突？这种趋向所以会出现，不是偶然的。它有国内的因素，也有国际局势发生巨大变化的影响。

国内因素主要来自两个基本状况"没有变"：一个是中日民族矛盾高于国内阶级矛盾没有变；另一个是国民党当局仍在坚持抗战没有变。如果这种基本格局改变了，国共关系能重新走向缓和是难以想象的。

1941年6月8日，中共中央书记处及军委致电彭德怀、左权并刘伯承、邓小平："从大局着眼，目前争取以蒋为统帅'仍继续抗战局面'十分必要"，"我们对蒋方针着重在拉"。[1] 28日,毛泽东致电刘少奇:"我们的抗日民族统一战线是包括一切还在抗日的大地主大资产阶级在内的,是全民族联盟,不但是工农小资产阶级联盟。""故在抗日过程中,不论在全国范围内在根据地内,除汉奸外,对大地主大资本家是一打一拉政策,拉其抗日,打其反共反人民,但目前拉还是主要的,打是辅助的。"[2] 同一天,他急电彭雪枫并告彭德怀、陈毅、刘少奇,指出:"蒋介石还在抗战,蒋在全国军队中,在中产阶级及小资产阶级中,还有很大信仰,目前抗战还少不了他。他也还没有破裂统一战线。他还是两面政策。"[3] 因此,在打退第二次反共高潮后,应该把重点又放在"拉其抗日"上。

再看国际局势巨大变化的影响。从1941年年中到年底这半年时间里,在世界范围内发生了两件大事:一件是这年6月22日德国纳粹势力发动对苏联的战争;另一件是12月8日日本法西斯侵略者发动对美国珍珠港的突然袭击,战火迅速扩大,各国纷纷参战,中国正式成为世界反法西斯战争的主要成员之一。这是世界格局发生大动荡、大分化、大改组的时期,深刻地改变了战争的面貌。

---

[1] 中央统战部、中央档案馆编:《中共中央抗日民族统一战线文件选编》(下),北京:档案出版社,1986年版,第574页。
[2] 毛泽东著:《毛泽东选集》第2卷,北京:人民出版社,1991年版,第356页。
[3] 毛泽东致彭雪枫并告彭、陈、刘电,1941年6月28日。

这两件事相隔半年，我们还是按事情发生的先后顺序做一点考察。

德国进攻苏联是以突然袭击的形式开始的。德苏战争的爆发，大大减轻了英国遭受德军渡海进攻英伦三岛的严重威胁。当晚，一向反苏反共的英国首相丘吉尔宣布援苏政策。6月25日，美国总统罗斯福也宣布对苏援助。这在国际关系中是一个重大变化。蒋介石和国民党当局一向是亲近英美特别是美国的。英美对苏态度的变化，不能不对他们产生重大影响。国民党中央宣传部长王世杰在22日当天日记中写道："在此际，我方之政策应使苏联与英美接近，不能与日本妥协。故予于今日两度向蒋先生提议，我报纸一律表示同情于苏联之抗战。蒋先生亦同意。予于夜间通知各报务一律拥护此国策。"[1]

蒋介石和国民党当局一向把如何对待中国共产党同如何对待苏联混在一起考虑。这时也是如此。既然要"一律表示同情于苏联之抗战"，在国内就不能不相应地降低反共的调子。蒋在日记中写道："中共态度之改变，急求妥协，此为俄与轴心之暗斗所致必然之趋势。然此时不宜固拒也。"苏德战争爆发后两天，他又在日记中写道："德俄战争非为

---

[1] 王世杰著：《王世杰日记》第3册（手稿本），台北："中央研究院"近代史研究所，1990年影印，第98页。

我国一国利害而有所好恶,乃为世界全人类之生命将从此有一线光明之望耳。"[1]

王世杰在7月20日日记中还有一段有趣的记载:"今晨予电告何敬之,请其停止发表关于第十八集团军攻击友军之消息,因国际反响已不甚好。何应允,但其部属率无政治常识,仍不肯中止此项宣传。新华日报之辩驳,则被检查机关删扣。外间人士所得之印象殊不好。蒋先生亦嘱陈布雷通知军委会停发此类消息。"[2]这种事虽引人发笑,毕竟仍使国内紧张的政治空气有所缓和,人们可以感觉到这一点。

中国共产党对苏联卫国战争的态度怎么样?

当德苏战争即将爆发的前夜,共产国际总书记季米特洛夫以急件致电毛泽东:"我们很难从这里提出什么军事方面的建议。但我们十分清楚,您必须果断地对日本的进攻采取一切可能的积极行动,尽管有种种困难。"战争爆发当天,他又致电中共中央:"德国背信弃义地进攻苏联,这不仅是对社会主义国家的打击,而且也是对各国人民的自由和独立的打击。保卫苏联同时也是保卫各国正在进行反对

---

[1] 蒋介石日记(手稿本),美国斯坦福大学胡佛研究所藏,1941年6月7日,"上星期反省录",6月24日。
[2] 王世杰著:《王世杰日记》第3册(手稿本),台北:"中央研究院"近代史研究所,1990年影印,第114、115页。

奴役者的解放斗争的人民。"[1]他没有说得更明白,但弦外之音很清楚,就是希望中国共产党以更直接的行动来"保卫苏联"。毛泽东在第二天为中共中央写了对党内的指示,明确指出:"坚持抗日民族统一战线,坚持国共合作,驱逐日本帝国主义出中国,即用此以援助苏联。"[2]同天,中共中央将这个指示报告季米特洛夫。共产国际没有提出不同意见。

如果日本乘苏德战争的机会向苏联进攻,怎么办?这种可能迫使中国共产党需要做出更加郑重的决断。毛泽东等致电在华北指挥作战的彭德怀:"我军须准备配合苏军作战。"这在当时是不能不表示的态度。但他在电报中又恰当地指出:"但此种配合是战略的配合,是长期的配合,不是战役的配合与一时的配合。请在此基点上考虑一切问题。"[3]这就排除了"战役的配合"和"一时的配合",是十分巧妙的答复。

毛泽东不仅在抗日民族统一战线中一直强调要保持共产党的独立自主,就是对待共产国际和苏联也不是亦步亦趋,而是保持着中国共产党政策的独立自主。这在当时需要有很大的政治勇气和坚强的意志力量,是很不容易的。

---

[1] 中共中央党史研究室第一研究部译:《共产国际、联共(布)与中国革命档案资料丛书》第19卷,北京:中共党史出版社,2012年版,第191、192页。
[2] 毛泽东著:《毛泽东选集》第3卷,北京:人民出版社,1991年版,第806页。
[3] 毛朱王叶致彭德怀电,1941年7月2日。

苏德战争爆发，对国共关系会产生怎样的影响？中共中央和毛泽东也做了清醒的估计，主动地进一步调整对国民党的政策。毛泽东致电周恩来时判断："英美均同情苏联，国共关系有好转可能。"[1]9月1日，他又致电周恩来，告诉他：蒋介石派周励武等三人来谈，表示愿意转圜，要朱德去一次重庆。电报说："我方决不推翻国民政府，决不越过现有疆界。彼方承认我方在敌后有发展权利，承认现有防地，承认边区。至在敌后的国共两军，双方下令互不攻击。"[2]10月11日致电刘少奇："依国内外大局看，蒋及国民党不会投降，并不可能大举'剿共'。"[3]11月10日又致电周恩来，告诉他：毛泽东在6日对蒋介石派来的周励武等三个联络参谋说："我向你们保证，只要国民党抗日，不论国民党有何等危险困难，共产党决不趁火打劫，仍与你们合作的。我们决不与蒋委员长为难。"[4]

日本偷袭美国珍珠港在同年12月8日清晨发生，美、英等国当天对日本宣战。中国全民族抗战已经进行了四年多了，国民政府却一直没有正式对日宣战。美、英等国对日宣

---

[1] 毛泽东致周恩来电，1941年7月6日。
[2] 毛泽东致周恩来电，1941年9月1日。
[3] 毛泽东致刘少奇电，1941年10月11日。
[4] 毛泽东致周恩来电，1941年11月10日。

战的第二天，中国也正式对日宣战，同时对德、意宣战。11日，美国对德、意宣战。1942年1月1日，中、美、英、苏等26国在华盛顿签署联合宣言，"保证全力对轴心国家作战，决不单独与敌人媾和"。[1]这是国际局势中更重大的变化。1月3日，同盟国宣布，蒋介石担任中国战区（包括泰国、越南）盟军最高统帅。这样，中国成为世界反法西斯战争的主要成员之一。这对蒋介石的国内政策自然产生重大影响。

蒋介石对国际局势历来十分敏感。苏德战争爆发前夜，他在5月13日日记中就关注着整个国际局势的变化，写道："国际复杂，世局矛盾，莫甚于今日。而倭人南进与德之攻俄以及美之参战，若是皆已成定局。如无特殊变化，则此三者必于最近期内实现，可无疑也。"但他对日军是南进还是北进的看法仍有摇摆。7月31日，他在"本月反省录"中又写道："德俄开战已四十日，而俄至今尚能支持不溃，是世界全局转危为安之机也。"[2]

蒋介石特别看重并渴望的是能得到美国的支持。他在8月2日"上星期反省录"中写道："要求美总统推动中英

---

[1] 郭廷以编著：《中华民国史事日志》第4册，台北："中央研究院"近代史研究所，1985年5月版，第192页。

[2] 蒋介石日记（手稿本），美国斯坦福大学胡佛研究所藏，1941年5月13日、7月31日"本月反省录"。

俄同盟或邀请中国加入太平洋联防会议，是抗战中最重要之政策也。"为了取得美国的援助，他甚至不惜在长时间对美付出重大代价，在10月31日"本月反省录"中写道："如美能协助我抗战胜利，则中国以后建立海空军以及海港，皆可与美国订立二十年共同使用之协议。以我国如欲建立海空军，论人才、物力与技术，皆非此不可。而且只有美国对华无侵略之野心。此战后外交与军事惟一之政策也。"[1]

因此，美国参战对蒋介石来说，无异久旱逢甘雨，兴奋异常。他在12月8日当天日记中写道："上午四时接董显光电话称，倭寇已于今晨一时轰炸檀香山珍珠港，不一时又接香港、菲律宾被炸之电，余即由黄山祷告后回寓，参加中央常会，决定方针。"9日日记解释了为什么要对德、意宣战的原因："本日决定对倭对德、意同时宣战，其用意乃在放弃其无关紧要与侵略暴行之德、意，而获得利益密切之英俄也，且得对俄对英对美皆有发言之地位。此种大事，必须在大者远者着想，决不可留有余地后步，成为投机取巧纤细之心也。且此次世界战局，必为一整个之总解决，断不容分别各个之媾和，否则虽成亦败也矣。"蒋介石原来

---

[1] 蒋介石日记（手稿本），美国斯坦福大学胡佛研究所藏，1941年8月2日"上星期反省录"，10月31日。

同德国有着相当密切的关系,抗战初期依然如此。这时从全局利益出发,果断地做出这个决断,做的是对的。几天后的1942年1月3日,他在日记中写道:"我国签字于四国共同宣言,罗斯福对子文特别表示称:'欢迎中国为四强之一。'此言闻之,但有惭愧而已。"[1]得意之情,溢于言表。

中国共产党对太平洋战争的爆发早有一定准备。日本东条英机内阁登场,毛泽东致电周恩来等,告诉他们:"东条内阁是一个直接准备战争的军人内阁。"并且判断日军将南进向美、英、荷等国作战而不是北攻苏联。毛泽东写道:"国民党已肯定(日军将)北进(进攻苏联),我们不必与之一致。"[2]太平洋战争爆发当天,中共中央政治局会议对国际形势又做出和蒋介石对远东局势发展过分乐观的期望不同的冷静估计。毛泽东致周恩来电中说:"在半年内英美均非日本之敌","英美的总方针可能是对日取守,而对德取攻,先集合英美苏力量解决德国,然后集合英美苏中力量解决日本"。[3]这些判断是很有眼光的,事实证明完全符合实际情况。

---

[1] 蒋介石日记(手稿本),美国斯坦福大学胡佛研究所藏,1941年12月8日、9日,1942年1月3日。
[2] 毛泽东致周恩来并告廖承志电,1941年10月20日。
[3] 毛泽东致周恩来电,1941年12月12日。

太平洋战争的爆发，使中国共产党对国共关系做出新的明确判断。一是：过去多少还担心会不会出现"东方慕尼黑"，还担心蒋介石和国民党当局会不会对日妥协，现在这种可能不存在了。用毛泽东的话来说："天下大势和那时不同了，蒋委员长不会投降。""他要做民族英雄，而且今天他是四大强国之一。""他还投降干什么？"[1]二是：本来一直注视着国民党当局是不是要再度向共产党发动大规模军事进攻，现在作为盟国的英、美、苏都希望中国能在东方战场上有更多的兵力投入作战，更多地牵制住日军力量，反对中国发生内战。这在皖南事变时已多少表现出来，这时更强烈了，使内战危险大大减轻。

1941年10月11日，毛泽东致电刘少奇对形势做出总体性的概括："依国内外大局看，蒋及国民党不会投降，亦不可能大举'剿共'。"[2]太平洋战争一爆发，12月8日举行的中共中央政治局会议分析国际形势时更断言："我们使国民党不能投降又不能'剿共'的可能性更大了。"[3]

这样，共产党便以更积极的姿态加大对改善国共关系的力度，并且采取了新的措施。本来，在皖南事变发生

---

[1] 毛泽东在中央学习组的报告，1942年4月13日。
[2] 毛泽东致刘少奇电，1941年10月11日。
[3] 毛泽东致周恩来电，1941年12月12日。

后共产党的参政员拒绝出席参政会二届一次会议,在国内外产生很大影响。现在,情况有了变化。随着国际局势的激烈变化,特别是太平洋战争的爆发和英、美对日宣战,1942年7月6日,毛泽东致电董必武:"为争取国共好转,我们准备出席参政会。不争名额,但以维持原额为宜。"[1]

第二天,7月7日中共中央以中央委员会名义发表了引人注目的《为纪念抗战五周年宣言》,当时通常被简称为《七七宣言》。《七七宣言》重申1937年国共合作宣言中的四项诺言,并写道:"在团结问题上,中国共产党认为,中国各抗日党派不但在抗战中应是团结的,而且在抗战后也应是团结的。"这是1937年宣言中没有讲到的,强调国共合作的长期性,包括在战后合作建设新中国,这是中国民众的愿望,也可以减轻蒋介石的疑虑。宣言恳切地提出:"中国共产党认为,为着上述目的,必须按照合理原则改善国共两党及一切抗日党派间的关系,加强国内团结,不给日寇以任何挑拨离间的机会。我们愿尽自己的能力来与国民党当局商讨解决过去国共两党间的争论问题,来与国民党及各抗日党派商讨争取抗战最后胜利及建设战后新中国的一切有关问题。"[2]

---

[1] 毛泽东致董必武电,1942年7月6日。
[2] 中央档案馆编:《中共中央文件选集》第13册,北京:中共中央党校出版社,1991年版,第410、412页。

《七七宣言》在国内外引起相当广泛的关注。这是中国共产党以郑重形式公开发表的在国共关系上争取和解的政治信号。

7月9日,毛泽东又致电正在山东、准备返回延安的刘少奇,说明尽力改善国共关系的可能性和决心:"国内外局势是很有利的,反希特勒斗争今冬明春就有胜利希望,如此则明年秋冬就有战胜日本希望。苏英美三国团结很好,影响到国共关系不会很坏。我们的方针是极力团结国民党,设法改善两党关系,并强调战后仍须合作建国。""在此国际总局势中,国民党在战后仍有与我党合作之可能,虽然亦有内战的另一种可能,但我们应争取前一种可能变为现实。因此,就须估计日本战败、从中国撤退时,新四军及黄河以南部队须集中到华北去,甚至整个八路、新四须集中到东三省去,方能取得继续合作的条件。"[1]这是中国共产党高层领导内部的商议。虽然以后局势的发展又遇到许多原来难以完全预料到的复杂变化,但它确实反映出毛泽东对大事总是想得很远,已预先设想战后有几种发展的可能和应对的方案,也表明中国共产党在战后提出的合作建国、和平民主新阶段等主张,并不只是宣传的手段,而是

---

[1] 毛泽东致刘少奇电,1942年7月9日。

真诚的愿望,并且准备为此付出必要的代价。

太平洋战争爆发后还发生一个重要的变化:美国一步一步越来越深地介入中国内部事务,对国共关系的发展也起着这以前其他国家没有达到的重大影响。因此,在考察抗战后期的国共关系时,不能不相应地用相当篇幅来论述美国在这方面产生的影响。

太平洋战争前,随着美日关系的日益恶化,美国已开始对中国给予援助。主要是财政援助,而不是军事援助。"蒋希望在他和罗斯福个人之间建立经常性的联系——有点类似我们今天所说的'热线'。这种联系将由一个经罗斯福提名但由蒋介石任命和支付薪金的人担任。"当时,"罗斯福的主要兴趣在于帮助丘吉尔拯救英国,以免其步法国战败之后尘,中国对他来说不甚重要"。他对中国的关切是有限度的,因而由他出面推荐了在霍普金斯大学执教的欧文·拉铁摩尔,被蒋介石任命为政治顾问。美国政府给拉铁摩尔的指示是:"美国对华援助无论采取何种形式,都不能以这样的方式使用,即鼓励蒋介石优先考虑他同中共的事端,而不是先考虑抗日。换句话说,统一战线即使只是名义上的,也应该维持下去,中国不应该爆发内战而削弱全民抗日的势力。""在争取民族生存的战争中,内战将是灾难性的。"拉铁摩尔是一个学者,不是政治人物,同罗斯福也没有很深渊源，所以没有能起蒋介石预期的作用。他担任这个职务半年多就离开了。但他从观察中认为："蒋希望保存自己的力量直到美国赢得战争的胜利，这样在战后中国，国民党便可以较大的优势超过共产党。"[1]作为一名学者，他的观察是客观的、符合实际的。

太平洋战争爆发后，美国政府派约瑟夫·史迪威中将担任盟军中国战区参谋长兼驻华美军总司令。他是熟悉中国情况而又性格倔强的将军，在1942年3月到重庆就任后，很快在军事指挥权和援华军事物资分配权上同蒋介石发生尖锐矛盾。以后，他还表示过，为了打击在华日军，可以分一些援华物资给正在同日本军队作战的八路军和新四军。做过史迪威政治顾问的戴维斯写道："史迪威在（美国驻华大使）高思的批准下，从这一计划（注：指美国援华物资计划）开始实施起，就一直注视着租借物资不要被贮备起来或错用。"[2]所谓被"贮备起来或错用"，指的都是被国民党用来打内战。这些，都引起蒋介石极大不满。

毛泽东清楚地看到这一点。他在1942年7月31日又致

---

[1][日]矶野富士子整理，吴心伯译：《蒋介石的美国顾问——欧文·拉铁摩尔回忆录》，上海：复旦大学出版社，1996年版，第73—75、81、143页。

[2][美]约翰·佩顿·戴维斯著，罗清、赵仲强译：《抓住龙尾——戴维斯在华回忆录》，北京：商务印书馆，1996年版，第201页。

电刘少奇说:"目前英美不愿中国内战。美国表示援华军火不得用于反共。丘吉尔七七致蒋贺电称有'抗战五年由于坚持统一战线'的话。国民党近日态度好转这是一原因。此种好转还会发展,我正极力争取。但国共关系是中国内政问题,英美苏均不会公开出面调停,只会暗中劝告及在公开舆论上表示希望中国团结。这些将来还会有的,我亦正在争取。"[1]

在毛泽东看来,这是改善国共关系以在战后可能合作建国的难得机遇,尽管他清醒地意识到"亦有内战的另一种可能",要做两手准备,但看重的还是"应争取前一种可能变为现实",只要存在这种机遇,就应该尽力试一试。这也是全国大多数人民的需求。

蒋介石和国民党当局在这段时间内,对国共关系的态度是怎样的呢?

蒋介石在这时对国共关系做出一些和解的姿态,国共在一年左右里没有发生大的冲突,局势比较平静。1941年11月2日,兼任国民参政会秘书长的王世杰在日记中写道:"今晨见蒋先生,谓参政会将集会,似仍应以委员长名义请共产党参政员出席。蒋先生同意。"4日日记:"今晨余代表蒋先生提共产党参政员出席本届参政会大会。董(必武)表

---

[1] 毛泽东致刘少奇电,1942年7月31日。

示似有准备出席之意。"17日日记:"今晨参政会第二届第二次大会开会。各党派原有不出席之拟议(民主政团同盟分子在港之主张),今晨仍均出席。共产党董必武亦到会,一般均感满意。"[1]同天,蒋介石在会上致开幕词,集中谈了国际形势和中国的抗日战争,没有谈及国共之间的矛盾和冲突。

12月15日,国民党召开五届九中全会。这是他们在太平洋战争爆发后召开的第一次中央全会。蒋介石在开幕词中说:"此次全会举行之际,正值敌国发动太平洋战争之后,我中国抗战与世界反侵略战争业已联成一体,此诚我中国转危为安、转败为胜之重要时机。""今后对于党外之人才,凡忠于国家,而能服膺三民主义者,必须尽量吸收,多方延揽,俾能参加政治,共同担负国家之重任。"语调比以前平和一些。但他也不忘立刻接上一句:"更须一致认识全国军令政令必须统一。"[2]17日,张群、王世杰请周恩来、董必武、张君劢、左舜生等共进午餐,并商时局。王世杰当天日记记载:"周恩来表示,盼望九中全会决定组织战时内阁,一新耳目,以振人心,并盼望能使国民党以外之人员参加其组织。"第二天,在蒋介石寓所商议九中全会有关事项时,王世杰在

---

[1] 王世杰著:《王世杰日记》第3册(手稿本),台北:"中央研究院"近代史研究所,1990年影印,第180—182、188、189页。

[2] 秦孝仪主编:《蒋介石思想言论总集》卷18,台北:中国国民党中央委员会党史委员会,1984年版,第438、440页。

日记中记道："蒋先生主张恢复各党派及无党派者若干人参加其间。"[1]其实蒋介石只是说说而已，不能当真。对权力，他是一点也不会放的。周恩来直到半年后的1942年6月29日还向美国外交官戴维斯谈到实际情况："自从太平洋战争开始后……中央政府从未找他进行过磋商。"[2]

蒋介石前面那些表示，无非是出于国际国内形势的变化而向国内外做出的一些姿态，在内心觉得他控制下的局面已相当稳定，在有些无关紧要的地方不妨比以前放松一点，并没有改变他对共产党的敌视。这在他日记中便不时流露出来。1942年3月12日日记中写道："倭寇尚未驱逐，'赤匪'犹在猖獗横行。"[3]3月19日的日记中讲得更直率："对赤应随机处置，不宜整个破裂，以此时无彻底解决之可能。"[4]他还在等"彻底解决"的时机。当然，这些话当时不会公开地表示出来。

毛泽东对局势保持着冷静观察的态度，总体上是比较乐观的。他在给周恩来的电报中做过一个分析："国内关系总是随国际关系为转移。第一次反共高潮发生于德苏协定、

---

[1]王世杰著：《王世杰日记》第3册（手稿本），台北："中央研究院"近代史研究所，1990年影印，第211、212页。

[2][美]约翰·佩顿·戴维斯著，罗清、赵仲强译：《抓住龙尾——戴维斯在华回忆录》，北京：商务印书馆，1996年版，第196页。

[3]蒋介石日记（手稿本），美国斯坦福大学胡佛研究所藏，1942年3月12日。

[4]同[3]，1942年3月19日

苏芬战争及英美反苏时期。第二次反共高潮发生于德苏协定继续存在、英美苏关系仍未好转而轴心则成立三国同盟时期。自苏德战起，英美苏好转，直至今天，国共间即没有大的冲突。这个时期，又分两段，在英美苏未订具体同盟条约及滇缅路未断以前，蒋的亲苏和共决心仍是未下的；在此以后，他才下这个决心。""目前任务是促成谈判，促成解决具体问题，故应避免一切枝节，极力表示好意。"[1]当然，他对谈判的结果，还只是"解决具体问题"，没有更高的期望。他在另一次致周恩来电报中又说："国共一时不会好转，也不会决裂，是拖的局面。""目前四个月，国际国内都是关键。"[2]

为什么毛泽东认为一年多来"国共间没有大的冲突"的总情况下"又分两段"？原因在于蒋介石在思考问题和做判断时有个很大弱点：常因某些具体情况的一时或不大变化而轻易改变原有的判断和决策，表现得摇摆不定。

太平洋战争发生后，蒋介石初期的期望很高，以为美国和英国受到日本偷袭珍珠港的强烈刺激，会以极大兵力对日作战，远东局势会立刻发生巨大变化。以后却发现英美实行的是"先欧后亚"方针，在亚洲的作战接连失利。

---

[1] 毛泽东致周恩来电，1942年9月15日。
[2] 毛泽东致周恩来电，1942年6月26日。

日军以横扫之势，迅速摧毁美、英、荷在东南亚的主要基地，占领菲律宾、关岛、香港、马来亚、新加坡、缅甸、爪哇、苏门答腊、婆罗洲等地，入侵泰国，炸沉英国两艘主力战舰。特别是缅甸战场上的严重失利对蒋介石刺激更大：一是滇缅公路被切断后，英、美对中国的物资调拨和军事援助遭受困难，明显减少；二是中国的精锐部队第五军等调入缅甸后，在盟国将领指挥下受到很大损失，使他同史迪威之间的矛盾更趋尖锐。蒋介石在4月底的"本月反省录"中写道："为缅甸战事，自本月以来心绪忧惶，朝夕不安者几一月矣，初未料失败如此之速也，以后对于军事力求自全，决不能为友邦关系以转变方针也。"[1]他对丘吉尔的对华态度也很不满，说："丘吉尔十日演说，对战局独重俄国，兼带美国，而对于我国只字未提"，"古人所谓吃一堑长一智，吾今更觉英狯之不可共事也"。两天后，又写道："近年来以此所受英美人士不德失信之刺激为最甚也。"[2]5月23日所写"上星期反省录"中又写道："英美态势只有势利，而无盟约可信，在此半月史更益明了。"[3]6月24日写道："罗（斯福）

---

[1] 蒋介石日记（手稿本），美国斯坦福大学胡佛研究所藏，1942年4月30日，"本月反省录"。
[2] 同[1]，1942年5月12日、14日。
[3] 同[1]，1942年5月23日"上星期反省录"。

丘（吉尔）与宋（子文）会谈仍为敷衍之词，对远东战局并未有任何改观。"[1]而苏联卫国战争的战局此时已稳定下来，经西北向中国运送的军事物资仍继续运来。这就是毛泽东所说蒋介石又将实行"亲苏和共"的由来。

7月21日和8月14日，蒋介石两次约谈周恩来。第一次会面时，蒋介石说已指定张治中和刘斐同中共谈判，国民党的联络参谋仍将去延安。第二次谈话时，蒋介石表示想好好解决国内问题，并且表示他一星期后将去西安，想在那里同毛泽东会面，请周恩来电告延安。这是他对美英感到失望而看到苏联处境有所改善后的反应，并不是在政策上真有重大改变。周恩来立刻致电毛泽东，分析蒋介石这次约见毛泽东，"在态度上还看不出有何恶意，但在其初步解决新疆及回回问题之后，他又自己北上布置，其目的未可测"。[2]他提出两个办法供中共中央选择：一是毛泽东称病，以林彪为代表，到西安见蒋一谈；二是要求蒋带周恩来到西安，然后由周飞延安，偕一人（林彪或其他负责人）回西安见蒋。他估计前一个办法可行。他这两点建议，事实上都是认为毛泽东此时去见蒋的条件并不成熟。中共中央书记处同意周恩

---

[1] 蒋介石日记（手稿本），美国斯坦福大学胡佛研究所藏，1942年6月24日。
[2] 周恩来致毛泽东电，1942年8月14日。

来的第一个办法,并在 8 月 17 日复电周恩来:"毛现患感冒,不能启程,拟派林彪同志赴西安见蒋。"[1]

周恩来对局势的判断、特别是对蒋介石动向的看法,是正确的。从蒋介石日记来看,他那时的主要注意力在处理新疆和西北问题上,约见毛泽东只是口头上说说,做一下姿态,心中并不在意,没有真想解决什么问题。看看蒋介石的日记,就可以清楚他在"对共方针"上的真实盘算。他的 7 月 2 日日记写道:"对共方针之检讨,应始宽而后严乎?"[2] 7 月 5 日他又写道:"对俄对共政策之决定:对俄应宽严并用,对共则先宽而后严,应派定专员开始协商办法。"[3] 可见他对共的"宽"只限制在"始"或"先"的阶段,只是短期内的权宜之计,以后仍要归之于"严"。同周恩来的两次见面,在他日记中都没有提到。至于想在西安同毛泽东会面云云,也只是口头说说而已,并没有经过郑重的考虑,甚至在他的日记中也完全没有提到。这时,毛泽东是不宜去见蒋的。

为什么蒋介石这时那样关注新疆,用了将近一个月奔走甘肃、青海、宁夏、陕西等西北诸省,还特别派宋美龄

---

[1] 中共中央书记处致周恩来电,1942 年 8 月 17 日。
[2] 蒋介石日记(手稿本),美国斯坦福大学胡佛研究所藏,1942 年 7 月 2 日。
[3] 同[2],1942 年 7 月 5 日。

代表他去一次新疆？因为新疆统治者盛世才在这年7月7日上书向蒋介石投靠。盛世才过去曾在一段时间内加入过苏联共产党，在主政新疆时提出并鼓吹包括"亲苏"在内的"六大政策"。1940年6月19日给斯大林、伏罗希洛夫、莫洛托夫的信中自称"我是最忠实于马克思主义——列宁主义——斯大林主义者"。[1]中共中央先后派遣陈云、邓发、陈潭秋担任驻新疆代表。但盛世才是一个野心家。他看到战争初期德军的攻势深入苏联腹地，以为苏联不行了，便抛弃原来的"亲苏"伪装，逮捕并杀害包括陈潭秋、毛泽民、杜重远等在内的大批中国共产党党员和民主人士。蒋介石认为西北形势将发生大变化，极为兴奋。宋美龄到迪化（今乌鲁木齐）后表示："中央坚决信任盛氏，将来新疆各项工作需要中央协助与否，全由盛氏决定。"盛世才表示今后要"为国尽忠，为民尽孝，以及我矢志拥护中央，尽忠党国，绝对服从领袖"。[2]在这段时间内，蒋介石的注意力主要放在处理这件事上，把共产党的问题暂时放在一边，国共关系倒是比较平静。

蒋介石在向周恩来表示想在西安见毛泽东的第二天（8

---

[1] 全国政协文史资料委员会编：《文史资料存稿选编》第20卷，北京：中国文史出版社，2002年版，第596页。

[2] 吴忠信：《主新日记》；盛世才：《四月革命的回顾与前瞻》，转引新疆社会科学院历史研究所编著：《新疆通史》第3册，乌鲁木齐：新疆人民出版社，1987年版，第316页。

月15日）就离开重庆前往兰州。毛泽东最初曾倾向于去见蒋介石，以改善国共关系。9月3日，他致电周恩来说："目前不在直接利益我方所得之大小，而在乘此国际局势有利机会及蒋约见机会我去见蒋，将国共根本关系加以改善。这种改善如果做到，即是极大利益，哪怕具体问题一个也不解决也是值得的。蒋如约我到重庆参加十月参政会，我们应准备答应他。"[1] 5日，周恩来再次致电毛泽东："我们认为见蒋时机尚未成熟。""蒋虽趋向政治解决，但他之所谓政治解决是要我们屈服，决非民主合作。""蒋对我党我军的观念，仍为非合并即大部消灭。""蒋毛见面的前途可能有两个：一、表面进行得很和谐，答应解决问题而散。二、约毛来渝开参政会后，借口留毛长期驻渝，不让回延（此着万不能不防）。若如此，于我损失太大。我们提议林（彪）出勿将话讲死，看蒋的态度及要解决的问题如何，再定毛是否出来。"[2] 经过反复磋商，毛泽东接受了周恩来的建议。

林彪那时刚从苏联长期疗伤后回国。他是黄埔军校第四期毕业生，同蒋介石有师生之谊。9月17日，毛泽东致电林彪："你应该去重庆见蒋。"[3] 10月7日，林彪经西安到

---

[1] 毛泽东致周恩来电，1942年9月3日。
[2] 周恩来致毛泽东电，1942年9月5日。
[3] 毛泽东致林彪电，1942年9月17日。

重庆。13日,由张治中陪同去见蒋介石。蒋介石对林彪的到来,兴趣并不大。据国民党方面的记录,蒋见面时先问了一句:"汝此次来渝,毛润之先生有何意见转告余否?"林彪滔滔不绝地大谈国际形势,然后说:"吾人要求抗战胜利与建国成功,必须国内能够团结,能够统一。""过去外面传说国共纷歧之所在,不外主义与党的问题。但此二者皆可趋于一致,即如共产主义与三民主义实具有共同之理想,所谓'天下为公、世界大同'即此两主义根本一致之观点。""我党名称虽为共产党,实际即为救国之党。""两党虽有纷歧,我之根本思想,在于救国,决无改易。""总之,无论就中国之社会、地理、经济与军事各方面而论,皆希望中国从此能统一团结,而不可发生内战。此为中共之观察,特为校长呈明。"蒋介石等林彪说完后只说了两句话:"汝在重庆尚有几日勾留?""在汝离渝以前,余再定期召汝谈话。"谈话就此结束,蒋也没有再提同毛泽东见面的事。[1]这次会谈没有取得任何结果。蒋介石在当天日记中只提了一句:"林彪奉其共党之命令来见,幼稚可笑。"[2]见面后,蒋介石指定由张治中同林彪谈。

---

[1] 中国国民党中央委员会党史委员会编:《中华民国重要史料初编——对日抗战时期》第5编(4),台北,1981年版,第236、238—240、242页。
[2] 蒋介石日记(手稿本),美国斯坦福大学胡佛研究所藏,1942年10月13日。

10月26日,周恩来再次致电毛泽东并中共中央书记处,指出:蒋介石及国民党人都倾向于以政治方法解决中共问题,但是,第一,他们并不急于解决,而以为时间越延长,中共的困难就越大,越有利于使中共就范。第二,他们所说的政治解决"乃是我们听命(服从调遣、统一编制、奉行法令等)于他们的领导,决非民主的合作和平等的协商"。第三,"他们的政治解决的中心仍以军事为主,而以能否服从调遣、变动防地为前提"。第四,他们决不先提要求,而要看中共方面能做出什么让步。周恩来预计:"林此来可完成两个任务,一是缓和两方面关系,二是重开接洽之门。若要超过此种任务,则非在防地上大让步不可,恐今尚嫌其早。"[1]两天后,毛泽东复电同意。

张治中回忆道:"蒋当时派我商谈,记得曾经谈了许多次,每次都在我家里(重庆曾家岩的一栋旧式小楼房,名桂园,是向关吉玉家租来的),每次差不多都是周、林一道来。谈谈歇歇,歇歇谈谈,前后经过八个月之久,直到1943年春天,才由周恩来先生把他们的最后意见一字一句地念给我听,我也一字一句地抄下来。抄完后再念给他们听,认为无误,就是下面的四项:(一)党的问题,在抗战建国纲领下取得合法地位,并实行三民主义,中央亦可在中共地区办党办报;(二)

---

[1] 周恩来致毛泽东并中共中央书记处电,1942年10月26日。

军队问题，希望编四军十二师，请按中央军队待遇；（三）陕北边区，照原地区改为行政区，其他各区另行改组，实行中央法令；（四）作战区域，原则上接受中央开往黄河以北之规定，但现在只能作准备布置，战事完毕，保证立即实施，如战时情况可能（如总反攻时），亦可商承移动。"

这四项，我当时认为是应该可以接受的条款，而且内心觉得中共确已让步，也确实具有合作抗日的诚意，所以心里很高兴，亲笔誊一次送给蒋看。蒋随即召集一次临时的军事会议。会议中蒋先生不置一词，只问大家有什么意见。当时发言的大都表示不能接受，甚至有以傲慢态度嗤之以鼻者。他们对第一条，根本就不愿意给共党以合法地位；对第二条，认为一下扩充为四军十二师，办不到；对第三条，倒少表示意见，只说应由政府决定；对第四条，认为措词含糊，应该先遵照皓电规定，把军队撤到黄河以北。总之，充满了偏见和近视。在会议上我虽然一再解说，还是拗不过他们。蒋始终既不表示反对，也不说赞同。最后说：'好吧，再说吧！'这样就搁下来了。其实，本来应该而且可以接受的条款而不接受，只有使林彪将军徒然虚此一行了。[1]

---

[1] 张治中著，中国人民政治协商会议全国委员会文史资料研究委员会编：《张治中回忆录》，北京：中国文史出版社，1985年版，第684、685页。

拖到第二年4月2日，何应钦向蒋介石报告与周恩来、林彪谈话情况时，蒋介石批示："必须其对中央军政军令，有服从事实之表现，方可与之具体谈话。照现在情形无从谈起。如共不来谈，则可不必再复。"[1]这就是关上谈判大门了。其实，蒋介石当谈判刚开始时，就在10月17日的日记中写道："此时对共党进行政治谈判，使之和平归顺也。"[2]也就是说，谈判的目的只是要共产党和平签订投降书，这自然是办不到的，也预先注定了不可能取得什么成果，只能是白费口舌、"虚此一行"了。

从1942年11月12日起，国民党举行五届十中全会。会议期间，国民党中央监察委员会秘书长王子壮11月25日的日记中记下了蒋介石的一段讲话："对共党以后要持比较开明的态度。（关于此点，会场中稍有异议，如吴稚晖先生表示：既均属同盟，不应自己减消力量，将来可在和平会议将此项提出。蒋先生以为目前如此表明政府宽大之态度，在另一方面我国共党内部颇为摇动，如我态度开明，使彼等有内倾之机会，较全用压力以促其团结者，或易收功乎。故决于宣言中表示之。）"[3]可见蒋介石所谓对共产党"要持比较

---

[1] 中国国民党中央委员会党史委员会编：《中华民国重要史料初编——对日抗战时期》第5编（4），台北，1981年版，第247页。

[2] 蒋介石日记（手稿本），美国斯坦福大学胡佛研究所藏，1942年10月17日。

[3] 王子壮著：《王子壮日记》第7册，台北："中央研究院"近代史研究所，2001年影印，第547、548页。

开明的态度"还有一个目的,希图分化共产党,出现像盛世才那样"内倾之机会","或易收功乎"。这自然是妄想。

中国共产党在这个过程中,仍一直力争国共合作,不仅合作抗日,而且希望在抗战胜利后能合作建国。这是真心实意的愿望。为什么这样?1942年10月19日,毛泽东在西北局高级干部会上的内部讲话中说得很明白:"今年七七宣言的方针是我们坚持到底的方针,是打胜日本以后还要坚持团结的方针。虽然那时也有国内战争的可能性,但人家和平的可能性也是有的,而且很大。因为世界法西斯已垮台了,人家要考虑的。再老百姓都需要和平。根据此就决定了国内和平的方针。"他又说:"我们已派林彪同志去和他们谈判治本和治标的办法。治标办法是解决现在问题,治本问题是关于战后的和平问题。治标的办法是建筑在治本办法基础之上的。不懂得这点就是政治上不强,就应加强教育。这是我们的根本政策,一切都从此出发。"[1]

毛泽东想得很远,希望利用世界反法西斯战争胜利、着手建立国际新秩序的有利条件,尽力使国共关系有所改善,在抗战胜利后仍能避免内战,合作建国。这是人民大众的愿望,"老百姓都需要和平"。抗日战争打了八年仗,人民在战火中受尽苦难。如果接着又要打内战,无法过和

---

[1] 毛泽东在中共西北局高干会开幕时的讲话,1942年10月19日。

平生活，怎么得了？那是决不得人心的。尽管"那时也有国内战争的可能性"，但只要和平还有一点点可能，共产党就应该再试一试，力争实现和平的前途。他一度想冒险去会见蒋介石，想同他谈谈，就是从这种愿望出发的。周恩来、林彪向张治中提出的四项意见，就是按照毛泽东12月18日为中共中央书记处起草的电报提出的。

1943年1月30日，陈诚日记这样记道："周恩来（下午四时）谈国际问题。彼判断日寇动向对中国有两种可能：一、找我弱点进攻，使国际对我发生不良影响。二、打击我部队，使我无法准备反攻共。并谈阶级斗争在今日之中国绝不必要，而共党欲夺取政权亦不可能，国家一切困难只有在我们这一代团结一致来解决之，并提对共党解决办法：一、党的问题可请中央派员前往设立党部。二、行政区域请中央划定。三、部队请编为十二个师。四、部队驻地仍在黄河以北，但时间恐稍延长，因过河不易。"[1] 这些话是经陈诚事后在日记中转述的，大意如此，未必都切合原意。

得知国民党当局实际上拒绝四项意见后，毛泽东、朱德、王稼祥、叶剑英又在2月7日致电各根据地战略区域："国际国内的政治形势日趋好转，国方上层虽仍采拖的办法，而且局部与下层已发现迫切需要与我党我军调整关系

---

[1] 陈诚著：《陈诚先生日记》（一），台北："国史馆"，2015年版，第417页。

的现象，我们应不放松每一机会和每一小的事件，主动地加强局部统战工作，改善关系，以求更加促进国内整个形势的好转。各区应本此方针，按具体情况执行，并报告我们。如有磨擦事件，必须先经报告批准，不许自由行动。"[1]

可以看出，共产党尽管已觉察到国民党当局缺乏诚意，只要有一点可能，仍力争同国民党达成和平协议，包括在局部和下层使关系有所改善，希望能把这种合作保持到在战后和平建国。

但蒋介石和国民党当局始终把共产党看作心腹之患，一定要除之而后快，只是迫于国内外特定形势发展的制约，在此时此刻不能不做出些"宽"和"开明"的姿态，在磨擦活动方面有所缓和。蒋介石所说的"先宽而后严"，其实只是先做一些缓和的姿态、等待适当时机再下手的另一种说法而已。最受蒋介石信任，率重兵驻西北监视陕甘宁边区的第八战区副司令长官胡宗南，在1943年1月16日日记中记录有人向他的密告："委座使朱绍良入新（疆），即所以安盛（世才），但胡（宗南）为实际负责者，愿将来盛、胡一体。"[2] 这样情况下的国共谈判自然不会有什么结果。

果然，局势很快就出现重大变化。

---

[1] 中央统战部、中央档案馆编：《中共中央抗日民族统一战线文件选编》（下），北京：档案出版社，1986年版，第632页。
[2] 胡宗南著：《胡宗南先生日记》（上），台北："国史馆"，2015年版，第173页。

五、局势再度恶化

蒋介石一直等待着对共产党下手的时机,在他看来,到1943年5月时机似乎到来了。这是抗战期间国共关系从相对缓和到再度恶化的又一个重要转折点。

蒋介石为什么选择这个时候下手?诱因是共产国际宣布解散。

共产国际的解散,酝酿已久。周恩来说过:"共产国际的成立,当然是必要的,它对各国党的建立和成长起了很大的作用。后来各国党成长了,成熟了,共产国际就没有存在的必要了。"[1]在国际反法西斯阵营形成后,仍有人挑拨,"说什么'莫斯科'企图干预别国的生活,并使他们'布尔什维克化',说什么各国共产党似乎不是为了本国人民的利益,而是遵照外来的命令行事"。[2]而苏联又急需美、英

---

[1]《周恩来选集》编委会编:《周恩来选集》(下卷),北京:人民出版社,1980年版,第300页。

[2][英]珍妮·德格拉斯选编,李匡武等译:《共产国际文件(1929—1943)》,北京:东方出版社,1986年版,第597页。

等国早日在欧洲大陆开辟第二战场。于是，解散共产国际的问题便提到议事日程上来了。

1943年5月22日，共产国际征得各国共产党和青年共产国际同意，没有一个组织提出反对意见，当即发布《解散共产国际的决议》。这自然是世界范围内引起轰动的大事。

其实，中国共产党同共产国际的关系在抗战以来已发生很大变化。周恩来说：1935年共产国际召开七大，季米特洛夫担任总书记，"当时通过了一个决议，说国际执委会要把工作重心转到规定国际工人运动基本路线及策略路线方面去，一般不干涉各国党的内部事务"。"后来战争打起来，对我们党的干涉就很少了。我们中国党这时已经成熟，和共产国际的来往不多了。"[1]对共产国际的解散，中国共产党积极赞同。

蒋介石一向过高估计共产国际对中共中央的影响，臆测中国共产党的一言一行，都是根据共产国际的指挥棒行事的。周恩来看得很透彻，曾指出："对于中共中央主张缓和两党关系的《七七宣言》，蒋介石实际上以为是由于苏联让步，而中共不得不屈服。"[2]现在共产国际一解散，蒋介

---

[1]《周恩来选集》编委会编：《周恩来选集》（下卷），北京：人民出版社，1980年版，第311、312页。

[2] 周恩来致毛泽东电，1942年9月5日。

石认为中国共产党就失去了依靠，乱了套，是收拾它的难得良机。由于过分的兴奋，他对这件事的影响做了极端夸大的理解，在两天后 5 月 24 日的日记中写道："第三国际正式宣布解散以后，无论其内容真假如何，但共产主义尤其是苏俄对其主义与之精神及其信用必根本动摇。""故此后对于国内共产党之方针与计划应重加研讨，是乃对内政策之重要时机。"[1]

他是要"重新研讨"对中国共产党的整个"方针和计划"了，准备采取大动作，并不只是要夺取陕北的"囊形地带"之类那些局部性行动。他在 25 日的日记中写道："检讨一个月之外交形势，以俄国对联盟国态度转变为积极合作及其取消第三国际之举为最重大。此实为划时代之历史，而其关键全在美国总统之运用奏效也。"31 日所记"本月反省录"写道："莫斯科'第三国际'宣布解散，此实为二十世纪上半期史之惟一大事，殊为世界人类前途幸福庆也，而予一生最大之对象因此消除，此不仅为此次世界战争中最有价值之史实，且为我国民革命、三民主义最大之胜利也。"[2]

读读蒋介石这些极度兴奋的内心独白，并且说出"此

---

[1] 蒋介石日记（手稿本），美国斯坦福大学胡佛研究所藏，1943 年 5 月 24 日。
[2] 同 [1]，1943 年 5 月 25 日、5 月 31 日"本月反省录"。

后对于国内共产党之方针与计划应重加研讨"这样的话来，才能真正理解他在前一段说过那么多"宽"和"开明"等好听的话、两党关系也一度比较平静后、为什么由于外部因素中那一项不大的变动，转眼间便使蒋介石会准备掀起第三次反共高潮的原因所在。其实，那正是他一直深埋在内心的"先宽而后严"的期待，到这时觉得时机已到、可以动手的自然结果。

还有一点也很重要：那两年多中，日本侵略军集中很大力量在华北和华中共产党领导的敌后根据地反复进行大规模"扫荡"，推行"治安强化运动"，到处烧杀抢劫，制造无人区。1942年，日军用于华北、华中的有55万余人，其中用于巩固占领区的有33.2万余人。八路军和新四军在极端困难的环境下坚持斗争。八路军副参谋长左权在战斗中壮烈殉国。敌后抗日根据地面积大大缩小，不少根据地变为游击区，总人口由1亿人减为5000万人以下，又遇到水、旱、蝗、雹等严重自然灾害，军民生活极端困难。这也是蒋介石认为是对中共采取军事行动的一个原因。

既然蒋介石把共产国际解散看作"二十世纪上半期史之惟一大事"，他的应对措施也就不是局部的，而是全盘的。

他首先抓的是宣传工作。25日，他召开"党务会议，讨论取消第三国际之态度与宣传方式"。[1]国民党中央宣传部随即给各级党部发了一个秘密指令,要他们鼓吹:共产国际解散了,中国共产党也应该解散。

蒋介石的《中国之命运》在这时出版,并且开动国民党全部宣传机器大吹大擂。这本小册子表示了抗战到底的决心,也谈了一些战后建国的设想,而它的重点是既反对共产主义,又反对自由主义,写道:"个人本位的自由主义与阶级斗争的共产主义二种思想","不外英美思想与苏俄思想的抄袭和附会"。二者中攻击的重点又在共产主义,指责共产党"假'民主'的口号,掩护其封建与割据,以'自由'的口号,装饰其反动的暴乱,而以'专制''独裁'种种污辱与侮蔑,加于国家统一之大业,而企图使之毁灭"。他公然宣称:"惟有中国国民党是领导革命、创造民国的总枢纽,是中华民族复兴和国家建设的大动脉。""如果今日的中国,没有了中国国民党,那就是没有了中国。简单地说,中国的命运,完全寄托于中国国民党。"[2]这可以说是对共产党和自由派中间分子的一纸宣战书,不仅充分地公开表明他的坚决反共面目,而且也引起自由派中间分子的极大不满。

---

[1] 蒋介石日记(手稿本),美国斯坦福大学胡佛研究所藏,1943年5月25日。
[2] 蒋中正著:《中国之命运》,台北:正中书局,1976年版,第71—73、104、205、207页。

与此同时，他积极准备采取军事行动。第一次反共高潮的军事行动主要在华北，第二次主要在江南，这次就直接指向中共中央所在的陕甘宁边区。6月13日，胡宗南向下发出指示："各国共产党从此成为国内问题，使各国处理共产党问题时，可免除或减少对苏联之顾虑。""中共在目前将感到彷徨苦闷，惹起分化，其宣传将减少效力。""中共已失去国际靠山，将不易再事发展，今后对之可完全作为国内问题处理。"14日，何应钦有密电致胡宗南。15日，负责国民党军队后勤工作的俞飞鹏来到陕西。18日，胡宗南根据蒋介石密令赶到洛川，第二天晚上八时召开干部会议，准备分九路"闪击"延安。会后，他到一线的中部同官、耀县、三原巡视，并向军队训话。22日，他回西安后同李昆冈等"研究输力及弹药问题"。25日，"默审军事问题，并与李副参谋长研究多时，决以第八、第一六五、第一六七、第二十八、第七十八各师攻取囊形地带，并于七月十日开始攻击"。[1]

蒋介石对这次军事行动十分关切。他的侍从室第六组组长兼军统局帮办唐纵在6月29日日记中记录："胡副长官复委座手启筱（注：指18日）机电称，对边区作战，决先

---

[1] 胡宗南著：《胡宗南先生日记》（上），台北："国史馆"，2015年版，第220、221、224、225、227页。

收复囊形地带,对囊形地带兵力,除现任碉堡部队外,另以三个师为攻击部队,先夺马栏镇,再向北进,闭锁囊口。预期主攻在宜君、同官间,攻击开始时间,预定七月勘日(注:指28日),并预定一星期内完结战局。旋奉批示,可照已有岗(注:指21日)电切实准备,但须俟有命令方可开始进攻,否则切勿行动,并应极端秘匿,毋得声张。"[1]这里说的是"先收复囊形地带""再向北进",而不是止步于"收复囊形地带"。"再向北进"到哪里?就是直至延安,这不言自明。为了"极端秘匿",这件事连蒋介石日记中也只字未提。

中共中央从内部情报和国民党军队调动、弹粮运输的实际活动中得悉这一非同寻常的动向。朱德立刻在7月4日致电胡宗南,揭露这一严重事实,呼吁团结,避免内战。当天,毛泽东致电准备回延安的周恩来、林彪:"近日边区周围国方部队纷纷调动增加,准备进攻,有于数日内爆发战争可能。内战危机空前严重。"[2]他用了"内战危机空前严重"八个字,可见这个事件的极端危险性和紧迫性。6日,朱德又致电蒋介石、何应钦、徐永昌,以强烈的语调写道:"自6月18日胡副长官到洛川召开军事会议后,边境突呈战争

---

[1] 公安部档案馆编注:《在蒋介石身边八年——侍从室高级幕僚唐纵日记》,北京:群众出版社,1991年版,第366页。
[2] 毛泽东致子健转恩来、林彪电,1943年7月4日。

景象，河防大军，纷纷西调，弹粮运输，络绎于途，道路纷传，中央将乘共产国际解散机会，实行大举'剿共'。""若遂发生内战，兵连祸结，则抗战团结大业势将破坏，而便日寇坐收渔利，并使英、美、苏各友邦之作战任务亦将受到影响，心所谓危，不敢不告。"[1]这个电报，看来也是毛泽东起草的。

7月7日，毛泽东主持召开中共中央政治局会议，并在会上明确地指出：他们是企图解散中共、取消边区、取消八路军。我们过去两年是用不刺激国民党的"和国"政策，保持了两年多的比较平静，是正确的。现在情况变化，就不适用了，而要采取以宣传对付他们的反共宣传，以军事对付他们的军事进攻。会议同意毛泽东的意见。

根据会议决定，延安军民三万余人举行大会，呼吁紧急动员起来，反对内战，保卫边区。朱德致胡、蒋两个电报立刻公开发表。在重庆的董必武迅速将这一消息向外间传播，发动制止内战运动，特别通知了英、美有关人员，并找张治中、刘斐交涉制止，使这件蒋介石原来悄悄地秘密部署的事一下成为光天白日之下万众瞩目的大事。这是蒋介石原来完全没有想到的。

---

[1] 中央统战部、中央档案馆编：《中国共产党抗日民族统一战线文件选编》（下），北京：档案出版社，1986年版，第654、655页。

7月9日，胡宗南日记中有一条重要记录："委座电话，对陕北暂不动作。"[1]他对形势的判断完全错了，不得不停下手来"暂不动作"。同一天，周恩来、邓颖超、林彪从重庆回延安途经西安，胡宗南同他们谈话，"对边区表示无动作"。

12日，毛泽东为延安《解放日报》起草题为《质问国民党》的社论，一开始就说："近月以来，中国抗日阵营内部，发生了一个很不经常很可骇怪的事实，这就是中国国民党领导的许多党政军机关发动了一个破坏团结抗战的运动。"社论写道："你们不应该打边区，你们不可以打边区。'鹬蚌相争，渔人得利'，'螳螂捕蝉，黄雀在后'，这两个故事，是有道理的。你们应该和我们一道去把日本占领的地方统一起来，把鬼子赶出去才是正经，何必总急急忙忙要来'统一'这块巴掌大的边区呢？大好河山沦于敌手，你们不急，你们不忙，而却急于攻边区，忙于打倒共产党，可痛也夫！可耻也夫！"[2]抗战以来，中国共产党这样指名道姓地公开质问国民党，并且直截了当地在批评中提到蒋介石的名字，还是第一次，但社论称这事发生在"中国抗日阵营内部"，还是留有余地的。

---

[1] 胡宗南著：《胡宗南先生日记》（上），台北："国史馆"，2015年版，第233页。
[2] 毛泽东著：《毛泽东选集》第3卷，北京：人民出版社，1991年版，第903、905页。

中共中央尽管在舆论上发动了猛烈攻势，在军事行动上依然十分谨慎，防止武装冲突扩大。第二天，中央书记处致电山东分局并告北方局："对友好者坚决团结之，对顽固而暂时尚未向我进攻者，则设法中立之，对向我进攻者则坚决反击之。这就是我们应对各派国民党军队之原则。"[1]

也是在13日，毛泽东致电彭德怀："我宣传闪击已收效，不但7日外国记者纷纷质问国民党中央宣传部长张道藩，而且引起英美苏各大使开会，警告蒋不得发动内战，否则将停止援助；延安的紧急动员也使蒋害怕，不得不改变计划，10日（注：事实上是9日）令胡停止行动，11日蒋、胡均复电致朱德表示并无进攻边区之意，12日胡宗南下令开始撤退一个师及两个军部（第一军及九十军），内战危机似可克服。"[2]

蒋介石完全打错了算盘，处于十分狼狈的境地。第三次反共高潮就这样在各方压力下被制止了。

事情看起来很奇怪：当世界反法西斯战争已处于走向胜利的转折时期，蒋介石为什么还要在此刻发动第三次反共高潮，并且还要采取军事行动？这是不是真的？可是，蒋介石

---

[1] 中共中央书记处致山东分局并告北方局电，1943年7月13日。
[2] 毛泽东致彭德怀电，1943年7月13日。

却有他的想法。这年8月25日，他在日记的"杂录"中写下了几段话："中共问题根本无消灭之法，但不能不有解决之方案。如果始终要用十军以上兵力，防止陕北之'匪区'，则不如先捣毁其延安巢穴，使之变成流寇，无立足预地为上策。肃清陕北整个之'匪区'以后，可以抽出十军兵力在后方各地，一面防范、一搜剿较为得计，以期各个击灭，分别肃清乃为对'共匪'惟一之计划，否则养痈遗患，更不可设想也。""总之，'共匪'根据地之延安，必须于德俄战争未了之前，与倭俄未确切妥协之时，更须于我对倭总反攻以前，从事肃清为要。过此则无此良机，如是'共匪'坐大，中国莫救矣。有'共匪'即无中国，有中国即无'共匪'，其理固甚明也。"[1]读了蒋介石这些话，前面提到的那些问题便一点也不令人奇怪了。

其实，蒋介石的盘算本来就只是一厢情愿。他在这次准备用来进攻陕甘宁边区的胡宗南部是他嫡系中的嫡系，所以长期把它放在西北监视中国共产党，并给它扩展实力创造种种条件，期望在需要时可以用它来一举打垮中国共产党。但长期不参与抗日实际作战的结果，换来的却是战斗力的减弱和丧失。即便用来进攻陕甘宁边区，也不可能解决他预期的目的。蒋介石在第二年日记中谈到胡宗南部

---

[1] 蒋介石日记(手稿本)，美国斯坦福大学胡佛研究所藏，1943年8月25日，杂录。

在豫西对日作战不力时写到过对胡宗南的失望:"本日胡宗南所部在宝鸡虢略镇之线,其师长擅自撤退,以致所有计划完全无效。宗南专在西北训练军队而未使用者五年之久,预备其在最后反攻之用,中外人士皆以此军为主力最坚强之部队,而此次败退之军队,尤为其中最精强者,今结果如此。……寸衷惭惶,实为从来所未有;而痛心怒愤,亦为从来所未有。"[1]其实,不用来抗日作战而放在后方专用以防共的军队,它的结果如此,势所必然,丝毫不足为奇。如果他们当时真向边区发动全面军事进攻的话,其结果同样可想而知。

8月30日和9月1日,回到延安的周恩来在中共中央政治局会议上做关于国民党统治区工作的报告。他说:"蒋的思想是极端的主观主义","对中共估计也常常估计错误"。"但他的行动是实际主义的,当他做不通时也常常会改变策略的。所以他的两面政策,虽有反共的基本方面,但一切问题都是采用两面政策的。"周恩来对蒋介石有着长期的了解,对蒋常充满矛盾的复杂性格的分析,确实是入木三分。

对今后的工作,周恩来说:"我们的口号是抗战、团结、进步:一、主张积极抗战,反对消极抗战。二、坚持团结,

---

[1]蒋介石日记(手稿本),美国斯坦福大学胡佛研究所藏,1944年6月10日。

不怕分裂。(林彪同志对蒋、胡说明我们不怕内战,内战起来对国党不利。)三、要求平等的合作。(蒋一贯要我们屈服于国民党,抗战初期要朱、毛出洋。蒋对林彪同志谈话时也说政治团体要集中起来。)四、要求真正的进步,反对落后倒退。五、对外援:要求争取外援,反对依靠外援。""对党内教育口号:争取好转,不忘逆转;争取合作,不忘突然事变的到来;争取工作的发展。"[1]

蒋介石这个时期仍在"两面政策"中摇摆不定:他的内心一直要消灭共产党,必欲置之死地而后快;但碰了钉子,或者发觉主客观条件不容许,又赶快缩回去,装出笑容,或改为虚声恫吓,伺机再干。读读他在7月、8月间的日记,就可以看到他这种内心独白。7月24日写道:"'共匪'既非仁义所能感化,则除武力之外,再无其他方法可循。如此只待其时而已。但时间未到,惟有十分隐忍,必以犯而不校之态度处之,不可小不忍以乱大谋。"[2]7月25日"上星期反省录":"对共党当乘机反驳与劝告,使其内部早日崩溃,使中共明了我中央宽大宗旨也。"[3]7月28日写道:"以后对

---

[1] 周恩来在中共中央政治局会议上的报告,1943年8月30日。
[2] 蒋介石日记(手稿本),美国斯坦福大学胡佛研究所藏,1943年7月24日。
[3] 同[2],1943年7月25日"上星期反省录"。

'共匪'方针只有促成其内部变乱,乃比用兵'进剿'之策略胜过千万矣。故对共除军事防范特图严密,其他一切皆应放宽为主。"[1]8月20日写道:"对'共匪'之计划,到此不能再事被动消极,顾忌太多。长此以往,则我愈迁就退让则'匪'更放肆猖獗,而且对倭寇、对美国、对俄国皆明目张胆暴露我内容、弱点无遗,复何掩饰之可能。如匪果有力作乱,则早已向我根据地进攻。此其声势如此凶横,尚不敢来犯,则可知其无力作乱,我亦有恃无恐。"[2]其实,他所说的共产党"不敢来犯""可见其不敢作乱",不过是中共顾全抗日战争大局、在斗争中始终坚持"有理、有利、有节"的原则罢了。蒋介石碰了大钉子,内心依然充满自大,一旦他认为时机有利,又会断然下手。以后的事实充分地证明了这一点。

在这段时间内,世界反法西斯战争的形势正急转直下:苏联红军继取得斯大林格勒大捷、迫使德军转入战略防御后,又取得库尔斯克战役的重大胜利,继续向西推进,德军正在节节败退;美、英军队登陆西西里岛取得全胜后,迫使意大利在9月初投降;太平洋战场上,美军在中途岛战役中给了

---

[1]蒋介石日记(手稿本),美国斯坦福大学胡佛研究所藏,1943年7月28日。
[2]同[1],1943年8月20日。

日本海军和空军以毁灭性打击。整个战争已胜利在望。

在这样一片大好形势下，蒋介石觉得胜利在即又跃跃欲试，想把反共问题提到重要的地位。他在8月31日"本月反省录"中写道："自本月战况之效果而论，我联盟国之胜利基础已经确立，而且最后击灭轴心与倭寇之期亦可如所预料，当不出明年之内也。自此我国受倭之危险虽未能完全祛除，然已减少大半。今后之问题全在对内之'共匪'如何肃清，国家统一之基业如何巩固，以及对外之俄英如何使之不再干涉我内政。此为我革命成败、国家兴亡之惟一关键。但'共匪'不灭，则对内对外之隐忧，皆不能消除也。故一切问题皆应集中于'剿共'一点，能不为之戒惧乎哉？"[1]

这些话把他的内心世界再一次说得一清二楚，随着世界反法西斯战争胜利在望，消灭共产党已成为他心目中的"惟一关键"，这个根本点他决不会有丝毫改变，但他没有公开说出来，只是写在日记本上。

蒋介石曾说要使俄英"不再干涉我内政"，其实对他起着最大制约作用的是美国。当时对日战争正在进行、日本

---

[1] 蒋介石日记（手稿本），美国斯坦福大学胡佛研究所藏，1943年8月31日"本月反省录"。

陆军主力仍集中在中国大陆。为了迫使日本法西斯势力投降，除了海上作战外，美军不得不考虑准备在中国登陆作战。如果没有中国军队全力以赴地对日军作战，美军在登陆后必将付出惨重的伤亡代价，这涉及它的重大国家利益，因此不能容许蒋介石在此时发动内战。而全国老百姓在国难深重时自然强烈地反对内战。国民党自身实力有限，内部又矛盾重重，这些都是蒋介石不能不考虑的因素。

他在9月10日的日记中写道："昨晚约集文武干部，检讨对共决议文，最后决将隔绝'匪区'与取消其军队名号之处分二点完全取消，以国际环境与战争局势尚非制裁之时机，故亦不加以处分，但将其'罪恶'仍全部声明以明功罪与是非也。"[1]可见他本来准备采取严密隔绝共产党领导的各抗日根据地和宣布取消八路军名义，新四军名义早已被他宣布取消了。这两项极端措施，但时机还不合适，只有再等待"时机"。

以后不久，美国副总统亨利·A.华莱士受罗斯福总统的委派，在1944年6月20日来到重庆。这是美国在战时访问中国的最高官员，蒋介石当然十分重视。第二天，华莱士拜会蒋介石。

据美国外交官戴维斯记载："他（注：指华莱士）说，

---

[1] 蒋介石日记（手稿本），美国斯坦福大学胡佛研究所藏，1943年9月10日。

罗斯福以为，由于国民党人和共产党人都是中国人，因而他们从根本上来说是朋友。""委员长断言，中国共产党人听从共产国际的命令。（注：一年多前共产国际早已解散，但蒋介石还是那样说。）中国民心不振和军队士气低落是共产党的宣传造成的。""在谈到国民党与共产党之间时断时续的谈判时，委员长说，国民党提出的建议是：拥护主席（蒋）、拥护政府。政府要求服从命令，把共产党军队纳入国军，把共产党控制的地区与国民党管辖的其它地区溶为一体。"根据罗斯福的要求，华莱士提出由美国向共产党领导的地区派出观察员小组，蒋介石"又要求美国对共产党持'冷淡'态度。他说，派观察员小组的事，'请不要急'。"戴维斯又写道："22日上午，华莱士和文森特催问派观察员小组的事，强调美国需要得到华北的军事情报，特别是与B-29的作战有用的情报。"[1]

由于这是美国副总统当面提出的要求并且又催问，蒋介石无法再固拒，只得在提出许多限制后同意美国对共产党领导的地区派出观察员小组。这样，蒋介石更难在此时单方面对中共采取重大军事行动，只能在表面上仍做些敷

---

[1] [美]约翰·佩顿·戴维斯著，罗清、赵仲强译：《抓住龙尾——戴维斯在华回忆录》，北京：商务印书馆，1996年版，第271、273页。

衍，继续扮演"两面"的角色。

国民党当局发动第三次反共高潮的行动虽然被制止，但这次事件留给中国共产党的印象实在太深。从此，国共两党的关系严重地恶化了。共产党对蒋介石的意图已看得十分明白，对蒋介石表里不一的两面手法也看得更加清楚，不再存多少希望。国共之间的谈判仍在继续进行。由于抗日战争仍在继续，蒋介石的行动仍受到国内外种种因素的制约，共产党依然力求保持国共合作抗日的局面，使它不致破裂。但已不再对这个翻手为云、覆手为雨的合作者有多少信任，更多的是时刻保持戒备。

事情就是如此。9月5日，胡宗南从西安到重庆参加国民党的五届十一中全会。他在当天日记中写道："委座召见，问对延安作战意见，当答以主力由宜川、洛川间，直取肤施（注：即延安），以一部攻取三边，然后包围而歼灭之。委座认为现时进攻，不甚相宜，因其有备也。"[1]这话讲得很明白，将共产党"包围而歼灭之"是他强烈的愿望，只是"现时进攻，不甚相宜，因其有备也"。如果共产党不时刻做好应对严重事变的戒备，那么这突然事变随时都会降临。这是摆在中国共产党面前的冷酷事实。

---

[1] 陈诚著：《陈诚先生日记》（一），台北："国史馆"，2015年版，第259页。

10月14日，毛泽东在西北局高干会上对当时的国共关系做了系统的阐述。他说："我们是不要破裂的，我们反对破裂，反对内战，过去如此，现在还是如此。""（蒋介石）外面说政治解决，骨子里实际准备打。蒋介石就会这样的表里不同的两套办法。我们同志中许多是老实人，看不清楚这两面手法。"但他并不是认为挽救和平与合作的希望一点没有了。他说："挽救破裂危机的可能性也有。英美苏反对中国内战，中国人民反对内战，再则国民党有许多困难，而最重要的因素，即是如果中国共产党有充分的准备，挽救危机的可能性是有的。"他提醒大家不要忘记大革命时期右倾错误造成的血的教训："使全党催眠了，在思想上、政治上、组织上毫无准备，而人家却有准备，结果大革命失败。这次我们有准备了，大地主大资产阶级即打来了，也赚不得钱。"[1]

毛泽东这段话讲得很完整，首先是"我们反对破裂，反对内战"，只要蒋介石还在抗日，只要"挽救破裂危机的可能性也有"，就要努力争取这种可能，力争局势继续有所缓和，同时也要做好应付坏的准备。根据中共中央的决定，中央宣传部致电各地党委："《解放日报》从10月6日

---

[1] 毛泽东在中共中央西北局高干会上的报告，1943年10月14日。

起，暂时停止登载揭露国民党的言论，以示缓和，看一看国民党是否有政治解决及缓和时局的趋向。"[1]中共中央还公开表示愿意恢复两党谈判。这为下一年5月林伯渠去西安、重庆谈判做了铺垫。

这次谈判和以前历次谈判有明显的不同。把蒋介石发动第三次反共高潮以后的谈判状况同它以前比较一下，不难看到政治气氛和人们心情已发生深刻变化。蒋介石一心考虑的是如何消灭共产党，等待的只是适当的时机，并不准备在谈判中解决什么问题。共产党也明白这一点，抱着高度戒备心态，但仍力争使局势多少有所缓和，减少磨擦，避免破裂。第三次反共高潮的军事行动虽然没有正式开始就被迫收场了，但它对国共关系留下的难以忘却的阴影是十分显然的。了解这一点，对真正理解以后（包括抗战胜利后初期）的国共谈判，十分重要。

---

[1] 中共中央宣传部致各中央局、中央分局并转各区党委电，1943年10月5日。

六、联合政府主张的提出

1944年，是国际国内局势都发生巨大变化的一年。变化的规模和速度超过人们的预期。苏联红军已解放全部国土并进入东欧各国。西方盟军在诺曼底登陆后，解放巴黎，向德国边界挺进。美国西太平洋的军队在占领塞班、关岛后，在菲律宾登陆。中国在敌后战场开始局部反攻。中美联军也在史迪威和郑洞国指挥下在缅甸北部胜利地发动反攻。世界反法西斯战争和中国抗日战争的胜利已经在望，战后中国的问题已更明显地提到人们面前。正是在这年下半年起，国共关系发展到一个新的阶段。

这年年初，中国国内局势还算平稳。2月4日，毛泽东致电留在重庆的董必武："观察今年大势，国共有协调之必要与可能，而协调之时机当在下半年或明年上半年。但今年上半年我们应做些工作，除延安报纸力避刺激国民党，并通令各根据地采谨慎步骤、力避由我启衅外，拟先派伯渠于春夏之交赴渝一行，恩来则准备于下半年赴渝。上月郭参谋（引者注：国民党派来的联络参谋郭仲容）见我，要求林（伯渠）、朱（德）、周（恩来）赴渝，我即以林、周可先后赴渝答之。""我并告郭：我党拥蒋抗战与拥蒋建国两项方针，始终不变。"[1]不需要重复说明的是：这两项方针当然以国民党当局不要悍然对共破裂为前提。六天后，毛泽东、彭德怀致电当时主持华北敌后抗战的邓小平、滕代远："敌有打通平汉路、进攻西北消息，蒋甚惧，欲以反共缓和之。去年七月间边区威胁，受到英美及国内责难，目前情势更不利于大张旗鼓反共。""延安正在筹备宪政，准备派林伯渠去重庆。"[2]

本来，罗斯福先曾通过史迪威转告蒋介石，要求允许美军向西北派遣代表团，理由是华北和东北是日军的主要集结地区，美军非常需要那里的情报。蒋介石没有表示同意。直到华莱士副总统访华，当面向蒋提出这个要求，蒋才不得不同意美军向延安派遣一个观察团。那就是由包瑞德上校担任指挥官、被称为"迪克西使团"的美军观察组。他们在延安驻了将近三年。

4月上旬，日军突然在河南发动大规模进攻，准备打

---

[1] 毛泽东致董必武电，1944年2月4日。
[2] 毛彭致邓滕电，1944年2月10日。

通平汉铁路。4月3日,毛泽东致电华中局、山东分局:"中原大战,国共有重新协调之望,已派林伯渠同志由延安赴渝谈判。我华中、山东各部务遵前令集中注意于对付敌伪,整训部队,发展生产,整顿三风及谨慎地清查特务,切勿刺激国民党,请通令所属知之。"[1] 5日,毛泽东、朱德、彭德怀又致电八路军在敌后的领导人,做了更明确的指示:"东条此项政策更加明显。因此日蒋冲突今年必更剧。故争取国内平静,准备拉蒋抗日,是目前政策中心。""除非顽部进攻,我可在自卫立场上打之,其具体作战,亦须取得中央同意。"[2] 可见中共中央当时对国共关系仍采取十分谨慎的态度,力求避免发生冲突,"准备拉蒋抗日",并且把它看作"目前政策中心"。林伯渠就是在这种情况下前去谈判的。

林伯渠是中共中央委员、陕甘宁边区政府主席。他又是孙中山领导的中国同盟会最早的会员之一,后来当过中国国民党中央执行委员会常务委员兼农民部长、国民革命军第六军(军长为程潜)党代表兼政治部主任,在国民党内有过很高的资望。派他去重庆谈判,是很适当的。

4月6日,胡宗南向蒋介石报告:林伯渠将在12日从

---

[1] 毛泽东致华中局、山东分局电,1944年4月3日。
[2] 毛、朱、彭致罗、黎、萧、李并告滕、邓电,1944年4月5日。

延安启程赴西安、重庆。但蒋介石这时正关注日军在河南的进攻和新疆问题,而且他对这次谈判本不重视,并没有进行什么研究。到 21 日才决定派张治中、王世杰为代表,飞西安同林伯渠谈判。王世杰对谈判从一开始就没有信心,认为谈判不会解决什么问题。他在当天日记中写道:"予曾面告何部长,此次商议开议后,如完全无结果,对外将表现无'政治解决'之能力,在宣传上也不合算。"他在去西安同林伯渠见面的上一天,在日记中这样说:"予对于赴西安与中共代表磋商解决之任务甚觉无把握,但仍愿作严重之尝试。"[1]

5 月 4 日,双方在西安开始商谈。王世杰在日记中记录道:"予等询中共对于解决目前僵局之方案。彼谓彼并未带有新方案,彼等之意见已由周恩来、林彪于去岁提出,迄未经蒋先生批复。彼愿政府对该方案予以答复。予等当嘱其电延安问毛泽东等有无新意见。"[2]他们既然还没有对周、林过去已经提出的方案做出任何答复,更没有对他们自己所谓"政治解决"提出什么具体方案,事实上对谈判并没有什么准备。这样的谈判,从一开始就注定不会有什么结果。

---

[1] 王世杰著:《王世杰日记》第 4 册(手稿本),台北:"中央研究院"近代史研究所,1990 年影印,第 294、301 页。

[2] 同[1],第 303 页。

谈判中，你来我往也有不少回合，但国民党不过是做个样子给外人看看，表示他们也在致力于"政治解决"，并没有准备解决什么问题，不过说了些废话，那不值得用很多篇幅去细细叙述它了。

既然谈判已陷入僵局，对方又问有没有"新意见"，林伯渠三次致电中共中央请示。毛泽东在15日复电："王、张既屡求我方提具体意见，故决提全国者三条，两党者十七条，明日由军政电台发来。请备公函交给王、张。"这两方面意见，合起来共二十条。"为顾及彼方面子，谈判公文暂勿向外发表，但在判明彼方毫无诚意时，准备向外发表。"所提具体意见中，比较重要的有："军队决不能少于五军十六师，徐向前同志必须编一军，边区必须编一师，林案（注：指林彪一年前所提方案）四军十二师已不适用。再则全军四十七万均愿受政府指挥，应编十六军四十七师（注：这是说按照共产党领导的实际兵力本来应该编成十六军，现在只提出编五个军已是最低要求），此点亦应提到。""边区应正名为陕甘宁边区，以符实际。可设行政公署，人员民选，政府加委，直属行政院，其他地区仿此。"[1]这是应对方一再要求中共提具体意见，又根据发展了的实际情况提出来的。

[1] 毛泽东致必武转伯渠电，1944年5月15日。

几天后，毛泽东在中共六届七中全会第一次会议（七中全会举行的时间很长，从这时起直到七大召开才结束，前后将近一年，开过多次会议。）上说：蒋介石"对共产党及其他许多政策都徘徊犹豫，表里不一"。对林伯渠此次谈判的结局，他做了这样的判断："前途不外两个：一仍是拖；一是解决部分问题：如军队问题、边区问题、防地问题、国民党在个别地点办党办报问题。他们如决心解决这四条，我们应准备接受，向全国表示我们愿搞好。"[1] 可见中共中央仍是力求通过谈判"解决部分问题"的，但也预见到前途可能"仍是拖"。

林伯渠正从西安前往重庆途中，没有及时收到毛泽东15日这份电报。直到22日才由林伯渠将二十条意见删去关于全国性的三条后交给王世杰、张治中。这事本来是应王、张两人一再嘱林伯渠"电延安问毛泽东等有无新意见"而提出来的，现在毛泽东的新意见送来了，他们又责怪中国共产党又提出新的要求，"对彼所提十七条款拒绝接受"。[2] 这样，谈判很难继续谈下去了。

第二天，林伯渠、董必武、王若飞致电毛泽东。电报

---

[1] 毛泽东在中共六届七中全会第一次会议上的工作报告，1944年5月21日。
[2] 王世杰著：《王世杰日记》第4册（手稿本），台北："中央研究院"近代史研究所，1990年影印，第318页。

分析目前形势，指出蒋介石现时存在着日益严重的困难：第一，河南战争失败；第二，英美舆论对共的同情与对国的抨击日益增加；第三，财政经济上的无办法，通货膨胀，负担太重，人民不能忍受；第四，对共党无办法，想打又不敢打；第五，国民党内部各派、军队中各个人中间的倾轧，离心离德。"蒋在目前对这种情况相当恐慌，曾在国党中央内表示要改变办法，实行民主，来缓和各方。"对谈判方针，电报说："我们从延安出发前的一些估计，必须随情况的改变而改变了。争取和平已不成基本问题，林彪同志过去提案已不适合今天情况。""我们完全同意中央所提二十条每条的精神"，"昨天将此文件交给张、王，虽然张、王坚决拒绝接受转递给蒋，但一定会向蒋报告的。估计蒋会咆哮起来，会逢人骂我，说我无诚意。但客观形势，使他仍不敢公开和我决裂，更不能打我。新的麻烦是会有的，我们早准备了。我们早就确定问题的解决还要拖一个时间"。[1] 他们把文件中的十七条意见又归并为九条。6月3日，毛泽东复电："完全同意你们对时局的估计与对谈判的方针，你们的意见和我们是一致的。""修正文件虽然去掉八条，但主要内容未变，又可借此重开谈判。如再不接收，则曲在

---

[1]《林伯渠文集》编辑组编：《林伯渠文集》，北京：华艺出版社，1996年版，第403、404页。

彼方。那时准备由延安用电报拍给蒋。"[1]在这种拖延不决的情况下，周恩来自然没有必要继林伯渠再前往重庆了。29日，中共中央六届七中全会决定："由周、林在延安、重庆同时发表谈话，声明谈判距离尚远，但可继续谈。"[2]

因为蒋介石和国民党当局根本不想在谈判中解决什么问题，也没有什么准备，谈判虽然继续花了不少时间，并没有什么成果可言。

蒋介石没有想到的是：客观形势接着发生了重大变化。在国民党军队为主体的正面战场上，4月间开始的河南战役出现塌方式溃败，激起民众强烈愤慨。国民党中统局河南调查统计室给局本部的报告说："敌人由中牟渡河时只XX人，我豫东之河防部队则不战而逃。其后，郑州、新郑、长葛、洧川等县亦无抗拒。""我军闻风而退。每退一地，即宣布为军事区域，强迫所有富户外逃，而掠其所有财物。""此战表面看很大，可是实际很少见到伤兵，一般人无不认为奇耻。"[3]

河南正面战场的最高指挥官是第一战区副司令长官汤

---

[1] 毛泽东致林伯渠、董必武、王若飞电，1944年6月3日。
[2] 中共中央六届七中全会主席团会议记录，1944年6月29日。
[3] 国民党中央执行委员会调查统计局河南调统室给局本部的报告，1944年5月12日。

恩伯。他是最得蒋介石信任的嫡系高级将领之一，抗战初期在南口、台儿庄还有过一些战功。但长期驻守河南、被称为"中原王"后，兵力急速膨胀，却极端腐败，失尽民心，在日军进攻面前一败涂地。第一战区司令长官蒋鼎文说："汤部完全溃散，汤仅光棍一条。"[1]

董必武在一次报告中说："汤恩伯统率四个集团军约有三十万人，连所编的游击队则不下六十万人之众，力量不为不大。但敌人一来，他竟不战而退，个把月时间失地三十县以上，人民涂炭。"为什么呢？"汤（恩伯）在河南一向被目为水旱蝗汤四灾之一。在河南两年大饥馑以后，汤军却借政府叫他代购军粮为名，横征暴敛。汤部下军官与奸商勾结，大做生意，资本有多至几万美元者，保护走私，掠夺当地人民的工厂矿山，据为己有。因为执行政府反共命令，到处捕捉无辜青年，不加审讯，随便枪毙。河南战事起来之后，汤不图抵抗，却急急调用军车，护送家眷搬用财货。这种情形，使士兵非常痛愤，根本不愿作战。"[2]

蒋介石派去视察陕豫战况的陈诚，在5月21日日记中写道："检讨此次河南战役失败之原因，总括之，答有数端：

---

[1] 陈诚著：《陈诚先生日记》（一），台北："国史馆"，2015年版，第538页。
[2] 中央统战部、中央档案馆编：《中共中央抗日民族统一战线文件选编》（下），北京：档案出版社，1986年版，第755、756页。

一、军人经商,走私包运,驻军可称贸易军。二、各自为政,互不协和,计有以下六不和,将帅不和,官兵不和,军政不和,军民不和,军民不和,官兵不和(注:原文如此,后两'不和'重复)。三、各有分野,互不侵犯,计有三不犯:敌不犯我,我不犯敌,军民不犯,数年涣散,已濒崩溃,故敌人进攻,则无法收拾矣。"[1]

23日,陈诚在日记中又写道:"现我国军队之不能作战,全国皆然,第一战区不过先行暴露弱点,其余之不能作战,所持者是敌未来耳。政治亦然,如中央无办法,无论战区或地方都无办法。"[2]当然,他所说的"中国军队",指的只是国民党的许多将领。

果然,河南战局的惨败竟很快又发展成豫湘桂大溃退。

豫湘桂大溃退是日本侵略者实行"一号作战"计划而出现的。日军发动这场攻势的目的有两个:一个是打通平汉铁路、粤汉铁路和湘桂铁路,以贯通从中国东北到越南的大陆运输线,支持日军在南方的作战;另一个是摧毁设立在湖南和广西的盟国空军基地,阻挠盟军空军对日本本土的大规模轰炸。这不是由于日本兵力突然有了大幅度增

---

[1] 陈诚著:《陈诚先生日记》(一),台北:"国史馆",2015年版,第552页。
[2] 同[1],第555、556页。

强,实际上只是日本侵略者在失败前的垂死挣扎。

在这场大溃退中,日本侵略军以50万兵力在短短八个月内先后攻占郑州、洛阳、长沙、衡阳、桂林、南宁等重要城市,占地20万平方公里。这里有着大片富饶的粮食产地,有着大后方近三分之一的工矿企业。这对大后方经济带来沉重打击。更悲惨的是,在这块国土上居住着6000多万中国人,陷于日本侵略军的铁蹄之下。战火燃及的地方,到处是焚烧、掠夺、流血和死亡。从湘桂到四川的崎岖山路上挤满了弃家流亡的难民。"男女老幼汇成一股大人流,随着失陷地区的扩大,敌军的深入,愈来愈多,简直变成了一股大洪水,人数总在五十万以上。""入夜天冷,大家烧火取暖,到处一堆一堆的野火,夹着老弱病人的痛苦呻吟和小儿女啼饥号寒的悲声!"一个身历其境的国民党高级将领写道:"黔桂路上这一股难胞的大洪水,无疑将被史家引为我们在大陆失却民心的例证吧!"[1]重庆街头上大量难民在寒风中席地而卧。这种凄惨情景对大后方其他地区人民的强烈刺激不言而喻。他们不能不想到这也许是等待着自己的命运。日军前锋在12月2日直达贵州独山,控制

---

[1] 孙元良著:《亿万光年中的一瞬——孙元良回忆录(1904—1949)》,台北:时英出版社,2008年版,第282、283、285页。

了黔桂铁路的末端，重庆陷入严重恐慌中。

　　蒋介石在6月13日日记中已写道："潼关危急，湘战正烈，实为战局最不利之一日。"7月24日日记："召见二十余人，所见所闻皆为败象坏事。"[1]徐永昌在8月25日日记中写道："敬之迩来每遇不合理事，辄加慨叹曰：我看要亡国。"9月13日日记："人人言：我国兵好官不好。"9月30日日记："近来由于舆论之恶孔（祥熙）及军事责何（应钦）之日甚，更有讥骂二陈（注：陈果夫、陈立夫）者。外报因亦有必去孔、何、二陈，中国乃能言改革之言论。日来议者以为蒋先生若不能去诸子，其自身亦不能见谅于国人云。"[2]王世杰在11月30日日记中写道："予日前询何部长（应钦），黔省是否危险？彼云敌不至西进。又询张文伯（注：张治中）。彼云：'敌来则不可守，敌不来则可守。'"[3]

　　虽然中国军队在缅甸北部极端艰苦的环境中作战，取得重大胜利，受到人们的尊敬，但中国战场出现这样的溃退极大地震动了全国。大后方人心受到强烈刺激，对国民党当局的看法和态度发生巨大变化。这是抗战开始以来不曾有过的。

---

[1] 蒋介石日记（手稿本），美国斯坦福大学胡佛研究所藏，1944年6月13日、7月24日。
[2] 徐永昌著：《徐永昌日记》第7册（手稿本），台北："中央研究院"近代史研究所，1991年影印，第418、432、447页。
[3] 王世杰著：《王世杰日记》第4册（手稿本），台北："中央研究院"近代史研究所，1990年影印，第458页。

战时政府，因为大敌当前，一般比较容易取得民众的谅解和支持。大后方人们最不满意的是物价飞涨、豪门资本大发"国难财"和特务的横行不法、为所欲为，但那是一点一点发展起来的，不少人已习以为常，期望能在抗战胜利后改变这种状况。而人们在战时最关心的莫过于军事问题，军事的大溃退是令人最不能容忍的。这种失败是国民党当局政治、经济、社会等种种弊端的集中表现。当时，世界反法西斯战争正在节节胜利，捷报频传，德、日法西斯势力的灭亡已指日可待。在这个时刻，中国战场上发生那样的大溃退，使人们格外觉得难以忍受。一向比较偏袒政府的《大公报》在1945年元旦社论中痛心地说："就全战局看来，的确胜利纷纷，但胜利却不在我们这一角；的确反攻处处，除缅北与滇西外，而反攻大致也不在我们的战场。尤其是去年这一年。当去年今日的献岁之始，谁不希望重重，以为必可反攻，必可胜利？但在今天回想起来，去年这一年的经过，实在不能不令人愧悚万分。""到处胜利纷纷，而我们独败；世界反侵略战大大好转，而我们反濒临危机。这半年，太现实了；这经验，太可贵了。"[1]

于是，大后方人们不满国民党一党专政、要求民主的

---

[1]《今年应为新生之年》,《大公报》1945年1月1日社论。

呼声以前所未有的规模高涨起来。昆明、成都、重庆等地的民主人士、大学教授、作家、青年学生等纷纷集会,发表宣言,要求民主,力挽危局。西南联大教授吴晗在时事座谈会上说:"一切重要的焦点在政治,不在军事。"[1]中国民主同盟主席张澜发表谈话说:"政治问题是整个的,要是枝枝节节地说,枝枝节节地去做,这不是解决问题的态度,乃是应付的态度。这种态度,应为我们所不取,因为这只是枉费精力。""归根结蒂,关键是在民主,只有民主是中国唯一的道路,只有实行民主才是国家人民之福。"[2]

与此形成明显对照的是:在共产党领导的抗日民主根据地,经过整风运动、大生产运动、减租减息、实行"三三制"政权机构和精兵简政后,度过了前两年的困难局面,出现了一派生气勃勃、欣欣向荣的新局面。八路军、新四军和民兵创造出许多有效的歼敌方法,如麻雀战、地道战、地雷战、破袭战、水上游击队、武装工作队等,灵活有力地打击日本侵略者。延安《解放日报》在1944年年底做了这样的总结性报道:"根据一年不完全的统计,一年来我军对敌大小战斗两万余次,毙伤敌伪22万余名,俘获敌伪3万余名。""收复县城16个,攻入县城47个,克服据点

---

[1]《新华日报》,1944年9月1日。
[2] 龙显昭主编,四川师范学院《张澜文集》编辑组编:《张澜文集》,成都:四川教育出版社,1991年版,第202页。

碉堡五千余处，光复国土8万余平方公里，解放同胞1200万。""由于一年来斗争胜利的结果，我们的正规军由过去的47万，增加到现在的65万，民兵由200万增加到220万，解放区的人口由过去的8000万增加到现在的9200万。这就大大增强了我们的反攻力量。"[1]

当正面战场出现豫湘桂大溃退的时候，中共中央在1944年10月组织了一支5000人的南下支队，在王震、王首道率领下，从延安出发，经过山西、河南、湖北，抢渡长江，直插湖南，从背后向南下的日军进攻。

光靠共产党自己的报道当然不够，容易被看作只是一种宣传。更多的人还想看到第三者的观察结果。以往共产党领导的抗日根据地或者远处敌后，或者受到国民党当局严密封锁，大后方许多人不容易了解它的具体状况。这时，在内外各方面的压力下，国民党当局不得不允许中外记者西北参观团21人到这些根据地采访，其中包括来自美联社、合众社、美国《时代》杂志等六名外国记者。1944年6月9日，他们到了延安，有些人还到了晋西北等根据地考察。这些记者所写的大量报道和评论，在大后方和国外一些报刊上陆续发表，引起了广泛的注意。

---

[1]《敌后战场伟大胜利的第一年》，《解放日报》1944年12月31日。

美国《纽约时报》记者福尔曼在延安和晋绥抗日根据地进行了六个月的长期采访后,写出一本《来自红色中国的报告》。他一开始就说明:"我们新闻记者多半既不是共产主义者,也不是共产主义的同情者。"在描述了大量他亲眼看到的事实后写道:"凡见到过八路军的都不会怀疑他们,他们所以能以缴获的武器或简陋的武器坚持作战,就是因为他们与人民站在一起。""在延安他们把战果告诉我们,我真不敢相信。但当我和八路军在敌后共同作战两个月后——真正地去占领这些据点和碉堡,我所见到的一切证明共产党的叙述并无夸大。"[1]

《新民报》记者赵超构所写的《延安一月》在大后方出版以及黄炎培在同其他五位参政员访问延安五天归来后所写的《延安归来》,也产生了很大影响。

这些报道和评论使大后方许多人看到了一个过去并不了解的天地,使他们感到耳目一新,对中国的未来产生新的希望。

全民族抗战开始时,蒋介石只是想"收编"共产党领导的军队。只有事实,对人们最有说服力。到这时,在众

---

[1] [美]哈里逊·福尔曼著,熊建华译:《来自红色中国的报告》,北京:解放军出版社,1985年版,第1、67、115页。

多人们的心目中，国共两党已是可以分庭抗礼的两大党了。

1944年出现的是大后方人心的大变动，是一个有着全局意义的拐点。中共正在考虑的成立联合政府的要求作为民众的呼声已呼之欲出。

这种人心大变动，直接导致国共关系的变化。林伯渠刚到重庆进行国共谈判时，争论最多的还是军队的编制和数量、陕甘宁边区政府管辖范围和敌后抗日民主根据地的政权等问题。这些问题当然十分重要，因为它涉及军队和政权这些国共关系中的关键问题，但所谈的毕竟还是一些比较具体的事情，还没有能提出结束一党专政、成立联合政府这样的全局性问题来。这时，国内民众中结束一党专政的呼声已日益高涨；美国政府因日本陆军大半集中在中国，而国民党军队在豫湘桂如此大溃退，也在考虑推动中国成立联合政府，以便有更多兵力与在华日军作战。

它的结果，国共之间的谈判不仅有第三方面的民主人士参加，以后还有外国人参与；同时，谈判是公开的。这是和过去谈判不同之处，是一个新的阶段。周恩来说："这个谈判有一个中心，就是我们提出成立民主的联合政府，而国民党要继续一党专制的政府。"[1]

---

[1]《周恩来选集》编委会编：《周恩来选集》（上卷），北京：人民出版社，1980年版，第204页。

1944年9月1日,毛泽东在中共六届七中全会主席团会议上说:"提出各党派组成真正的国民政府是否已成熟?各小党派是需要的。""美国有训令给(驻华大使)高思,要促成中国的联合政府。谢(伟思)问我们口气:如何实现?我说:召集各党派代表会,成立联合政府,共同抗日,将来建国。"毛泽东接着又说:"打不打共产党?一定要打是蒋的愿望,可能不打是五个条件(美、日、共党、人民及国民党内部)。我们的政策,也放在争取不打、争取国民党变上。""联合政府,三条政纲,可在答复张(治中)、王(世杰)时提出。"[1]毛泽东不久后还做了说明:"联合政府是具体纲领,这个口号好久未想出来,不易。这是由于国民党溃退、欧洲联合政府、国民党说我们讲民主不着边际三者而来的。口号一出,重庆如获至宝,人人拥护,没料到。"[2]

1944年9月5日至18日,国民参政会三届三次会议在重庆召开。国民参政会本来只是一个咨询性机构,没有任何权力可言。它的成员由国民党当局指定,大多是国民党方面的人。但毕竟还有一些其他方面有社会影响的人参加。这一次会议上,许多参政员受到豫湘桂大溃退的强烈刺激

---

[1]毛泽东在中共六届七中全会主席团会议上的发言,1944年9月1日。
[2]毛泽东在中共中央六届七中全会上的发言,1945年3月31日。

（那时日军还没有大举进入广西），群情激愤。特别是汤恩伯率领四个集团军约20万人，不战而失地30县以上，却只受到撤职留任的名义上的处分，更引起公愤。"河南参政员、国民党员徐炳昶老先生说：'对汤恩伯的如此处置，我死也不甘心。如果当局肯枪毙汤，我情愿陪他同死。'郭仲隗老先生特意由河南赶来开会，说'汤恩伯无恶不作，见敌即逃，如不枪毙实无天理'。"[1]

这次参政会上提出了一个大问题：国共关系问题。以前，国民党一直希图把国共谈判情况对外隐瞒起来，以便他们单方面向社会进行宣传。这时，国际国内形势逼着它将谈判情况公开出来。会上，由林伯渠和张治中分别代表国共双方做了《关于国共谈判》的报告。林伯渠报告中响亮地提出了结束一党专政、成立联合政府的主张。他说："现在唯一挽救时局的办法，就是要求国民政府与国民党立即结束一党专政的局面，由现在的国民政府，立即召集全国各抗日党派、各抗日部队、各地方政府、各民众团体的代表，开紧急国是会议，成立各党派联合政府，并由这个政府宣布并实行关于彻底改革军事、政治、经济、文化各方面的新政策。"[2]

---

[1]《董必武文集》编辑组编:《董必武统一战线文集》，北京：法律出版社，1990年版，第210页。

[2]《林伯渠文集》编辑组编:《林伯渠文集》，北京：华艺出版社，1996年版，第421页。

"联合政府"的主张一提出,立刻引起极大的轰动。《大公报》报道说:"昨日上午国民参政会的两次公开大会,呈现了自该会成立以来的未有的盛况。所有报到的参政员大致全体出席,旁听席都坐满了,又在隙地加凳,还有坐不下的就站着听。"[1]连蒋介石第二天到会报告时也说:"我觉得林(伯渠)参政员昨天在会场的报告,其观点与主张如何,姑不具论,但其态度甚好,我甚为佩服。"[2]会后,国民党中央宣传部的许孝炎特别嘱咐各新闻部门:"关于联合政府的问题,千万不要见报。"中央通讯社在报道中将林伯渠这段话全部删去。但9月17日的《新华日报》上全文发表了这个报告。"报纸贴在街上,围看的人很多。报纸多销了几千份。"[3]外国记者也纷纷向海外发出新闻稿,产生了广泛的影响。

毛泽东在中共中央一次会议上说:"现在对拥蒋、拥政、四项诺言都继续。但如何拥法?要在民主之下来统一。现在时机成熟,时局变得很快,过去只是未料到如此之快。"[4]

为什么中国共产党采取在国民参政会大会上报告这种

---

[1]《中共问题之公开,民主统一的进步》,《大公报》,1944年9月16日社评。
[2] 重庆市政协文史资料研究委员会、中共重庆市委党校编:《国民参政会纪实》(下卷),重庆:重庆出版社,1985年版,第1372页。
[3] 毛泽东在中央党校向去前方干部的报告,1944年10月25日。
[4] 毛泽东在中共六届七中全会主席团会议上的发言,1944年9月22日。

方式来提出"联合政府"的主张？董必武做了说明："我们如想将召集国是会议改组政府的主张，用提案方式提出是不可能的，因为没有人敢联署。如在会议外提出，国民党又会污蔑说我们阴谋要夺取它的政权。因此我们对时局的方针，在会上用报告的方式提出最恰当。"[1]

"联合政府"的主张树起了一面鲜明的旗帜，它抓住了当时国共关系甚至中国发展前途的核心问题，在社会上激起巨大反响。在这以前，不可能提出这样的主张。即便提出，也不能得到如此多人的支持。它是历史一步一步发展的结果，使抗战时期的国共关系进入一个新的阶段。

蒋介石明白：联合政府的主张是针对国民党的一党专政提出来的，并且正在得到越来越多中间派人士的同情和支持，这是他无论如何也不允许的。于是，实行联合政府还是坚持国民党一党专政，便成为时局中万众瞩目的焦点。

这以后，还有一段插曲。

太平洋战争爆发后，美国的对华政策在国共关系的发展中有着不可忽视的影响。鉴于日军对中国正面战场的猛烈进攻和国民党军队的溃退，罗斯福总统在7月6日给蒋介石发来长电说："日本人在华中的进攻导致了极其严重的

---

[1]《董必武文集》编辑组编：《董必武统一战线文集》，北京：法律出版社，1990年版，第215页。

局势。这种局势不仅威胁着你的政府，而且威胁着美国军队在中国建立的一切。它使我得出这样的结论，即如果要挽救局势，就必须采取断然措施。我认为，目前的局势要求委派一人，授以协调包括共产党军队在内的盟国在华全部军事力量的权力。"[1]他心目中的人，就是史迪威。

7月22日，根据华莱士副总统要求派出的美国军事观察组到达延安。28日，观察组第一批成员中担任过史迪威政治顾问的谢伟思送出第一份报告写道："我们全组成员都有相同的感觉：我们来到了一个不同的国家，碰到了不同的人。""人们不能不得到一种感觉，这一运动是强大和成功的，它后面有某种动力，而且它把自己和人民联系得如此密切，因而将不会被轻而易举扼杀掉。"[2]这些看法并没有被美国政府所接受。

其实，蒋介石的决心已定。他在8月11日的日记中斩钉截铁地写道："如余健在一天，则国家必有一日之前途。'共匪'虽有国际背景与神秘之阴谋，彼亦终无出路之一日，不必过于忧患，只须忍辱待机。若至不得已时，惟有以快

---

[1] [美]约翰·斯图尔特·谢伟思著，王益、王昭明译：《美国对华政策（1944—1945）》，北京：中国社会科学出版社，1989年版，第70页。

[2] [美]约瑟夫·W.埃谢里克编著，罗清、赵仲强译：《在中国失掉的机会》，北京：国际文化出版公司，1989年版，第181、184、185页。

刀斩乱麻处之。否则，余若一经悲观忧世，甚至有一死报国之念，则国家人民必沦胥以亡，徒使'共匪'与敌寇阴谋得逞已焉。"[1]

美国驻华大使高思还做过一些毫无成效的工作。戴维斯写道：他"小心翼翼地先是向外交部长宋子文、嗣后又于8月30日向蒋提出一项建议，请委员长'吸收其他各团体或党派的有资格代表参加政府'。蒋敷衍塞责回答道，建议值得研究。很清楚，他一心想的是使共产党人就范，而不是想和解"。"蒋还抱怨说，自从美军观察组成员到达延安之后，共产党人一天天傲慢起来了。美国政府应该通过美军观察组，告诫他们要服从国民政府。"[2]

那年9月6日，曾经担任美国陆军部长的赫尔利少将作为美国总统特使来到中国。他在一份电报中概括自己来华使命是："一、防止国民政府崩溃；二、支持蒋介石任共和国总统和军队统帅；三、协调委员长与美军指挥官的关系；四、促进中国战争物资的生产和防止经济崩溃；五、为打败日本统一所有中国军队。"[3] 其中最重要的是"支持蒋介

---

[1] 蒋介石日记（手稿本），美国斯坦福大学胡佛研究所藏，1944年8月11日。
[2] [美]约翰·佩顿·戴维斯著，罗清、赵仲强译：《抓住龙尾——戴维斯在华回忆录》，北京：商务印书馆，1996年版，第293、294页。
[3] 《抗战后期国共谈判资料（上）——赫尔利使华报告选译》，《党史通讯》1984年第7期，第45页。

石"和"统一所有中国军队"这两条。这是美国政府当时对华政策的要点所在。中国正面战场上出现如此严重的大溃退，使美国政府推行这种政策的心情更加急迫。

随着豫湘桂的大溃退，史迪威同蒋介石的矛盾也更趋尖锐。8月29日，谢伟思从延安写了个报告给史迪威（有个副本同时送高思大使），建议："有理由把美国的军事援助扩大给予中国共产党军队。"[1] 9月15日，也就是林伯渠在国民参政会上公开提出成立联合政府的主张那天，蒋介石又一次同史迪威发生激烈争吵。高思企图提出一个比较温和的主张。他后来说："在发生危机的时候，组成全民政府是常常采用的办法；但我的建议并未设想立即改组政府，而是打算建立一个有其他政党和集团的军政领导人参加的军事委员会，参与解决目前局势中存在的问题并分担责任。"[2] 但这样的主张也不能被蒋介石接受。24日，蒋介石告诉赫尔利，坚决要求美国召回史迪威，并且给了他一份书面的备忘录，表示绝无调和余地。赫尔利向罗斯福表示："在研究了中国的形势之后，我确信现有中国领导人中没有谁能够赶得上蒋介石提供与你合作的基础。""蒋介石和史

---

[1] [美]约瑟夫·W.埃谢里克编著，罗清、赵仲强译：《在中国失掉的机会》，北京：国际文化出版公司，1989年版，第279页。

[2] [美]约翰·斯图尔特·谢伟思著，王益、王昭明译：《美国对华政策（1944-1945）》，北京：中国社会科学出版社，1989年版，第83页。

迪威基本上是不相容的。今天你正面临着在蒋介石和史迪威之间作出抉择。"[1]10月5日，罗斯福终于复电，解除史迪威的中国战区参谋长和驻华美军总司令的职务。11月1日，高思辞去美国驻华大使之职。美国政府任命赫尔利为驻华大使。这样，赫尔利便成为美国政府在华的主要代表。

11月7日，赫尔利从重庆飞延安，同毛泽东、周恩来、朱德会谈。他这次去十分突然，中共中央事先一无所知。他到后立刻提出一份他起草的协定草案。草案中前两条是："一、中国政府与中国共产党，将共同工作，来统一在中国的一切军事力量，以便迅速击败日本与重建中国。二、中国共产党军队将遵守与执行中央政府及其军事委员会的命令。"第四条中写道："在中国，将只有一个国民政府和一个军队。"这反映了美国政府在华政策的要求，但也有一部分是中国共产党能够接受的。毛泽东等同赫尔利进行了四次会谈，还举行中共六届七中全会全体会议进行讨论。经过讨论，提出经过修改的协定草案，头两条是："一、中国政府、中国国民党与中国共产党应共同工作，统一中国一切军事力量，以便迅速击败日本与重建中国。二、现在的国民政府应改组为包含所有抗日党派与无党无派政治人物的代表的联合国民政

---

[1][美]约翰·佩顿·戴维斯著，罗清、赵仲强译：《抓住龙尾——戴维斯在华回忆录》，北京：商务印书馆，1996年版，第312页。

府，并颁布及实行用以改革军事政治经济文化的新民主政策，同时军事委员会应改组为由所有抗日军队代表所组成的联合军事委员会。"第四条改为"所有抗日军队应遵守和执行联合国民政府及其联合军事委员会的命令，并应为这个政府及其军事委员会所承认，由联合国得来的物资应被公平分配"。[1]

赫尔利去延安时，主要目的是寻求能同共产党达成一项协议，"以便统一中国的军事力量"共同作战。他从西方的习惯来看，以为用一些"民主""联合政府"之类的词句无关紧要，因而表示同意。10日，毛泽东和赫尔利在这个协定文件上签字（赫尔利是作为证人签字的），还留下给蒋介石签字的空白位置。当天，赫尔利和周恩来同机离开延安，飞往重庆。

中共中央早就预料，蒋介石决不会同意这个协定，因为他在权力问题上历来是寸步不让的，更不允许其他人有同他平起平坐的地位，这是涉及他的"命根子"的问题。果然，蒋介石看到后勃然大怒，在日记中写道："余初认为赫尔利之经验与老成，与中共交涉，必不如其他知识浅薄者流，易为共党所诱惑，殊不知竟大谬不然。尤其将毛

---

[1]《中国国民政府、中国国民党与中国共产党协定》，1944年11月10日。

泽东所要求之条件签字后，竟将其携回也。"[1]他随即找赫尔利谈话，拒绝这个协定。赫尔利立刻背弃在延安时做出的承诺，同意蒋介石的意见。11月21日，完全改变了态度的赫尔利将蒋介石的三条意见转交给周恩来。它的要点是：一、国民政府"先将共产党军队加以整编"，"并承认中国共产党为合法政党"。二、中共应"将其一切军队移交军事委员会管辖。国民政府并指派中共将领以委员资格参加军事委员会"。三、国民政府之目标即为实现三民主义。[2]这三条反建议完全是站在坚持国民党一党专政的立场上的，要共产党把军队交出来，然后给你几个装点门面而无权的委员名额。周恩来看后立刻问赫尔利：蒋介石对联合政府的态度如何？赫尔利回答：啊，这件事情已经过去了。这样，周恩来继续留在重庆谈判已毫无意义，不可能取得任何结果，便在12月7日返回延安。

但中共中央仍没有把国共谈判的大门关死。1945年1月24日，周恩来再次应赫尔利电邀，重赴重庆。他向赫尔利、宋子文、王世杰声明：如不取消一党专政，任何形式的组织，中共不参加；只有召开党派会议，成立联合政府，才

---

[1] 蒋介石日记（手稿本），美国斯坦福大学胡佛研究所藏，1944年11月11日。
[2] 秦孝仪总编纂：《蒋介石大事长编初稿》卷5（下册），台北：国民党中央党史委员会，1978年10月版，第641、642页。

能解决问题。他又提出一个过渡的方案：可以采取一个准备的步骤，先开一个各党各派的会议，就是国民党、共产党、民主同盟和无党无派分子的代表人物的会议，来讨论如何改组国民政府成为联合政府，如何起草共同纲领，如何废止一党专政。2月13日，周恩来由赫尔利陪同去见蒋介石。蒋介石竟说："联合政府是推翻政府，党派会议是分赃会议。"[1]这就丝毫不留余地地把门关死，再也无法谈下去了，谈判毫无结果。26日，周恩来飞返延安。

这一回合的谈判，因为蒋介石自大而顽固的态度，就搁浅了。

1945年是世界反法西斯战争的最后一年，也是中国抗日战争的最后一年。这年上半年，战争局势已经明朗，国民党和共产党双方都看得很清楚，都在考虑战后的问题。中国共产党在这年4月23日至6月11日举行第七次全国代表大会，国民党也在5月5日至21日召开六大。两个会的时间几乎是同时的。

中共七大的主题是结束一党专政，成立联合政府。毛泽东在六届七中全会主席团会上说："全国总的任务是统一中国一切力量的民主的联合政府。这样讲，美国、蒋等可

---

[1]周恩来在中共六届七中全会主席团会议上的讲话，1945年2月18日。

都放心,即七大都要采此态度。"[1]毛泽东在中共七大上所做的政治报告,题目就是《论联合政府》。他说:"中国应否成立民主的联合政府,已成了中国人民和同盟国民主舆论界十分关心的问题。因此,我的报告将着重地说明这个问题。"他又警告说:"国民党主要统治集团现在正在所谓'召开国民大会'和'政治解决'的烟幕之下,偷偷摸摸地进行其内战的准备工作。如果国人不加注意,不去揭露它的阴谋,阻止它的准备,那末,会有一个早上,要听到内战的炮声的。"[2]在口头政治报告中,他又说:"我们曾经设想过改造国民党,这件事似曾犯过错误,就是说这个估计不确当,没能照那时候我们所设想的做,国民党并未改造。应当说,要改造它没有错误,但是它不听你的。""我们说改造它,并不是说我们就不发展进步势力,不发展八路军,不发展新四军,不做广大的宣传,而且说要改造它这个宣传本身就是一个收获。""直到今天,我们还是请他洗脸,不割他的头。""请他修改他那个错误政策。至于他洗不洗?还要看。"[3]

---

[1]毛泽东在中共六届七中全会主席团会议上的发言,1944年12月12日。
[2]毛泽东著:《毛泽东选集》第3卷,北京:人民出版社,1991年版,第1030、1051页。
[3]中共中央文献研究室编:《毛泽东在七大的报告和讲话集》,北京:中央文献出版社,1995年版,第114页。

蒋介石早已打定主意,要在对日作战结束后用武力一举消灭共产党,并且深信战后这样做的条件更加有利,这个目标一定能实现。他在这年1月的日记中写道:"'共匪'骄横猖狂,鼓吹党派会议、国是会议与联合政府谬论,中央概置不理。"2月写道:"与雪艇(王世杰)谈共党交涉似已停顿。"又写道:"我深信俄国亦决不敢以武力助共,对共问题只要美国不为共党声援或袒护,则我必能自了之。"[1]

国民党的六大,正如毛泽东所说:"在所谓'召开国民大会'和'政治解决'的烟幕下,偷偷摸摸地进行内战准备工作。"国民党六大结束后的第二天,蒋介石对参加大会的军队代表讲话。这些人大多是黄埔军校毕业的,是他的学生,所以话就讲得很坦率。他说:"共产党执迷不悟,别有用心,蓄意要破坏统一,背叛国家。他们以为如果不乘此时机彻底消灭本党和我们革命的武力,就不能达到其夺取政权赤化中国的阴谋。""大家都知道,共产党的武力和国家比较起来是不可同日而语的。他现在号称有多少正规军,多少游击队,占领多少地区,其实都是乌合之众,不堪一击。"[2]这些杀气腾腾的话,无异在抗战胜利前夜已在

---

[1] 蒋介石日记(手稿本),美国斯坦福大学胡佛研究所藏,1945年1月31日"上月反省录",2月12日、17日。

[2] 秦孝仪主编:《蒋介石思想言论总集》卷21,台北:中国国民党中央委员会党史委员会,1984年版,第138页。

向他的将领们进行内战的动员了!

3月1日,他在宪政实施协进会会议上致词说:"现在除共产党与其军队不受中央命令外,并无不奉中央军令之军队,并无不奉中央政令之地方政府。""近年来中央与共党之会商已有多次,只以共方作种种之无理要求,遂致所会商者皆悬而不决。""在国民大会召集以前,政府不能违反建国大纲,结束训政,将政治上之责任与最后决定权,移交于各党各派之党派会议或其联合政府。"[1]正在延安的美国外交官谢伟思在给美国政府的报告中写道:"共产党人把委员长3月1日的讲话视为实质上的宣战。""和谈之门还没有完全关死,但是已经差不多了。"[2]

这时还有一件值得注意的事情。毛泽东在7月10日和12日接连为新华社写了两篇评论:《赫尔利和蒋介石的双簧已经破产》和《评赫尔利政策的危险》。文中指出:"以美国驻华大使赫尔利为代表的美国对华政策,越来越明显地造成了中国内战的危机。""赫尔利背叛了他在延安所说的话。""他率直地宣称,美国只同蒋介石合作,不同中共合作。当然这不只是赫尔利个人的意见,而是美国政府中的一群

---

[1] 秦孝仪总编纂:《蒋介石大事长编初稿》卷5(下册),台北:国民党中央党史委员会,第682页。

[2] [美]约瑟夫·W.埃谢里克编著,罗清、赵仲强译:《在中国失掉的机会》,北京:国际文化出版公司,1989年版,第320、321页。

人的意见,但这是错误的而且危险的意见。"[1]

这是中国共产党第一次这样公开地尖锐批评美国对华政策。说"不只是赫尔利个人的意见",这话一点也不错。美国的对华政策本来是根据美国自身利益来制订的,并随之而变动。1944年,美国同日本在西太平洋的作战十分惨烈,双方的人员牺牲都很大,它考虑到美军可能要在中国登陆作战,为了减少美军的损失,需要同有着强大战斗力的共产党领导的军队合作作战。到了1945年,胜利已经在握,由于"跳岛战术"等作战行动的成功,美国未必再需要在中国大陆登陆作战,就可以结束对日战争,它更多需要考虑的是战后问题,在它看来,蒋介石和国民党当局将是它战后在亚洲最合适的伙伴和工具,准备给予更大的支持,而共产党的力量已经不再是它所需要的了,还抱有某些敌对的态度。于是,它的态度就发生重大变化。毛泽东的这两篇评论,既是对美国的事先警告,也预示着中美关系在战后将发生重大变化。

中国共产党和中国国民党就是在这种情况下迎接抗日战争胜利到来的。两党关系在战后如何发展,在这时已经可以看到它的预兆了。

---

[1]毛泽东著:《毛泽东选集》第3卷,北京:人民出版社,1991年版,第1114、1115页。

七、结语

　　八年全民族抗战，是决定中华民族生死存亡的重要关头。在这过程中，国共关系虽然波澜迭起、险象环生，但两党合作抗日的局面一直坚持了下来。历史证明：在国难临头的时刻，同为中华儿女，合则两利、分则俱伤。这一时期是国共两党合作时间最长的一次。只有全民族（汉奸当然在外）联合起来，共同奋战，才能打败凶残的、用现代武器装备起来的日本侵略者，保障民族的独立和解放。尽管抗日战争初期和后期的情况有很大变化，但两党关系一直没有破裂。这是抗战取得胜利的重要条件之一。

　　抗日战争时期的国共合作，最重要的是双方领导的军队的合作。以国民党为主体的正面战场和以共产党为主体的敌后战场，事实上是相互配合、相互支持的。如果没有其中任何一方，日本侵略军都会腾出手来，全力压向另一方，增加另一方的困难。这两个战场结合在一起，构成中华民族抗日战争的完整的壮丽画卷。一切为抗日战争胜利做出过贡献的人、特别是死难的英烈，都值得后人永远铭记。

要把极为复杂的国共合作在八年内一直坚持下来实在不易。尽管蒋介石始终把共产党视为心腹大患，处心积虑地要在抗战过程中防制、削弱以致伺机消灭共产党，为此掀起过三次反共高潮，有时局势仿佛已濒临破裂边缘，共产党什么时候都不能掉以轻心，但只要蒋介石仍在坚持抗战，斗争都必须软硬适度，留有余地，斗而不破，充分估计多种可能性，做最坏的打算，争取最好的结果。局势最后都一次又一次地化险为夷，重新缓和下来。为什么能做到这样？客观上，一个民族敌人深入中国内地、使国家民族面临灭亡的威胁是决定一切的，对共产党是如此，对国民党也是如此。而主观上，对共产党来说，最重要的是能够在异常复杂的环境中正确处理联合和斗争的关系，这是问题的关键所在。

毛泽东作为中国共产党的主要领导人，在这个过程中确实表现出高瞻远瞩的战略眼光、时刻注视并辨明时局变动朕兆的政治敏锐性、机智灵活地驾驭复杂局势的领导能力。在处理统一战线中联合与斗争问题时，他考虑周详、决策果断，做得恰到好处。陈毅在抗战将要胜利时召开的中共七大上说："我们党无论遇到任何事变，只要谨慎小心，有各种的准备打算就不怕。譬如拿船来作比喻，'船载千斤，掌舵一人'，就要看那个掌舵的。掌舵先生并不是一天到晚都扳舵，而是在上滩下滩、转弯抹角时方扳它几下，不扳就会把船打烂，扳过了劲也会碰到石头，所以就要扳好。我想我们要经常考虑这问题。""我们从党的历史上来看，毛主席是最会掌舵的。他在二十多年的工作中间，遇到过几次的严重关头，他都能把我们党和军队这个船挽救过来，并且引向正确的方向，走的很稳。"[1]他讲得很形象，也很确切。

共产党的其他领导人，如周恩来、刘少奇、朱德、任弼时、彭德怀、张闻天等，对许多重大决策也做出了重要贡献。可以看到，遇到难题时，他们往往反复共同商量或征求意见后才作出决定。

蒋介石在这八年中一直坚持抗战，这是值得肯定的。当他处在困难的时刻，对共产党也做出过让步。但他始终盘算着怎样对付共产党，把共产党的力量在抗日中得到发展看作心腹大患，总想在抗战过程中限制、削弱以致伺机消灭共产党。一旦认为时机有利，从不手软。但在这一时期，由于受到国内和国际多方面因素的制约，即便在三次反共高潮中，他也没有把事情完全做绝，多少留下一点转圜的余地。他十分自大，总认为什么优势全在自己手里，

---

[1] 陈毅在中共七大上的发言，1945年5月1日。

对共产党不可能做出客观的估计，往往事情出乎他意料便大吃一惊，结果吃了亏。他看起来十分果断，其实缺乏远见，把大事小事都揽在自己手里，在国民党上层几乎没有人敢提出并坚持和他不同的意见，他的许多决心是主观武断的，一遇到原来没有想到的并不很大的情况，就会犹豫不决或者轻易多变。所有这些，在这八年中都表现得淋漓尽致。当然，根本的弱点在于他所代表的政治力量太不得人心，这在1944年表现得特别明显。人心向背是决定一切的。抗战结束后，他不顾人民的反对，过高估计自己的力量，一意孤行，在美国支持下发动全面内战，结果导致他的大失败。这并不是偶然的。

再看看共产党在抗日民族统一战线中如何正确处理同这样的合作者联合和斗争的关系，这是一个极大的难题。中国共产党历史上，曾在很长时间内把这两者割裂以致对立起来：说你好，就只讲联合，不讲斗争；说你不好，就只讲斗争，不讲联合，至于对联合时怎样坚持独立自主，对错误的东西进行必要而恰如其分的斗争，在斗争中怎样仍能保持不破裂的合作局面，就更不清楚了。结果，犯过右倾或"左"倾的错误，吃了大亏，几乎导致革命的失败。在历史发展过程中，由于彼此相互关系以及斗争营垒中的状况不断发生变动，形势起伏不定，有时还示人以假象，或者需要观察一段时间才能做出判断，处理这个问题就格外不易。

历史事实教育了中国共产党：在国共合作中如果只有联合没有斗争，或者因为害怕妨碍联合而不敢进行必要的斗争，不做两手准备，一旦对方翻过脸来进行残酷的屠杀和镇压，就只能束手待毙，大革命失败时共产党人的血实在流得太多了，那是右倾的错误；反过来，在抗日战争中如果只讲斗争不讲联合、甚至因出于义愤而发展到破裂和内战，也会像"鹬蚌相争，渔人得利"那样，使民族敌人得利，造成惨祸，那就是"左"的错误。而如何做到恰如其分地既不右、又不左，必须注重调查研究，时刻分析客观形势的发展和矛盾的各个侧面，具体分析问题，坚持一切从实际出发，富有政治智慧。

毛泽东提出的"以斗争求团结则团结存，以退让求团结则团结亡"，猛一听，仿佛不易理解，实际上是一句充满辩证法的至理名言。它不是闭起门来进行推理式思考的产物，而是由以往无数血的代价换来的。中国共产党人正是在经历了无数次反对"左"倾和右倾错误的斗争实践，才能对这个问题完全明白的。

对同盟者中的顽固分子应该怎样进行斗争？毛泽东提出了"有理、有利、有节"的原则。对这三项原则，毛泽东在1940年所写的《目前抗日统一战线中的策略问题》中做了透彻的说明。联系抗战八年中的实践,不难看到:"人不犯我,我不犯人,人若犯我,我必犯人",这是"有理",才能博得人们特别是广大中间分子的同情和支持。不管对方施加什么压力,不管对方用怎样的甜言蜜语来引诱,决不把自己的手脚束缚起来,在情况许可的条件下放手发展进步势力,放手争取中间势力,以革命的两面政策对付顽固派的两面政策,在条件不利的情况下,不因一时冲动而大胆妄为,不打无计划无准备的仗,不做吃亏买卖,这是"有利"。再加上在斗争中,时时顾及全局,周密思考,不计较一时得失,适可而止,有些事要留有余地,当某一斗争告一段落时主动地采取措施,缓和局势,斗而不破,这是"有节"。这些都是中国共产党在抗日战争时期处理国共关系中行之有效的做法,而斗争的目的仍是为了保持团结,保持合作,争取抗日战争这一生死搏斗的胜利。

又联合,又斗争,既坚持合作,又正视彼此间存在的严重分歧,通过谈判和协商来解决一些可能解决的问题,便成为经常需要运用的不可忽视的重要手段。长期从事国共谈判的周恩来,1946年1月12日在政治协商会议上曾总结这方面的四条经验教训:"第一点,要互相承认,不要互相敌视。""第二点,要互相商量,不要独断。""不是一方面决定了，通知别方面去做，这样是无法求得解决的。""第三点，要互相让步，不要独霸。""第四点，要互相竞赛，不要互相抵消。"中国共产党正是以宽阔的胸怀坚持这样做，不仅使不少矛盾不致激化而得到缓和或化解，即便因对方的无理阻挠而无法使问题得到解决，也博得众多的同情和支持。蒋介石和国民党当局经常反其道而行之，不仅使矛盾更加激化，在抗战胜利后十来个月就导致两党关系破裂，而且也失尽人心。自我孤立，成为其日后失败的原因之一。

事物是复杂的，只能根据实际情况，用复杂的手段来对待和处理。既坚持原则，又灵活机动。一切简单化的、感情用事或一味自以为是的做法，只能导致失败，不能取得成功。

历史是最好的教科书。在抗日战争胜利七十多年的今天，回顾这些历史事实和经验教训，老一辈革命家的过人智慧和驾驭复杂局势的丰富经验，依然可以使我们获益匪浅。

2017 年 4 月完稿，时年八十七岁

附 录

（一）华北事变和抗日救亡高潮的兴起[1]

华北事变后抗日救亡高潮的兴起，在有关抗战前夜的历史论著中都会讲到，已经谈得很多很多了。这篇文章所要讨论的是：九一八事变后日本企图灭亡中国的野心早已暴露得十分清楚，侵略行动一步紧随一步从没有放松过，中国民众强烈地要求抗日，这种状况已持续了四年之久，为什么恰恰在1935年华北事变后会出现这样一场规模空前并且不停步地向前推进的抗日救亡高潮，直到全国抗战的爆发？这个高潮兴起的两大标志是一二·九运动和各界救国联合会的成立，一个发生在北平，一个发生在上海，它们的共同背景和各自特点是什么？华北事变对国民党当局对日政策的演变又有怎样的影响？这些，都是在当时历史发展进程中有着全局性影响的大问题，需要前后连贯起来，系统地考察和说明。

---

[1] 原载《历史研究》1995年第4期。

1. "中华民族到了最危险的时候"

1935年秋，日本的对华政策出现一个历史性的重大转折。用日本历史学家信夫清三郎的话来说："侵占了满洲的日本，自1935年以后，在开展'华北工作'的名义下，开始显露出对中国内地的野心。"[1]他所说的，其实是指日本在这时企图大规模地越过长城南下，直接控制华北，进而独占中国，而不是泛指觊觎中国内地，因为早已如此，并不需要到1935年才"开始显露"出来。

日本军国主义者的侵华政策有它的一贯性，同时又呈现出若干阶段性。他们的野心似乎是无限的：不仅要独占中国，还要称霸东亚。但这个后起的帝国国力毕竟有限，而且在一段时间内不能不顾虑引起欧美列强的干预，所以，他们把第一步的目标集中在控制中国长城以北的东北和内蒙古，也就是大家熟悉的所谓"欲征服中国必先征服满蒙，欲征服世界必先征服中国"，"我大和民族欲步武于亚洲大陆之第一大关键，在于把握满蒙利权"。1931年强占东三省，1932年攻陷热河，随后向察北、绥东推进，都是这种战略意图的体现。

---

[1] [日]信夫清三郎编，天津社会科学院日本问题研究所译：《日本外交史》（下册），北京：商务印书馆，1980年版，第597页。

1933年的长城战役仿佛越出了这个范围。日军先后突破喜峰口、古北口等长城要隘,进入冀东平原,前锋直逼通县,兵临北平城下。那时,在北平主持华北军政的是何应钦、黄郛。何已打算以军情紧急、不及请示为由,将军政机关撤出北平。熊斌回忆道:"五月二十四日午后二时,何(应钦)电约到居仁堂,告以通县失守,溃兵纷纷西来,拟于当夜一时自西便门上车,先开良乡,再进保定,嘱准备同行。""询以是否完全放弃北平?据答:留王纶(参谋本部第一厅副厅长)带兵一团,最后守紫禁城云。"[1]黄郛也致电汪精卫蒋介石说:准备"随军事机关转进或南旋"。[2]北平失陷似乎即将成为事实。

可是,事情却发生了变化:日本海军武官突然用电话约黄郛深夜前往商谈。随后,由双方军事代表冈村宁次和熊斌在5月31日签订了《塘沽协定》,规定:中国军队立即撤出冀东;日军在确认中国军队做到这一点后,自动退回长城一线;中国非武装区的治安由警察机关担负。事实表明:日军这次越过长城南下作战,直接目标并不是立刻夺取华北,而是要先在关内建立一个缓冲地带,作为巩固

---

[1] 熊斌:《塘沽协定经过》,李云汉编著:《抗战前华北政局史料》,台北:正中书局,1982年版,第267页。
[2] 沈亦云著:《亦云回忆》(下册),台北:传记文学出版社,1980年版,第466页。

他们统治中国东北的屏障,并为日后大举入侵华北迈出第一步。6月15日,何应钦将获得的日方秘密文件《北支工作之第一阶段》报送蒋介石,文件中说:"今日在北支之工作,最小限度要将河北省完全为反蒋之根源,继达此目的后,方可认为第一阶段终了。""第二工作为诱发其内乱,然后最低限度以黄河以北事实上之独立为目的。"[1]可见日方的打算是分步骤的:"黄河以北事实上之独立"需待"第一阶段终了"后才能实现。

两年后,到1935年5月、6月间,平津一带局势一度又紧张起来。日军借口天津日租界内两名亲日报人被暗杀和原在热河的抗日义勇军孙永勤部退入关内这两件事,再次以武力为后盾进行威胁。5月29日,天津驻屯军参谋长酒井隆向何应钦提出罢免河北省政府主席于学忠,把中央军撤出河北等无理要求。这实际上是要为推行所谓华北自治运动扫清道路。日方扬言:"日军为自卫上取断然之处置;或直接发生庚子事件,或九一八事件,亦不可知",[2]以后,又提出禁止全国排日活动等要求。7月6日,何应钦复信天

---

[1] 中国国民党中央委员会党史委员会编:《中华民国重要史料初编——对日抗战时期》第6编,傀儡组织(2),台北,1981年版,第74、75页。

[2] 何应钦:《河北事件中绝无所谓"何梅协定"》,李云汉编著:《抗战前华北政局史料》,台北:正中书局,1982年版,第446页。

津驻屯军司令官梅津美治郎,"承诺"实行酒井隆所提要求。这件事被日方称为"何梅协定"。一位美国历史学家评论道:"在日本的压力下,完整的华北,犹如海滨遭到波涛冲刷的沙上峭壁,不断塌陷。"[1]

"何梅协定"和土肥原贤二、秦德纯关于察哈尔协定达成后,南京政府以为已经满足日方的要求,中日关系可能得到一段时间的稳定,希望两国关系得到改善。日方在口头上也宣称:河北事件从此结束。其实,南京政府的不断退让,只能被对方视为软弱可欺,更加得寸进尺地进逼。

日本加快侵略华北步伐的决策,看来是在这年8月至10月间做出的。

当时,有两个因素发生着作用:第一,在伪满政权成立和热河沦陷后,日方认为他们对中国东北四省的统治已初步巩固;第二,由于欧洲德、意两个法西斯势力的崛起和美国国内孤立主义的抬头,英美在远东一意对日妥协。日本把它看作是扩大对华侵略的大好时机。日本陆军省在8月6日提出《关于对北支政策》,希望华北五省"不受南京政权政令的支配,而成为自治色彩浓厚的亲日'满'地带"。

---

[1] [美]巴巴拉·塔奇曼著,陆增平译:《史迪威与美国在华经验》(上册),北京:商务印书馆,1985年版,第199页。

同月，多田骏在天津就任中国驻屯军司令官。当时，奉天特务机关长是土肥原贤二，关东军参谋副长是板垣征四郎。日本防卫厅战史室编纂的《大本营陆军部》指出从这年8月起，由于这"三个中国通的共同协作，华北工作有了飞跃进展"。[1]

9月24日，多田骏招待日本记者时散发了一本《日本对华基础观念》的小册子，里面说："现在之华北实为最容易最迅速得以实现为乐土，且以此为必要之地域，无待屡述。华北一隅当使之为日本人为中国民众明朗而可安住之和平乡；化为日华制品及其他物质可以安稳相互自由流通存在之市场。""华北问题解决之重要性质如此，帝国对外之发展，将依此而卜其成否。"[2] 这是一个非同寻常的政策声明，表明日本的在华扩张已进入一个新阶段，决心加速把华北五省纳入它的直接控制下。

这时在华北已是一派"山雨欲来风满楼"的紧张气氛，日本军方的阴谋和破坏活动日见频繁。10月7日，何应钦密电蒋介石说："顷（唐）有壬来谈，谓华北问题表面上虽告一

---

[1]《日本军国主义侵华资料长编（上）·〈大本营陆军部〉》，成都：四川人民出版社，1987年版，第255页。
[2] 中国国民党中央委员会党史委员会编：《中华民国重要史料初编——对日抗战时期》第6编，傀儡组织（2），台北，1981年版，第27页。

段落，而实际日方正积极进行"，"急激派之气焰暗中有增无已。盖以义阿风云（按：指意大利武装侵略阿比西尼亚的事件）；更予以刺激兴奋，闻冈村、坂垣、多田、矶谷四人将在天津秘密会商"，"恐不久华北又将发生变化等语"。[1]

10月中旬，日本参谋本部第二部长冈村宁次等来到中国，先后在大连、上海、天津分别召开日本驻华的陆海军高级将领和驻各地总领事、领事、武官的会议，板垣征四郎、多田骏和日本驻华大使有吉明也参加会议。这自然不是通常的活动，格外引人注目。会议的内容秘而不宣，但冈村在会前发表谈话说："此次会议，系将中央已决定之方针传给当地。""加之华北之现状，以及日本所进行之经济工作，尚颇有不安之感，应如何将其纠正，亦系此次会议之事。"[2] 种种迹象表明：日方将要采取大动作，它的重点就在华北。陶行知主编的《生活教育》上也写道："'华北'，日本原早已就不算入中国的版图。华北的自治运动，也早即在日本的积极指导中，酝酿着进行着。不过这一运动，却是在日本大连会议、天津会议、上海会议……后，更以新近中国

---

[1] 中国国民党中央委员会党史委员会编：《中华民国重要史料初编——对日抗战时期》绪编（1），台北，1981年版，第700页。

[2] 东：《日在华官员的大连、天津、上海会议》，《申报月刊》第4卷第11号；南开大学马列主义教研室、中共党史教研组编：《华北事变资料选编》，郑州：河南人民出版社，1983年版，第219、220页。

的货币改革为机运而愈益具体紧张的。"[1]

11月中旬,更加令人震惊的消息传来:日本军方导演的所谓华北自治运动公开出台。谁都明白,所谓"自治"其实是要使华北五省二市脱离中央政府,建立亲日政权,处在日本的直接控制之下。傅斯年有一句话说得很对:"应知'自治'之说,现在做来,徒得'外治'之结果,此皆天下共知。"[2]

"华北自治运动"的发动者是关东军司令官南次郎,并得到东京有关方面的同意,已经过一段时间的准备。这时,南次郎派土肥原贤二到北平,向兼任平津卫戍司令的第二十九军军长宋哲元提出最后通牒式的警告:限他在11月20日前宣布"自治",否则日军将武力攻占河北和山东。外交部驻平特派员程伯昂在18日报告:"华北新组织因彼方威迫限廿日以前实现,否则将自行办理。现当局陷于不得不屈服之势,华北政局变化恐难幸免。"[3] 多田骏也飞往济南,要求山东省政府主席韩复榘宣布实行"自治"。宋哲元等在19日密电蒋介石报告:"北方情势,已甚明显,似非少数日本军人自由之行动。日来应付极感困难,彼方要求,必

---

[1] 旷琴:《华北自治运动与民族危机》,《生活教育》第2卷第20期,1935年12月。
[2] 傅斯年:《北方人民与国难》,《独立评论》第181号,1935年12月。
[3] 中国国民党中央委员会党史委员会编:《中华民国重要史料初编——对日抗战时期》绪编(1),台北,1981年版,第712页。

须华北脱离中央，另成局面。迭经拒绝，相逼益紧。"[1]战后东京国际军事法庭进行审讯时，证人桑岛主计说："土肥原在一九三五年十一月十八日扬言，如果华北不宣布自治，他准备派五个日本师团到河北，六个师团到山东。""在这以前，为了支持土肥原的行动，关东军司令南次郎在十一月十二日，对他的军队就发布动员命令，限十五日前作好从长城外向华北进军的准备，并且在十六日动员空军作好在二十日进驻平津地区的准备。"[2]

  作为对华北当局进行恫吓的实力后盾，大批日本关东军在山海关和古北口附近集结，摆出一副准备进攻的姿态。华北上空，仿佛又已重现九一八事变前夜那种浓烈的战争气氛。

  宋哲元也好，山东的韩复榘也好，山西的阎锡山也好，都没有在日方的威胁下接受他们提出的实行"华北自治"的要求。而日本军方又没有做好立刻采取大规模行动的准备。11月20日这个万众瞩目的"最后期限"在静悄悄中过去了。土肥原便迫不及待地在11月24日策动河北省蓟密区兼滦榆区督察专员殷汝耕成立"冀东防共自治委员会"。它的宣言中说"自本日起，脱离中央，宣布自治，树立联

---

[1] 中国国民党中央委员会党史委员会编：《中华民国重要史料初编——对日抗战时期》第6编，傀儡组织（2），台北，1981年版，第81页。

[2] 《法庭证据第3242和3317A号》，南开大学马列主义教研室、中共党史教研组编：《华北事变资料选编》，郑州：河南人民出版社，1983年版，第248页。

省之先声，谋东亚之和平"。[1] 委员会所在地设在距北平城东只有十多公里的东大门——通县。两天后，它又改称"冀东防共自治政府"。这件事引起巨大震动。冀东伪政权的宣言自称只是"树立联省之先声"，人们自然怀着忐忑不安的心情注视着：下一个跟着来的是谁。12月间，国民党中央政治委员会决定设置以宋哲元为委员长的冀察政务委员会，成员中包括一些亲日派人士。不少人以为，这将是所谓冀东防共自治委员会的扩大，华北国土的沦丧已是旦夕间的事情了。

当时影响最大的《大众生活》上一篇天津通讯写道："这几个月来，当地报纸上常常瞧见'某军于某日起在××一带演习×天'的消息。于是在第二天便瞧见有整队的'友邦'的马兵、步兵、铁甲车、迫击炮，一连串的到华界来，又耀武扬威的向目的地进发。这一带居住的人们，慌张得连饭也吃不下去。""空中，每天总有几次'轧轧'的声音，仰起头就可以瞧清楚翅膀上的标志。它们故意飞得低低的环绕着全空。""于是许多人便担心着不知道还有几天安静饭可以吃？会不会明后天便有一个'亡国奴'的荣衔加到自己头上？""至于报纸上（自然以中国的为限）向例是不

---

[1] 中国国民党中央委员会党史委员会编：《中华民国重要史料初编——对日抗战时期》第6编，傀儡组织（2），台北，1981年版，第186页。

登这些消息的,好像这些事他们根本没有知道过。"[1]

一个青年学生写给《大众生活》主编邹韬奋的信中说:"我从南方到了华北还不久,但这环境给我极大的苦楚。我有时烦闷得像胸口塞了一块重铅,有时悲愤得血管像要爆裂,但悲愤有什么用呢?所以还是闷得像胸口塞了一块重铅。""敌人更聪明了,竟不血刃的得了华北二省。他们得寸进尺的野心,固不足异,但我们政府的含垢忍辱,何一至于此?政府当局及学校当局屡次谆谆告诫,要学生安心读书,但是敌人的飞机尽在我们头上掠过,所谓野外演习的炮声震得教室的玻璃窗发抖,机关枪不断的响着在打靶。这一颗颗的子弹,好像每颗都打在我们心上一样的难过。先生,我们能念书吗?"[2]

平津一带还是中国的领土,却已到处可以看到荷枪实弹、气焰万丈的日本军人和骄横不法的日本浪人,到处可以看见宣扬所谓"王道乐土"之类的汉奸标语图画,到处可以看见泛滥成灾的日本走私货物和毒品,事件层出不穷,地方一夕数惊。"先生,我们能念书吗?"这是多么悲愤的提问!离开这种普遍而强烈的要求抗日救亡的情绪,一二·九

---

[1] 沈沉:《动荡中的华北一隅》,《大众生活》第1卷第3期,1935年11月。
[2]《大众信箱(四)》,《大众生活》第1卷第6期,1935年12月。

运动的爆发和各界救国联合会的成立都是难以想象的。

以《义勇军进行曲》为主题歌的影片《风云儿女》,正是在1935年拍成的。这首歌迅速唱遍全国。它喊出了中华儿女满腔悲愤的共同心声,激起人们的强烈共鸣。著名记者曹聚仁写道:"从敌人进攻沈阳那天起,中国民众心理就燃起了一种不可遏止的抵抗暴力的情绪;这情绪也就寄托在这样一首流行歌曲上。""这歌曲曾流行于印度河上,也曾洋溢于旧金山的一角;有着中国人的踪迹,就流行着这首悲愤的歌曲。"[1]

这种悲愤的情绪郁积着,奔突着,增长着。整个中国就像一座喷薄欲发的火山。一旦受到触动,便会出现惊天动地的大爆发。

2. 一二·九运动爆发的由来

在这场惊心动魄的华北危机中,首当其冲的自然是古都北平。

北平,在中国人的心中享有其他城市难以比拟的特殊重要性。著名报人张季鸾当时说过:"北平久为居中驭外之

---

[1] 曹聚仁、舒宗侨编著:《中国抗战画史》,上海:联合画报社,1947年版,第56页。

政治中心。""五百年来之北京,今日竟成或安东或满洲里。至少言之,亦仿佛三十年来之沈阳。此诚近世未逢之国难。"[1]1935年正在北平的美国记者斯诺也写道:"北京是亚洲最壮丽、最有趣的都城。它是一个具有差不多三千年连绵不断历史的文明中心。""尽管蒋介石把那个沮丧城市南京宣布为它的首都,但是外国继续把大使馆设于北京,它们的外交官只出于外交礼节的需要才南下。""大多数中国人都通过下面的方式表示了他们的个人意见:继续使用北京这个名称,而不按照国民党的通令称之为北平。"[2]在这里发生的一切,自然比其他许多地方更容易牵动千百万中国人的心。

九一八事变后,尽管北平已多次遭受严重的威胁,但因为当时日本的侵华重点在长城以北,危机似乎一次又一次地度过了。一部分人中滋长起苟安的心理。《塘沽协定》签订后,大名鼎鼎的胡适就出来辩护过:"我们观察今日的形势,深觉得华北停战是一种不得已的救急办法,我们应该可以谅解。""华北停战虽不能使敌人将东四省退出一尺一寸,至少它应该使他们不得在东四省以外多占一尺一

---

[1] 张季鸾:《勉驻平政委会诸委员》,《大公报》(天津)1933年6月17日。
[2] [美]埃德加·斯诺著:《我在旧中国十三年》,香港:朝阳出版社,1972年版,第46、48页。

寸的土地。"[1]事实恰恰相反，这种妥协退让，鼓励了敌人更加肆无忌惮地得寸进尺。苟安心理只会使人们变得麻木不仁或逆来顺受，这是抗日救亡运动发展的重要思想障碍。因此，金仲华在《大众生活》创刊号（1935年11月）上写了一篇《谈民族的自信力》，沉痛地指出："东交民巷'某国'宪兵的耀武扬威，平津天空'某国'飞机的昼夜巡察，中国地方官吏的被扣，记者教授的被捕，报纸上记载得比盗劫火警的新闻还要小。这是什么心理？冠冕点说，是'希望事态缩小'；老实点说，不是希望'苟安'，使大家在这恐怖空气中慢慢习惯下来吗？"政府当局实行的高压政策也迫使爱国运动长期处在比较沉寂的状态。

　　事实是最好的教员。1935年下半年华北局势急转直下地恶化，使多数人越来越感到苟安和逃避的想法无法继续下去了。当时正在清华大学执教的美国学者费正清回忆道："到一九三五年底，日本侵略的传闻在北京甚嚣尘上。狡猾的日本军队正在开展一场心理骚扰的战争。一小队日军由骑着一匹高大战马的下级军官率领，经常耀武扬威地经过我们的胡同。日本军队在野外演习时，经常练习占领北京正南面铁路联轨站丰台。""各大学正在众人面前被拆掉。

---

[1] 胡适：《保全华北的重要》，《独立评论》第52、53合期，1933年6月。

我干坐着，无能为力地注视着学生们把尚未登记编目的书籍带出清华图书馆。"[1]

正是在这种极端紧张的气氛中，北平教育界就华北局势发表了一个宣言，反对破坏国家的领土完整。日本宪兵竟在11月29日把北京大学校长蒋梦麟强行叫到日本兵营去接受"传讯"，并曾企图把他劫持到日本控制下的大连去。《大众生活》针对这件骇人听闻的事件发表评论说："苟安偷生的人们以为可以袖手旁观着苟安偷生下去吗？目前是整个民族生死安危关头！是人人生死安危的关头。在受侵略的整个民族，莽莽大地终必没有一片干净土，终必没有一个可以避免奴隶命运的人。'置之死地而后生'，死里求生，这最后的挣扎是在我们自己的掌握中。"[2]

更使人感到焦虑和不安的是，南京政府和地方当局的对日外交都是秘密地进行的，外人无从知晓。"从民国二十一年三月的上海停战协定，到二十二年五月的塘沽协定，二十四年六月初的所谓'何梅协定'，同月下旬的察东谈判，以至最近在北方进行的中日谈判，是一次比一次秘密些。""天津大公报说，过去两年中统制新闻，关于外交真

---

[1] [美]费正清著，陆惠勤等译：《费正清对华回忆录》，上海：知识出版社，1991年版，第141页。
[2] 《蒋梦麟被邀请谈话》，《大众生活》第1卷第4期，1935年12月。

相极少宣布，是'近年来的一个大错误'。胡适在《我们要求外交公开》一文中，也说外交文件不公开，'人民不知道究竟丧权辱国到了什么地步'，所以主张把'以前'和'此后'的外交经过和内容完全公布出来。要求公开的外交，这已经成了现在全国一致的呼声。"[1]

这种秘密外交增强了人们的怀疑和猜测，感到坐卧不宁，不知道明天又会发生什么事。11月间土肥原逼迫宋哲元宣布"华北自治"时，各种可靠的和不可靠的消息到处流传，人心惶惶不安。消息灵通的斯诺写道："据说土肥原把一千万元新印好的中国钞票放到桌子上去，要求宋哲元宣布脱离蒋介石的南京政府而'独立'。宋哲元的一位姓马的年青秘书告诉我，土肥原还拿出了文件来，表明蒋介石已经原则上同意撤换宋哲元，如果日本方面坚持要求这样做的话。"[2]河北监察使周利生的调查报告中，也把"当局对外交涉一切内容均禁披露，而实际情形日趋紧张，真象莫明，群情苦闷"，列为"此给与学生以刺激"的重要因素之一。[3]

恐怖、愤怒和令人窒息的反常的沉寂，压得人们连气

---

[1] 金仲华：《谈公开外交与秘密外交》，《大众生活》第1卷第11期，1936年1月。
[2] [美]埃德加·斯诺著：《我在旧中国十三年》，香港：朝阳出版社，1972年版，第64页。
[3] 《关于北平学生'一二九'、'一二一六'反日示威运动的调查报告》，中共北京市委党史资料征集委员会编：《一二九运动》，北京：中共党史资料出版社，1987年版，第399页。

都喘不过来。华北的明天会是怎样？平津的明天会是怎样？每个人心头都存在着这样的疑问。相当多的人认为："我们不久又多了一个'满洲国'啦！"东北沦陷后民众的悲惨遭遇，是大家都看到的。亡国奴的耻辱，是任何一个有爱国心的人都无法忍受的。人们都在问：国难当头，我们该怎么办！还能够沉默不语吗？愤怒是长期积聚起来的。压抑得越久，爆发力越大。大众的情绪已到了一触即发的地步。只要有人登高一呼，便能将处处潜藏的怒火迅速凝聚和汇合成一股排山倒海的巨流，开创出一个新的局面。

中国共产党当时在北平处于一种怎样的状况呢？由于"左"倾错误的影响，1934年8月北平的党组织几乎全遭破坏，1935年初才开始恢复起来，和河北省委取得了联系，成立了临时市委，成员有王学明、彭涛、杨子英三人。全市党员有十来个人，连共青团员不过二十人左右。彭涛回忆说："这以后华北形势变化很大，日本人在冀东搞防共自治政府，又在北平搞冀察政务委员会。接着，很多学校提出南迁，各方面矛盾突出，学生中思想斗争剧烈。我们感到革命时机已经成熟，可以搞运动了。但当时对同学们觉悟估计不足，认为发动不会这样快，因为在这之前，学运受到破坏，学生一度沉闷，表面上看起来都是读死书。其实他们心里对局势都很愤慨。由于各种组织教育工作，加上形势一紧张,一号召大家就起来了。"[1]那时,有的党员已看到中共中央关于发展抗日民族统一战线的《八一宣言》。9月间开展的黄河水灾赈济活动,使北平一大批大中学校的爱国进步学生建立起比较密切的联系,广泛团结了群众。在这个基础上,11月18日北平大中学校抗日救国学生联合会成立,执行主席是女一中学生郭明秋,秘书长是清华大学学生姚克广(姚依林),都是共产党员,学联党团由彭涛领导。他们人数虽少,由于顺应着迅猛发展着的时代潮流,在学生群中成为能指明行动方向并且最有组织的力量,从而担负起了登高一呼的重任。

11月26日,南京政府任命何应钦为行政院驻北平办事处长官。12月3日晚,何应钦到达北平。"据传何氏此来,有代表中央解决河北时局问题之广泛的权限。""何氏表示,在未得具体办法以前绝不离平。"[2]北平学联决定向他请愿,要求抗日救国,反对所谓华北自治运动。

12月9日的前两天,中共河北省委特派员李常青来到北平,指示要抓紧时机,发动学生,把学生团结起来,开展斗争。彭涛回忆说:"一二九运动用合法斗争,开始有些人

---

[1] 彭涛:《关于一二九运动的回忆》,中共北京市委党史资料征集委员会编:《一二九运动》,北京:中共党史资料出版社,1987年版,第314页。
[2]《一周间国内外大事述要》,《国闻周报》第12卷第48期,1935年12月。

不同意，当时意见不一致。我们还是决定开始用请愿的形式，提出停止内战，一致抗日。一二九前夕在燕大开会，这一天到会人数很多，学联主席是郭明秋，各校代表有的同意抗日的口号，不同意停止内战的口号。我们的主张是搞统一战线，把各种力量组织起来，不管哪个力量，是不是国民党的，只要反对日本，反对华北自治，都可以参加。""从一二九运动看到我们对学生估计不足，原估计可能有一千多人跟我们走，但事实是很多中间学生也参加进来了，甚至落后的也参加。"[1] 郭明秋记得彭涛当时提出的意见是："不需要统计人数，只要我们估计一下当前的形势，是否需要来一个大行动就可以了。""办法是让那些力量大的学校先出来，然后再到那些力量较小的学校去呼口号，这样必有内应，八百人众，超过无疑。""先请愿，请愿不成就改为示威。"[2] 亲眼目睹一二·九学生游行示威场面的斯诺写道："这是我们第一次看到中国知识青年所表现出来的政治勇气。情景振奋人心，无论是对参加者还是旁观者来说，都是如此。""北京的示威，被全世界报纸用大标题登出，而中国的许多报纸，也无视新闻检查官的禁令，刊出了报道示威的消息。中国正在苏醒过

---

[1] 彭涛:《关于一二九运动的回忆》,中共北京市委党史资料征集委员会编:《一二九运动》,北京：中共党史资料出版社,1987年版,第314、315页。

[2] 郭明秋:《回忆一二九运动的党的领导》,《一二九运动回忆录》第1集,北京：人民出版社,1982年版,第62页。

来。在几天时间里,青年团体在天津、上海、汉口、广州等所有大城市,像雨后春笋般产生,最后甚至包括了南京在内。游行示威开始席卷全国。"[1]

在历史上常常可以看到:一场急风暴雨式的群众斗争的洗礼,可以使人们(包括大批原来处于中间状态的人)短时间内在思想上发生剧变,这是平时多少年都难以达到的。一二·九运动使长期郁积在人们心头的愤懑一下子倾泻出来,同时也引起人们深思这一切究竟是为什么,从平时的宁静生活或狭小圈子中猛然惊醒过来,同一些志同道合的伙伴聚集在一起,不再回到旧日的生活轨道上来了。河北监察使周利生的调查报告中说:"十二月九日以前,多数学生仍在散漫无组织之状态中。经过九日请愿横被军警摧残之后,各校便入于严重而活跃之新阶段。"[2]这样的例子是很多很多的。当时北京大学的学生袁宝华回忆说:"我们这些青年学生,过去没有参加过政治运动,像我这样的人在当时有点代表性,还不是党员,政治上也不是那么清醒,可是满腔抗日救国的热情,游行队伍一到,那就积极参加。我还在我们那个班上号召一番,叫大家都参加去。游行回

---

[1] [美]埃德加·斯诺著:《我在旧中国十三年》,香港:朝阳出版社,1972年版,第65、70页。

[2] 《关于北平学生'一二九'、'一二一六'反日示威运动的调查报告》,中共北京市委党史资料征集委员会编:《一二九运动》,北京:中共党史资料出版社,1987年版,第400页。

来以后，人就好像变了，劲头也大了，胆子也壮了，看到一起参加游行的人感到非常亲切。"[1]当时在师大附中高中读书的陈浩回忆说："在这种形势下，我们中间群众的思想在起变化。特别是一二九、一二一六游行时，北平西郊清华、燕京等大学生游行队伍在西直门受阻，不让进城。有的学生被军警打伤，有的被抬到我们中学来包扎伤口。我们见到流血更震动和同情，义愤填膺，这样才逐渐思考、觉悟起来。到一九三六年我们就参加一些救亡活动，如唱救亡歌曲、下乡宣传等。下乡宣传受国民党阻止，被押送返校，这样才有了进一步觉悟，要求参加民族解放先锋队。"[2]有着这样思想经历的，决不是很少人，而是相当普遍的现象。一二·九运动不仅掀起了救亡运动的高潮，推动了抗日，并且给中国共产党、给迎接抗战准备了一大批干部，培养了一代人，它的影响是十分深远的。

3. 各界救国联合会的成立

紧随着一二·九运动的发展，上海和许多城市相继建

---

[1] 袁宝华在北京大学一二·九时期的在京部分老同学座谈会上的发言，《一二九运动回忆录》第1集，北京：人民出版社，1982年版，第150页。
[2] 陈浩：《一二九运动前夕学生（中间群众）是怎样动起来的》，未刊稿。

立起各界救国联合会。不久,全国各界救国联合会也在上海成立。救国会成为当时全国救亡团体的主要形式。它在团结不同社会阶层中的爱国力量、推动抗日救亡运动和准备全国抗战中,起了其他组织难以替代的巨大作用。

上海的抗日救亡运动高潮是在北平学生运动的强烈推动下掀起的,而它一起来又表现出自己的鲜明特点。北平的救亡运动博得了社会各阶层的广泛同情,一部分教育界人士也积极参加,但主力仍是学生。上海抗日救亡运动的新高潮从一开始,社会面就广泛得多,包括文化界、妇女界、学生界、教育界、职业界等。"联合战线"的口号喊出得早,在运动发展过程中、工作上和策略上脱离群众的缺点也少一些。

为什么上海的抗日救亡运动会表现出这样的特点呢?这同中国共产党组织和爱国民主力量在上海的深厚基础有关。上海是中国最大的经济中心,也是重要的文化中心。中共中央曾长期设在上海,积聚起相当强大的力量,在社会各界都有一批富有斗争经验的骨干和积极分子。宋庆龄、鲁迅、茅盾、邹韬奋等长期在上海活动,对全国有巨大影响。一二·九运动前五个月的1935年7月22日,中共上海临时中央局遭到大破坏。上海地下党的各个系统失掉了同中央的联系。但它的一部分组织和党员依然保留了下来。其中最重要的是,领导着左联、社联、剧联、电影小组等的文委,共有党员一百多人,自行推举周扬代替被捕的阳翰笙担任文委书记。9月间,他们从外文书刊中看到共产国际七大的文件,又从《救国报》上看到中共中央的《八一宣言》,开始讨论工作转变的问题。此外,在上海失去同中央联系的党组织还有共青团江苏省委、工会联合会、中华民族武装自卫会和中央特科等系统,也有党员一百多人。不少在外地失掉组织关系的党员,跑到上海找组织,找不到的就参加到各系统的外围组织中去工作。因此,在上海的党员远比平津一带要多得多,并且保留着自己的组织系统,分布在社会各界中,同中上层爱国人士的联系也比较密切。"这些系统当时和党中央都没有联系,相互之间也没有横的组织关系,都是独立开展工作。自己搞,有个好处,就是懂得联系实际,依靠群众,保护革命力量,在'左'倾机会主义路线领导时期,一个命令下来,明知不切合实际,难以成功,也不得不执行。现在自己独立开展工作,这种苦头就可以少吃了,懂得了保护自己的力量。"[1]

他们的一个重要优势,是掌握着许多在全国有巨大影

---

[1] 王尧山:《一九三七年前上海的抗日救亡运动和地下党组织的整理工作》,中共上海市委党史资料征集委员会编:《"一二·九"以后上海救国会史料选辑》,上海:上海社会科学院出版社,1987年版,第380页。

响的进步文化阵地。上海党组织遭受大破坏后,他们仍在继续推进进步文化运动,扩大队伍,建立新的阵地,注意同各种爱国民众团体的联合。平津进步学生们经常阅读的刊物《大众生活》《读书生活》《世界知识》《妇女生活》等都是在上海出版后发行到各地去的。

当时文委的领导成员夏衍有一段重要的回忆:"在北平一二九学生运动之前,上海各阶层群众已经为即将到来的救亡抗日高潮准备了条件。文委所属的各联和小组都在这一段时间内单独作战,推动了文委工作方法的改变,自觉或不自觉地实行了一条抗日救亡的统一战线。具体的事例是很多的,我们不仅组织和领导了上万人的救亡歌咏运动,不仅依旧掌握着电影制作和影评的领导,而且还通过社联及其外围,建立了可靠的出版发行机构。读书生活、新知两家书店是社联盟员直接领导的。生活书店是通过邹韬奋、由黄炎培的职业教育社支持的。有了公开合法的书店,就可以有计划地出版书刊。从三五年到三六年,左派掌握的杂志就有十种以上,单讲邹韬奋主持的生活书店就出了《世界知识》(胡愈之主编)、《文学》(茅盾、傅东华主编)、《妇女生活》(沈兹九主编)。更不同于从前的一点,是这些杂志不再是昙花一现,出两三期就被禁,也不像从前一样每期印两千册,而是长期出下去,而且每期可以行销上万份了。""特别是社联的工作有了划时期的发展,他们的活动范围早已经超出了文化界、知识分子的圈子,而已经在职业、妇女、学术团体、高级职员乃至法律界建立了各自的小组。例如由店员、职工、中小资产阶级为基础的蚂蚁社,就是一支很强大的队伍。据我回忆,王纪华、袁庶华、顾准、李伯农、徐步等都是这个团体的积极分子,也是一二九以后沙千里领导的职业界救国会的前身。看形势,三十年代初组织起来的左翼文化运动,已经冲破了原来的左派的圈子,抗日救亡、反对内战、反对华北自治等等口号,已经把成千上万的中小资产阶级和上层爱国人士吸引到我们的阵营中来了。"[1]

在众多的救亡刊物中,影响最大的是邹韬奋在1935年11月16日创办的《大众生活》。"《大众生活》每期销数达二十万份,打破中国杂志界的纪录,风行全国。"[2]它以尖锐泼辣的文字,配上令人触目惊心的照片,向广大读者展示华北事变以来中华民族面对的严重危局,大声疾呼以唤醒民众奋起救亡,说出了大家的心里话。它突出地提醒人们:华北问题不只是局部问题,而是全民族争生存的问题。

---

[1] 夏衍著:《懒寻旧梦录》,北京:生活・读书・新知三联书店,1955年版,第284、285、288、289页。
[2] 邹韬奋著:《患难余生记》,杭州:浙江新华书店,1949年翻印,第9页。

"倘若仍旧存着从前对于东北问题一样的态度、不坚决地看作这是整个中国生死存亡的问题，而仅认为是华北的局部问题，那除非是听任华北做东北第二，全中国做华北第二，绝对得不到其他的结果。"[1]

北平的一二·九大游行发生后，《大众生活》立刻用大量篇幅报道它的实况，对它做出高度评价："我们觉得这个运动的最大的意义是：久在高度压迫下的郁积苦闷悲痛愤怒的全国大众，对于民族解放的斗争情绪，好像久被抑制的火山已在这里拼裂喷放怒号一下。换句话说，这决不是仅仅北平一个地方，仅仅北平数千的热血青年对于国事的态度。这个运动实在是足以代表全国大众对于救亡的坚决的意志的一种强有力的表现。"[2]

12月12日，由年近百岁的马相伯领衔，发表了《上海文化界救国运动宣言》，沈钧儒、邹韬奋等二百八十多人在宣言上署名。宣言指出：国难日亟，东北四省沦亡之后，华北五省又在朝不保夕的危机之下了。"以土事敌，土不尽，敌不餍。"在这生死存亡间不容发的关头，再不能苟且偷安。宣言呼吁："因为华北事件的教训，我们应该进一步

---

[1] 星期评坛：《华北问题》，《大众生活》第1卷第3期，1935年11月。
[2] 星期评坛：《学生救亡运动》，《大众生活》第1卷第6期，1935年12月。

的觉悟！与其到了敌人刀口放在我们的项颈的时候，再下最大的决心，毋宁早日奋起，更有效的保存民族元气，争取民族解放。"[1] 在这篇宣言上署名的人，有共产党员，更多的是中上层爱国民主人士，还有一部分原来处于中间状态的人。宣言虽然用的是"文化界"的名义，其实已大大超越这个范围，包括文艺界、教育界、新闻出版界、银行界、法律界、职业界、宗教界等方面的许多知名人士，显示出各界爱国人士正在抗日救亡的旗帜下联合起来这个重要趋势。

确实，抗日救亡要求所有不愿做亡国奴的人们联合起来，一致对外。陶行知主编的《生活教育》上写道："不管我们大家的主张有什么样的不同，我们都必须暂时牺牲小我的主张，和大众站在一道来共同争取全中国的民族自由解放。"[2]

更加引人注目的是，《大众生活》很快就响亮地喊出建立"联合战线"的口号。它在12月底的星期评坛中写道："凡是不愿自己和子子孙孙做亡国奴的人们都应该督促各界组织起来，成立'联合战线'，和学生运动联系起来，分工

---

[1]《上海文化界救国运动宣言》，《大众生活》第1卷第6期，1935年12月。
[2] 洞若：《殖民地知识分子的使命》，《生活教育》第2卷第21期，1936年1月。

合作，发动民族解放的战争，抢救这个垂危的国家。"[1]下一期，发表了杜重远从狱中寄出的杂感说："国势危殆到了这样急迫的地步，凡是能立在救国的共同目标上的人们都应该结成'民族联合战线'来共同奋斗。"[2]再下一期，又发表平心（邵翰齐）所写的《论联合战线》，指出："现代的一切战斗行动，差不多都离开不了联合战线的建立。""摆在我们面前的最火急的问题，是怎样赶快实现全国救亡的总动员，怎样建立起一致抗敌的人民国防阵线。"[3]接着，章乃器在《四年间的清算》这篇传诵一时的文章中还旗帜鲜明地提出："中国人民目下的要求，是停止一切内战，大家一齐联合来抗战自卫！"[4]

这种建立联合战线的呼声，是客观形势发展的需要，是大批投身救亡运动的人们的共同要求。冲破以往左翼人士比较狭小的圈子，突出地提出"联合战线"的主张，对它的内涵和方法做出系统的说明，这在过去的国内报刊上还不曾有过，反映出他们在政治上已渐趋成熟。它在人们中自然激起巨大的反响。

---

[1]《再接再厉的学生运动》，《大众生活》第1卷第7期，1935年12月。
[2]《青年的爱国义愤》，《大众生活》第1卷第8期，1936年1月。
[3]《论联合战线》，《大众生活》第1卷第9期，1936年1月。
[4]《大众生活》第1卷第11期，1936年1月。

实际体现这种要求的各界救国联合会，就是在此时相继成立的。沙千里回忆道："群众的抗日救亡运动在开始阶段，是处于一种自发状态的，斗争也是分散的。虽然在一定的时候为了进行斗争，也有一些串连，但没有固定的形式把大家联系起来。为了某一件事而进行的斗争结束之后，这种联系也就终止了。随着抗日救亡运动的发展，为了更有力的同日本帝国主义和国民党反动派进行斗争，大家感到需要一个固定的形式把群众的力量统一组织起来。这样，在中国共产党的影响、推动和领导之下，在千百万民众抗日救亡运动的高潮中，上海各方面的救国会先后成立。"[1]

从1935年12月12日到第二年2月23日，先后成立的有上海各大学学生救国联合会、妇女界救国联合会、文化界救国联合会、各大学教授救国会、电影界救国会、职业界救国会、国难教育会等。其中，最活跃的是上海文化界救国联合会和职业界救国会。

为了加强对日益扩展的群众救亡运动的领导，文委决定建立中共江苏省临时委员会，由邓洁任书记，胡乔木、王翰、钱俊瑞等为委员，主要负责救国会方面的工作。各救国会内一般成立有中共党团，如文化界救国会的党团书

---

[1] 沙千里著，中国人民政治协商会议全国委员会文史资料研究委员会编：《漫话救国会》，北京：文史资料出版社，1983年版，第6页。

记是钱俊瑞，妇女界救国联合会的党团书记是杜君慧，职业界救国会的党内核心小组成员有王纪华、雍文涛（以后又有林枫和顾准）。这些党团和党内核心小组都由临委领导。

有了这样多的各界救国会，自然要求进一步联合起来，建立统一的组织。1936年1月28日，淞沪抗战四周年纪念日，上海各界救国联合会成立，沈钧儒被推举为主席。在成立会通过的决议中，提出要筹备全国总会。他们陆续派人到其他重要城市去联络，其他城市也派人到上海来联络。上海已俨然成为全国抗日救亡运动发展的中心。

抗日救亡运动的蓬勃兴起，是南京政府没有预料到的。他们唯恐民众运动的高涨会威胁其统治基础，继续采取镇压措施。2月29日，《大众生活》被查禁。主编邹韬奋在停刊号上发表《紧要启事》说："本刊代表大众的立场和意识，对于万分严重的国难，主张发动整个民族解放的英勇抗战。""态度光明，言论公开，但竟因此受到种种压迫，先之以停邮，继之以查禁。""本刊虽以迫于环境，暂时停顿，而抗日救亡运动却是必然地会持续开展，发扬光大的。"[1] 3月28日，上海文化界救国会出版会刊，创刊号上发表一篇《救国刊物被禁感言》，指出："救国运动在全国的普遍开展，充分的表现

---

[1]《韬奋紧要启事》，《大众生活》第1卷第16期，1936年2月。

了民众救国的热忱。可是在当局'中日亲善'的国策之下，对于救国的言论出版集会结社之自由，下了一个举世稀有的压迫。起先是诬蔑的宣传，继之以逮捕大批学生，妨害救国分子的自由，压迫救国言论，扣留邮寄刊物，到现在，更变本加厉的一气密令查禁了上海二十四种抗日刊物。据说查禁的理由是：鼓动学潮，毁谤政府。过去，代表民众言论的杂志，最大的任务是在唤起民众一致抗日，对于政府，也不过督促它抛弃同敌人'亲善''退让'的屈辱国策，实行抗敌救亡。然而这种争取民族生存的运动，却为敌人的'三大原则'所不许，也为中国政府所禁止。"上海《新世纪报》美籍记者访问97岁的马相伯，问他："中国报纸常说必须联合全国力量。你的意见怎样？"马答："只有联合起来才能避免亡国。"问："你是说要联合各党各派吗？"答："是的，只要他们愿意出来救国。"记者又问："据官厅报告，中国警察袭击复旦大学，是因为复旦大学的救国会被共产党操纵。是不是呢？"马相伯回答："没有证据。共产分子就不许救国吗？"[1]

一二·九运动兴起时，中国共产党领导的中央红军刚刚结束长征，到达陕北不久。1935年12月17日至25日，中共

---

[1]《马相伯先生对美记者发表救国谈话》，《上海文化界救国会会刊》第4号，1936年4月。

中央政治局举行了具有历史意义的瓦窑堡会议,通过《关于目前形势与党的任务决议》。27日,毛泽东根据会议精神做了《论反对日本帝国主义的策略》的报告。决议和报告正确地估计到随着民族矛盾的上升,中国社会阶级关系已经发生变化,并将继续变化;认为民族革命战线是扩大了,党应该采取各种适当的方式方法,去争取这些力量到反日战线上来,最广泛的反日民族统一战线不仅应当是下层的,而且应当是包括上层的;还尖锐地批评了党内长期存在的"左"倾关门主义。尽管这时还没有立刻提出国共合作的主张,但从这种认识出发,实际生活的逻辑会很快导致得出那样的结论来。

第二年2月、3月间,担任中共中央驻北方局代表的刘少奇从陕北来到天津。4月10日,他在中共河北省委的内部刊物《火线》上发表题为《肃清立三路线残余——关门主义、冒险主义》的文章,对纠正抗日救亡运动中还存在的一些"左"的缺点起了重要作用。"刘少奇认为上海便于联系华中、华南,上海地方大,便于掩护。他主张把全国各界救国联合会和全国学联设在上海,并提出把'停止内战,一致抗日'的旗帜打出去。"[1]华北学生代表中的党

---

[1] 王翰:《一二九运动后上海地下党工作路线的转变》,中共上海市委党史资料征集委员会编:《"一二·九"以后上海救国会史料选辑》,上海:上海社会科学院出版社,1987年版,第374页。

员也把一些中共中央和北方局的文件带到上海，使临委中许多人看到了刘少奇反对关门主义的文章。4月25日，中共中央从陕北派来的冯雪峰也到达上海，见到鲁迅、茅盾、宋庆龄、沈钧儒等，并帮助上海各系统党组织恢复同中央的联系，推动了抗日民族统一战线的进一步发展。

从抗日救亡运动新高潮的兴起到这时，已经持续了将近半年时间。运动深入发展的实践，使人们在政治上更加成熟起来。5月6日，上海文化界救国会等五团体编辑的《救亡情报》出版。它的发刊辞中说："'抗敌救亡'，已是中国全体民众的呼声。""我们明白各社会层分子的利益，只有在整个民族能够赓续存在的时候，才能谈到。在这大难当头、民族的生命已危在旦夕的时候，我们必须联合一致，与敌人及敌人的走狗——汉奸斗争。"同期发表的《怎样完成统一战线》一文，把"凡是中华民国不愿做奴隶的民众：农工商学兵""凡是主张抗日救国的国民党党员以及军政领袖"和"凡是主张抗日救亡的一切其他党派的党员"都列为"统一战线的分子"。上海职业界救国会负责人沙千里在该刊第2期《日本侵华新形势》中写道："每一个不愿做奴隶的人，不论他的身份地位，不论他的思想信仰，不论他的党派宗教，应该立刻起来发动神圣的民族战争。"重病中的鲁迅会见该刊记者时，还提醒在建立联合战线过程中应当注意的一个重要问题。他说:"民族危难到了现在这样的地步,联合战线这口号的提出,当然也是必要的;但我始终认为在民族解放斗争这条联合战线上,对于那些狭义的不正确的国民主义者,尤其是翻来覆去的投机主义者,却望他们能够改正他们的心思。"[1]

这时,成立全国各界救国联合会的时机已成熟了。章乃器回忆说:"人的情绪是活的。情绪本身的发展要上升,群众情绪的反映也要促使领导情绪的上升。全国各界救国联合会大约是在一九三六年五月末成立的。那时候,我们的情绪已经有了飞跃的升腾。"[2] 全国各界救国联合会代表大会于5月31日开幕,出席代表有五十多人。开幕当天,经过详细讨论后通过了大会宣言。宣言中说:"在这敌寇日深而内部纠纷依然严重的时候,天良未泯的人民都渴望着一个广大的团结,能有一个全国统一的联合救国阵线。为了这种要求,全国各地各界的救国团体代表们在上海开成了全国各界救国联合会成立大会,建立起来一个统一的人民救国阵线。""大会认为救国阵线现阶段的主要任务——促成全国各实力派合作抗敌的任务,有历史上的重要性。"[3]

---

[1] 芬君:《鲁迅访问记》,《救亡情报》第4期,1936年5月。
[2] 章乃器著:《我和救国会》,《救国会》,北京:中国社会科学出版社,1981年版,第437页。
[3]《全国各界救国联合会成立大会宣言》,《救亡情报》第6期,1936年6月。

第二天，大会又通过《抗日救国初步政治纲领》，提出："救国阵线的共同敌人，是日本帝国主义和汉奸。""所以，除了汉奸以外，我们在横的方面，坚决的主张各党各派的合作；在纵的方面，诚恳要求社会各阶层分子的合作。"[1]

全国各界救国联合会的成立，把原来还比较分散的爱国民众运动汇合成一股更为壮观的洪流，推动国内的抗日救亡运动新高潮持续地向纵深发展。

4. 南京政府对日政策的变化

蒋介石和南京政府在华北事变后的态度又怎样呢？他们的对日政策发生了什么变化？

日本步步加紧对中国的侵略，不仅严重威胁着中华民族的生存，也严重威胁着蒋介石和南京政府的统治地位。蒋介石和南京政府内许多军政人员也有相当强烈的民族情绪。但他们长时期内对日实行妥协退让的政策，主要有两个原因：第一，他们总是害怕蕴藏着巨大潜力的中国民众力量的奋起，自然就觉得自己无力同气焰万丈的日本军国主义势力相抗衡。蒋介石在1934年7月对庐山军官训练团

---

[1]《救亡情报》第6期，1936年6月。

讲话时说："依现在的情形来看，他只要发一个号令，真是只要三天之内，就完全可以把我们中国要害之区都占领下来，灭亡我们中国！""你自己毫无准备，而你的敌人早就埋伏在你四周了，只要你一动的时候，他马上起来包围你，你还不是自己送死吗！所以现在这时候，说是可以和日本正式开战，真是痴人说梦！太不知道自己了，太不知道敌人了！"[1]他们一直希望日本的侵略能够适可而止，并且在很大程度上期待国际社会能对日本实施制裁，使局势不致进一步恶化。第二，他们把消灭中国共产党看作比抵抗日本侵略更加重要得多的事，提出了"攘外必先安内"的方针。1933年4月，日军侵占热河后又向长城各口发动猛攻时，蒋介石却赶到江西南昌亲自指挥对中央苏区的"围剿"，致电各将领说："外寇不足虑，'内匪'实为心腹之患"，"如我'剿匪'各将领若复以北上抗日请命，而无意'剿匪'者，当以偷生怕死者视之"，"如再有偷生怕死、侈言抗日、不知廉耻者，立斩无赦，希各谏遵。"[2]这自然同全国民众的意愿南其辕而北其辙。

---

[1] 蒋介石:《抵御外侮与复兴民族》，中国国民党中央委员会党史委员会编:《中华民国重要史料初编——对日抗战时期》绪编（3），台北，1981年版，第112、113页。

[2] 蒋介石:《告各将领先清"内匪"再言抗日电》，中国国民党中央委员会党史委员会编:《中华民国重要史料初编——对日抗战时期》绪编（3），台北，1981年版，第35、36页。

十分熟悉中国情况的史迪威，在1935年6月前来中国就任美国驻华武官的途中写了一篇《中国未来的局势》。对日本的加紧对华侵略，他写道："有可能制止这种侵占吗？办不到。"蒋介石没有表现出任何迹象说明他愿意冒与日本公开决裂的风险。"他知道自己会吃败仗，而失败就意味着后方会爆发叛乱。因此他情愿坐视不动，控制住他能够控制的一切，指望外国的影响帮助他保住外国企业十分集中的上海。"[1]

但局势的发展却同南京政府的想法全然相悖：日本的侵华野心有增无已，向华北大举进犯；国际联盟和英美等国对制止日本侵华完全无能为力；红军长征取得了成功；全国民众以至国民党统治集团内部要求抗日的呼声日益增高。"事实表明，日本的侵略目的是并吞整个中国，不仅企图消灭在民族斗争中最坚决的共产党，而且也要用亲日的傀儡政权来代替原来的国民党政权。就国内形势说，国民党当局如果仍继续执行原来的误国政策，势必为全国人民所不容，而且势必造成国民党内部更加剧烈的分裂。"[2]对蒋介石和南京政府说来，确也面对着生死存亡的问题。

---

[1] [美]巴巴拉·塔奇曼著，陆增平译：《史迪威与美国在华经验》（上册），北京：商务印书馆，1985年版，第197页。

[2] 胡绳著：《胡绳文集（1979—1994）》，北京：中国社会科学出版社，1994年版，第319页。

自从九一八事变后,南京政府的态度已在一步步发生微妙的变化:由不抵抗政策,到提出所谓"一面抵抗,一面交涉",再到被迫局部应战,但它的基本政策并没有根本改变。华北事变的发展,特别是日本一手导演的"华北自治运动"的出台,把南京政府逼到几乎无路可退的地步。正如蒋介石不久后所说:华北一旦成为东北第二,南京又何尝不可以变成北平?正是在这种情况下,南京政府不能不开始考虑大幅度调整它的对日政策。

1935年10月7日,中国驻日大使蒋作宾就多田骏在天津的挑衅活动会见日本外相广田弘毅。广田提出:"贵国须先同意下列三点:第一点,中国须绝对放弃以夷制夷政策,不得再借欧美势力牵制日本,如仍旧阳与日亲善、阴结欧美以与日仇绝,无亲善之可能。""第二点,'中日满三国'关系须常能保持圆满,始为中日亲善之根本前提。""第三点,防止赤化,须中日共商一有效之方法。赤化运动发源某国,在中国北部边境一带有与日本协议防止赤化之必要。以上三点中国政府如能完全同意,日本对于贵国所提三大原则即逐渐商议实行。"[1]这就是所谓"广田三原则"。如果说得明白一点,是要南京政府答应:第一,同欧美各国和

---

[1]《驻日大使蒋作宾自东京报告与广田外相谈话电》,中国国民党中央委员会党史委员会编:《中华民国重要史料初编——对日抗战时期》绪编(3),台北,1981年版,第641、642页。

国际联盟割断关系；第二，承认伪满洲国；第三，承认日本在内蒙古一带的特殊地位并共同反苏。这些要求，已远远超出蒋介石所能接受的限度。所以他后来谈到"广田三原则"时说："当时的情势是很明白的：我们拒绝他的要求，就是战争；我们接受他的要求，就是灭亡。"

在这种严重局势下，11月12日至23日，国民党召开第五次全国代表大会。大会开幕那天接任国民政府外交部长的张群，在第二年这样描述"五大"所面对的政治气氛："日本人要分离我们华北，使华北政权独立起来，这是去（一九三五年）秋以来他们的积极方针。所以一方面以三原则要挟中央予以承认，一方面又行种种策动分离地方。""当我们五全大会开会时，日本对我的压迫异常猛进，我们的外交途径差不多已经绝望了。"[1]

11月19日，也就是土肥原逼令宋哲元宣布华北自治最后期限的前一天，蒋介石在国民党五大上说了一句很有名的话："和平未到完全绝望之时，决不放弃和平；牺牲未到最后关头，亦决不轻言牺牲。"[2]这是一句双关语：一方面

---

[1]《中国国民党五届二中全会张群委员外交报告》，1936年7月10日，中国国民党中央委员会党史委员会编：《中华民国重要史料初编——对日抗战时期》绪编（3），台北，1981年版，第661、662页。

[2]《接受蒋委员中正关于外交之建议案》，《革命文献》第76辑，1978年版，第250页。

是说，现在还没有到"放弃和平""轻言牺牲"之时；另一方面是说，一旦"最后关头"到来，那就只好"放弃和平"，决心"牺牲"了。

第二天，日本驻华大使有吉明赶到南京去见蒋介石，提出所谓华北自治运动问题，咄咄逼人地威胁道："中央如果采取压迫或武力镇压等方法，势必引起纠纷事态和破坏治安，进而还会严重影响与该地有密切关系之日本及'满洲国'。特别是作为负责'满洲国'安全之关东军，决不会对此默视不问。此点不得不提醒贵方注意。"蒋介石立刻把他顶了回去，说："作为中国，对引起违反国家主权完整、破坏行政统一等之自治制度，绝对不能容许。不过根据连日来华北当局及各团体报告，并无一人希望自治和独立。事态决非如所担心者。""今天和贵大使会见，本拟商谈有关中日邦交改善问题，而首先谈起属于内政问题之华北自治运动等，感到遗憾。"在座的张群插话说："老实说，如果日本召回土肥原少将，阻止多田司令官的济南之行，自治运动将会立即熄灭。"[1] 蒋介石和南京政府对日本采取这样强硬的态度，以前还不曾有过。

在日本军国主义者毫无止境的进逼面前，国民党五大

---

[1] 有吉明致日本外相广田弘毅电，1935年11月21日，南开大学马列主义教研室、中共党史教研组编：《华北事变资料选编》，郑州：河南人民出版社，1983年版，第320、321页。

通过了蒋介石提出的方针和《国难时期集中力量充实国防建设》等议案。宋子文会见《纽约时报》记者哈利特·阿本德时,说得更强烈:"是抗战的时候了。机不可失,时不再来。即使战败也算是有所作为。战败也胜过不战而放弃一切。"[1]

随着对日政策的调整,蒋介石对苏联和中国共产党的态度也悄悄地在发生变化。南京政府在1935年底开始试探,寻求苏联的援助。陈果夫的亲信曾养甫在这年11月间找到原来同周恩来相识的谌小岑,要他设法"打通共产党的关系"。[2]他们还通过其他多种渠道,在第二年春同中共中央取得了联系。蒋介石为什么会这样做?用他自己的话来说:"中日战争既已无法避免,国民政府乃一面着手对苏交涉,一面亦着手中共问题的解决。"

1936年7月13日,蒋介石在国民党五届二中全会上发表演说,谈到对日外交中的"最低限度"问题时说:"假如有人强迫我们欲订承认伪国等损害领土主权的时候,就是我们不能容忍的时候,就是我们最后牺牲的时候,这是

---

[1] [美]巴巴拉·塔奇曼著,陆增平译:《史迪威与美国在华经验》(上册),北京:商务印书馆,1985年版,第203页。

[2] 谌小岑:《西安事变前一年国共两党关于联合抗日问题的一段接触》,《文史资料选辑》第71辑,第3页。

一点。其次，从去年十一月全国代表大会以后，我们如遇有领土主权再被人侵害，如果用尽政治外交方法而仍不能排除这个侵害，就是要危害到我们国家民族之根本的生存，这就是为我们不能容忍的时候。到这时候，我们一定作最后之牺牲。所谓我们的最低限度，就是如此。"[1]这种态度，显然比上一年国民党五大时更加明朗了。9月间，外交部长张群同日本驻华大使川越茂交涉时，也采取了强硬的态度。同月18日，蒋介石致电军政部长何应钦说："预防对日交涉恶化，应即准备一切，并令军事各机关积极筹办。"[2]南京政府对抗日的军事准备步伐明显地加快了。9月24日，蒋介石在日记中写道："倭使川越与我外交部谈判形势，昨已等于决裂，彼只有片面要求，而我方所提之五条件，则概谓不得提出，是可忍，孰不可忍？""察倭素性之横暴，决不能避免战争，而倭寇乃未料及启衅之后，决无谈和之时，非我亡，即彼亡，此亦理势之所当然也。"[3]

---

[1] 蒋介石在国民党五届二中全会上的讲话，中国国民党中央委员会党史委员会编：《中华民国重要史料初编——对日抗战时期》绪编（3），台北：1981年版，第666—667页。

[2] 蒋介石致何应钦电，中国国民党中央委员会党史委员会编：《中华民国重要史料初编——对日抗战时期》绪编（3），台北：1981年版，第673页。

[3] 蒋介石日记，1936年9月24日，中国国民党中央委员会党史委员会编：《中华民国重要史料初编——对日抗战时期》绪编（3），台北：1981年版，第674页。

中国共产党清楚地看到了蒋介石和南京政府的这种变化，同时也充分估计到实现这个变化的艰巨性和复杂性。在9月16日的中共中央政治局会议上，周恩来谈到蒋介石的对日态度时说：自五全大会后是有变动的，近半年来有更多的变动，认蒋是完全投日的是不对的。毛泽东也谈到联蒋的问题：我们一方面要联，现在还没有实现联，我们的警戒是不能放松的。他和我们联合是可能的，但哪天可实现联合是说不定的。我们的方针应如此，那方面的事情要由他自己去决定。11月13日，毛泽东在政治局会议上又说到：蒋不一定是始终不变的，根据情况的变迁，有可能逼他走到与我们联合。

事情正是这样。南京政府政策的转变，走的不是一条笔直的路，中间又有不少波折。蒋介石对共产党的疑忌实在太深了。在他看来，所谓"中共问题的解决"就是要共产党向国民党投诚，由他们收编。他后来说过："我对于中共问题所持的方针，是中共武装必先解除，而后对他们党的问题才可作为政治问题，以政治方法来解决。"这当然是办不到的。因此，如果能用武力来强行解决，他仍认为是"上策"，还要再试一试。当两广事件解决后，他腾出手来，又调集重兵，并逼迫张学良和杨虎城，准备对陕北发动新的"会剿"。他对抗日救亡的民众运动同样疑忌很深，在11月

23日突然逮捕救国会领袖沈钧儒、邹韬奋等,造成震动全国的七君子案。这两件事发生的时间十分接近,但形势比人强,中国走向团结抗日的总趋势已不可逆转。在张学良、杨虎城两将军发动下,具有重大历史意义的西安事变发生了。随着西安事变的和平解决,在实际上停止了内战,促成了第二次国共合作,终于在第二年迎来了全民族抗日战争的爆发。

（二）七七事变前蒋介石对日政策的演变[1]

七七事变前几年间，蒋介石的对日政策经历了重大变化：从"攘外必先安内"到停止内战、合作抗日。这个变化是许多人原来没有想到的。为什么看起来似乎无法调和的对抗力量会走上停止内战、合作抗日的道路？为什么蒋介石的对日政策会在几年内发生这样大的变化？这个问题自然会引起人们很大的兴趣。

1. "攘外必先安内"方针的提出

"攘外必先安内"的方针，最早大概是九一八事变前夕的1931年7月间由蒋介石提出来的。"攘外"，指的是反抗日本军国主义对中国的武装侵略。"安内"有两个对象：一

---

[1] 本文是作者2013年5月23日在台北的政治大学"蒋中正讲座"所做的报告。原载《近代史研究》2014年第1期。

个是中国共产党；另一个是国民党阵营内部的地方实力派。

日本的侵略野心太大了，要灭亡整个中国，独霸东亚。这关系到中华民族的生死存亡，是放在所有中华儿女面前的头等大事。孙中山先生提倡的三民主义，在国民党内被奉为"总理遗教"。对蒋介石来说，在民权主义和民生主义这两方面的表现实在不敢恭维。而民族主义在他身上还有相当明显的表现。

九一八事变震动了整个中国。事发后的第三天，9月20日，蒋介石在日记中写道："闻沈阳、长春、营口被倭寇强占以后心神哀痛，如丧考妣，苟为我祖我宗之子孙，则不收回东省永无人格矣，小子勉之。"[1]

22日，他在日记中又记录："上午到市党员大会，余讲至国存与存、国亡与亡之句，有一人讥为言过其实一语，余心为之碎……哀痛之至，抛碎茶杯，撕破倭本，不觉失态。"[2]

这种民族主义思想，是他以后停止内战、合作抗日，并且坚持抗战的重要内在原因。但他并没有因此就下决心奋起抗日，相反，却在很长时间内对日步步退让，而且以"攘外

---

[1] 蒋介石日记（手稿本），美国斯坦福大学胡佛研究所藏，1931年9月20日。
[2] 同[1]，1931年9月22日。

必先安内"来严厉压制那些要求坚决抗日的主张和行动。

那时,在国民党内部,要求同日本侵略者决一死战的呼声很高。蒋介石最信任的将领陈诚在9月22日向他提出:"职等分属军人,责在卫国,愿率所部与倭寇决一死战,成败利钝,概不暇计。宁可致死于亡国之前,不愿偷生于国亡之后。"24日,他又电蒋,要求对日宣战:"我政府除明令对日宣战外,别无瓦全之道","不直接打倒帝国主义,而日事讨逆'剿匪',乃舍本逐末"。[1]

蒋介石没有接受这种意见。就在陈诚发出后一个电报的同一天,他写下"手谕":"惟有坚忍沉毅,力持镇静,取稳健团结态度,务须避免轨外行动,免为反动所乘机,致滋口实,贻害大局。"[2]

为什么他会这样?蒋介石的想法主要有两条:

第一,他看不到中国民众中蕴藏着的巨大抗日潜力,而且总害怕民众力量起来会威胁他们的统治。而离开民众的力量,面对经济实力和武器装备远较中国强大的日本军国主义势力,自然会怀着很大的恐惧感,觉得根本无力同

---

[1] 陈诚著:《陈诚先生书信集·与蒋中正先生往来函电》(上),台北:"国史馆",2001年版,第60、61页。
[2] 同[1],第61页。

它相抗衡。因此,他一直希望日本的侵略能够适可而止,并且在很大程度上期待国际社会能对日本实施约束,使局势不致进一步恶化。

对待民众运动的态度,确实是一个根本问题,也是当时南京政府的致命弱点。1928年春,国民党二届四中全会上曾就这个问题展开过激烈的争辩。时任中央党部秘书的王子壮,在六年后的日记中对会上占主导地位的意见这样追述:"在野之党必运动民众以夺取政权,今我党既统一全国,为何还要运动民众?在此时运动目的何在?岂能运动民众来反对自己吗?"这确实坦率地说出了国民党高层一部分人的心声。王子壮感叹道:在全会上,这种"主张完全胜利,然吾党之一蹶不振,此其端也"。[1]蒋介石对民众运动的态度正是这样。由于离开了民众的力量,他就处处觉得没有什么力量足以同日本侵略者相对抗。

请看,1934年7月蒋介石对庐山军官训练团讲话时说:"依现在的情形来看,他只要发一个命令,真是只要三天之内,就完全可以把我们中国要害之区都占领下来,灭亡我们中国!""你自己毫无准备,而你的敌人早就埋伏在你四

---

[1] 王子壮著:《王子壮日记》第2册,台北:"中央研究院"近代史研究所,2001年影印,第267页。

周了,只要你一动的时候,他马上起来包围你,你还不是自己送死吗?所以现在这时候,说是可以和日本正式开战,真是痴人说梦!太不知道自己,太不知道敌人了!"[1]

历史事实证明:以后抗日战争之所以能取得最后胜利,并不是由于此后三年间军事准备有了突飞猛进的进展,使双方的力量对比发生了根本变化(当然,这方面有了一些进展是应该承认的),而是由于停止内战、合作抗日后中华民族内部蕴藏的巨大潜力一步一步显示出来,这是任何侵略者永远无法战胜的。

第二,他对国内异己力量的疑忌太深了,很长时间内把消除这些异己力量看得比抵抗日本侵略者重要得多。

这里,首先是中国共产党。这不需要多说。蒋介石日记中也一再写道:"若于倭赤二问题并论,则赤急于寇,决先灭赤而后灭倭,以对赤之主动尚在于我身,而且其患莫大也。"[2]

除了共产党以外,国民党内的反对势力特别是西南的地方实力派,也是蒋介石十分疑忌的。1931年,蒋介石就

---

[1] 蒋中正著:《抵御外侮与复兴民族》,中国国民党中央委员会党史委员会编:《中华民国重要史料初编——对日抗战时期》绪编(3),台北,1981年版,第112、113页。

[2] 蒋介石日记(手稿本),美国斯坦福大学胡佛研究所藏,1933年8月5日。

是在宁粤分裂的情况下被迫第二次下野的。1935年中央红军进入贵州后,由于贵州地方实力派首领王家烈同广东、广西暗中成立三省互助联盟,特别是同桂系的李宗仁、白崇禧关系更为密切。蒋介石在日记中,一再称还是他部下的桂系为"桂逆",写道:"桂逆乘机捣乱也。"又说:"桂逆阴谋愈急,诚不可以理喻也。""倭桂粤志(在)积极谋乱,无或变更,而反变本加厉也。"[1]因此,他防备桂系之心,不在"追剿"中央红军之下。这种令人难以想象的状况,却是事实。

对四川的刘湘、山东的韩复榘、冀察的宋哲元等,蒋介石都很不放心。还有不少地方实力派事实上也处于半独立的状态。

总之,一个是对日本军事经济力量的恐惧,一个是对国内异己力量的深深疑忌,这便是蒋介石提出"攘外必先安内"的由来。

尽管九一八事变给了蒋介石强烈的刺激,他在日记中对此表现出来的痛苦和愤怒不能说都不是事实。但他拿不出任何对付日本侵略者的办法,只是把希望主要寄托在国

---

[1] 蒋介石日记(手稿本),美国美国斯坦福大学胡佛研究所藏,1935年4月7日、18日、19日、27日"本周反省录"。

际联盟的出面干涉上。他在日记中写道:"余主张日本占领东省事,先提国际联盟与非战公约国,以求公理之战胜。"[1] 这年12月2日,他在国民党中央的政治会议上宣布的对日外交方针三原则的第一条就是"解决东三省问题,不要脱离国际联合会的关系,我们要在国际力量保障之下,使日本撤兵"。[2] 他还曾露出内心深处对丧失东北的看法:"事实上,东北在九一八以前,仅名义上归属于国民政府,而军权、政权、财政,俨然独立,至少可说非革命势力范围以内之地,不过从前是有名无实,而今则并丧其名。"[3]

这就不难明白,为什么九一八事变后,尽管全国民愤沸腾,而蒋介石仍以主要力量进行内战,而对日本强占东北却采取了消极等待和一味退让的态度。

2. 日本侵略者的步步进逼和蒋介石的犹豫摇摆

九一八事变不过是日本侵略中国跨出的一大步,紧接着就有第二步和第三步。

---

[1] 蒋介石日记(手稿本),美国斯坦福大学胡佛研究所藏,1931年9月21日。
[2] 中国国民党中央委员会党史委员会编:《国民政府处理九一八事变之重要文献》,台北,1992年版,第201页。
[3] "国立编译馆"主编,陈志奇辑:《中华民国外交史料汇编》第8册,台北:渤海堂文化事业有限公司,1996年版,第3415、3416页。

日本军国主义的终极目标是要灭亡中国，独霸东亚。对"田中奏折"虽然存在争议，但大多数人都承认，其中所说的"惟欲征服中国，必先征服满蒙；如欲征服世界，必先征服中国"，确是日本军国主义的既定国策，事实正是沿着这条路一步一步实施的。

九一八事变的第二年，1932年，日本一面策动一·二八事变，武装进攻上海；一面在东北制造出一个称为"满洲国"的傀儡政权。也在这一年，蒋介石曾寄予厚望的国际联盟派出李顿调查团到远东调查。调查报告说了许多空话，没有对日本的侵略活动采取制裁措施，还提出成立东北省自治政府的荒谬主张。而日本却在这以后宣布退出国际联盟。派去参加国联会议的中国代表颜惠庆在自传中写道："一般强国，对于我国向国联的呼吁，始终态度淡漠。"[1]蒋介石原来想靠国联力量使日本撤兵的期望完全落空。

1933年，日本关东军又西进占领热河省，并且越过长城南下，进入河北平原。中国军队在长城各口抵抗的原有东北军三个军、二十九军宋哲元部、晋军商震部等。后来，蒋介石也调中央军徐庭瑶部三个师到古北口与日军对峙，

---

[1] 颜惠庆著，姚崧龄译：《颜惠庆自传》，台北：传记文学出版社，1989年版，第170页。

进行过英勇的抗击,这无疑是一个进步。但蒋介石的主要力量依然放在对中共的第五次"围剿"上。他设立南昌行营,亲自前去指挥。直接用于进攻中央苏区的兵力达50万人,其中主要由中央军组成的北路军有33个师又3个旅,兵力是北上抗日的中央军10倍以上。不少将领要求北上抗日。蒋介石在4月6日致电各将领说:"外寇不足虑,'内匪'实为心腹之患。如不先清'内匪',则决无以御外侮。""乃复闻我在赣直接负'剿匪'责任之各将领,亦多以'内匪'难剿,意在御侮(引者注:指抵御外侮),以博一时之虚荣。此种心猿意马、南辕北辙之心理,未有不归之灭亡。"他还讲了一句分量极重的话:"如再有偷生怕死、侈言抗日、不知廉耻者,立斩无赦。"[1]

日军越过长城各口后,面对的是一片平原,无险可守,北平已被三面包围。南京政府派在平津的主要负责人黄郛和何应钦,已惊慌失措。黄郛的妻子沈亦云回忆道:"形势如此,已准备撤退,弃平津矣。"[2]蒋介石在日记中也写道:"接何黄来电,惶惶如不可终日,甚欲放弃北平。"[3]北平已

---

[1]蒋介石:《告各将领先清"内匪"再言抗日电》,中国国民党中央委员会党史委员会编:《中华民国重要史料初编——对日抗战时期》绪编(3),台北,1981年版,第35、36页。

[2]沈亦云著:《亦云回忆》(下册),台北:传记文学出版社,1980年版,第477页。

[3]蒋介石日记(手稿本),美国斯坦福大学胡佛研究所藏,1933年5月23日。

危在旦夕,他仍不从南方再抽调一兵一卒北上支援。

这时,日方忽然由武官藤原出面邀约黄郛深夜到其私宅密谈。黄郛在5月22日日记中诉说他当时的处境和心情:"彻夜谈判,心酸胆裂,勉拟定觉书四条(停战初步),散已次晨天明。"[1]

为什么日军不乘势占领平津而转入谈判?并不是他们发什么善心,而是因为他们气势汹汹的背后也有着虚弱的一面。问题主要是两个:第一,他们占领东北三省和热河,总面积达128.5万平方公里,是日本本土面积的3倍,东北民众在激烈反抗,抗日义勇军风起云涌。野心勃勃而国力有限的日本侵略者立足未稳,还需要暂时收缩,用一些时间来消化和巩固他们在新占领区的统治秩序。第二,华北各省和长城以北的"满蒙"地区有所不同,原来不是日本独霸的势力范围,而涉及欧美列强的权益较多,如果操之过急,担心会引起欧美列强的强烈反应。他们只能走一步,稍停一下,再跨出第二步。日本天皇事先也没有允准军部在这时大举越长城南下。但是,南京政府和蒋介石却看不清这一点,对停战觉得大大松了一口气。5月24日,

---

[1] 黄郛著:《黄郛日记》(手稿复印件),台北:"中央研究院"近代史研究所图书馆藏,1933年5月22日。

也就是黄郛和日方密谈后两天,蒋介石致电何应钦、黄绍竑、黄郛称:"事已至此,委曲求全,原非得已,中正自当负责。"[1]事实上批准了他们同日方签订协定。

5月31日,华北军分会总参议熊斌奉命同日本关东军参谋副长冈村宁次签订《塘沽协定》。他们之间根本没有什么谈判可言。协定草案由日方提出后,冈村宁次便蛮横地说:中方对草案只能回答"诺"与"否",不容修改一字。这种情景,几乎同签订《马关条约》时日本首相伊藤博文对李鸿章的态度一模一样。协定的内容中,最重要的是两条:一是日军撤至长城一线,那就在事实上承认了日本对长城以北的中国东北四省的占领;二是中国军队不得在日军撤出后的冀东地区驻守,那就使平津门户大开,为日方下一步制造华北事变作了准备。他们所得到的,已比这次出兵时的期望多得多了。

蒋介石和南京政府这时的底线,是不能书面或口头上承认伪满洲国和割让东北四省,其他条件都可以答应。因此,《塘沽协定》签订后,蒋介石只是在日记中记道:"昨日停战协定,在塘沽签字,事实上未有过,而文字实令人难堪。代表之无能,与前方之怯懦,不胜惭惶。然而彼既签字,

---

[1] 沈亦云著:《亦云回忆》(下册),台北:传记文学出版社,1980年版,第483页。

则我不能不负责自任，勿使敬之更加为难也。"[1]

时任教育部长的王世杰在6月3日的日记中写道："中央政治会议讨论'协定'案时，颇多愤懑之人，然既经签字，汪、蒋两人复主承诺，自不会发生翻案结果。"[2]

1934年和1935年初，是一个过渡性的阶段。日本侵略者出于他们的需要，在侵华活动中做出一些缓和的姿态。尽管事件仍然层出不穷，但大规模的武装进攻暂时停止下来，日本侵略军从山海关、古北口等长城要隘撤出，东北和关内之间实现通邮和通车，中日两国又互将驻对方使节从原来的公使升格为大使。在这种背景下，日方特意把"中日提携"和"经济合作"的调子高唱入云，扬言"今后欲打破中日间难关"。这一切，都是为他们下一步准备大举侵华施放的烟幕。

蒋介石却松了一口气，从这种状况中得出异常乐观的结论。1934年3月7日，他在南昌做《中国之外交政策》讲演时说："日本侵略中国，乃坐于中国之不竞，纯粹由于吾人之不能自立自强。中国何日能统一安定，发愤为雄，予信不仅东北失地必能归还，而且日本以所处地位环境之

---

[1] 蒋介石日记（手稿本），美国斯坦福大学胡佛研究所藏，1933年6月1日。
[2] 王世杰著：《王世杰日记》第1册（手稿本），台北："中央研究院"近代史研究所，1990年影印，第5页。

孤危，及与中国民族血统之相近、历史文化之关切、更素念中国为王道文明之国家，必然乐于依附，随我而竞争于国际大舞台也。故日本之于中国，正所谓'辅我则后，虐我则仇'，终非我最后最大的敌人也。"[1]这样说来，中国遭受日本那样残暴的侵略，不能怪日本，倒只能怪自己不争气，只要中国能"自立自强"，连"东北失地"也"必能归还"。想想这时离七七卢沟桥事变只有三年了，蒋介石做出这样的判断实在令人吃惊。

是不是这些话只是蒋介石在公开讲话中的一种姿态？不。在蒋介石的日记中也可以看到不少类似的话。1934年11月21日："季陶言只要中国能争气自立，则日本必为我良友，决不敢驾乎我之上。"蒋在第二天记道："季陶之言当可考虑及之。"1935年1月的"本月反省录"写道："倭寇态度似可渐缓和，或有交还东北主权之可能。"[2]

这就不难理解，为什么1934年12月20日会在《外交评论》上发表那篇由他口述、陈布雷执笔、以徐道邻署名的长篇文章《敌乎？友乎？》，文章的结尾写道："总而言之，中日两国历史上、地理上、民族的关系上，无论哪一方面

---

[1]"国立编译馆"主编，陈志奇辑编：《中华民国外交史料汇编》第8册，台北：渤海堂文化事业有限公司，1996年版，第3338页。
[2]蒋介石日记(手稿本)，美国斯坦福大学胡佛研究所藏，1934年11月21、22日、1935年1月，"本月反省录"。

说起来，其关系在唇齿辅车以上，实在是生则俱生，死则同死，共存共亡的民族。究竟是相互为敌，以同归于绝灭呢？还是恢复友好，以共负时代的使命呢？这就要看两国、尤其日本国民与当局有没有直认事实、悬崖勒马的勇气，与廓清障蔽、谋及久远的和平。"[1]这篇文章，许多报纸纷纷转载，日本不少报纸和杂志也加以转载，造成很大影响。而对日本军国主义者说这些话，其实只能用"与虎谋皮"四个字来形容。

3. 转折的开始

敌乎？友乎？回答很快就来了。

经过一段时间的酝酿和准备，日本军国主义认为已有条件将侵略势力进一步向华北扩展。秦孝仪在《蒋介石大事长编初稿》中谈了《敌乎？友乎？》发表后的情况："日本关东军则于（1935年）1月4日在大连召开会议，决定'以武力为背景，推进其分割华北之政策'。亦即依照其冈田内阁于上年12月7日制定之所谓'对支新政策'，其内容乃以'将国民政府在华北之势力减至最小限度，并将山西、

---

[1] 秦孝仪总编纂：《蒋介石大事长编初稿》卷3（上册），台北：国民党中央党史委员会，1978年10月版，第156页。

(二) 七七事变前蒋介石对日政策的演变　273

山东、西南之反国民政府之势力扶植至最大限度'为其基本构想。"[1]中日关系又趋恶化。但蒋介石在2月1日的日记中仍写道："对倭，近情似可缓和一时。"[2]王世杰在1月13日日记中也写道："汪、蒋两公对日之态度与政策，日趋于妥协。"[3]

1935年5月、6月间，日军借口两名亲日报人被暗杀和原在热河的抗日义勇军孙永勤部退入关内这两件事，再次进行武力威胁。5月29日和6月9日，天津驻屯军参谋长酒井隆向何应钦先后提出罢免河北省政府主席于学忠、把中央军和国民党党部撤出河北、禁止全国排日活动等要求。7月6日，何应钦复信天津驻屯军司令官梅津美治郎，"承诺"实施酒井隆提出的那些要求。日方把它称为"何梅协定"。接着，秦德纯和土肥原贤二又签订关于出让察哈尔权益的协定。

这时，蒋介石正在西南亲自指挥对中央红军的追堵和加强对川、云、贵等省的控制，日方却在华北如此加紧武力逼迫，这是他没有想到的，受到很大刺激。他在5月30日和6月10日的日记中分别写道："倭寇紧逼，只有以缓处

---

[1] 秦孝仪总编纂：《蒋介石大事长编初稿》卷3（上册），台北：国民党中央党史委员会，1978年10月版，第166页。

[2] 蒋介石日记（手稿本），美国斯坦福大学胡佛研究所藏，1935年2月1日。

[3] 王世杰著：《王世杰日记》第1册（手稿本），台北："中央研究院"近代史研究所，1990年影印，第11页。

之。""为河北军队之撤换与党部之撤销，悲愤欲绝，实无力举笔覆电。妻乃下泪，彻夜未寐。"[1]他在日记中偶尔也讲几句狠话，其实无计可施。5月31日，他在致张学良的电报中说："若孝侯（引者注：即日方要求罢免其职务的河北省政府主席于学忠）问题，如果坚持，期保威信，则必先下不顾一切、不辞一战之决心；如其不能，则应勉尽人事，自动缓和，以冀补救。"[2]很清楚，他已准备答允日方的要求以避免"一战"了。6月22日，他在"本周反省录"中又写道："与其抗战失败而失平津，不如自动撤退免倭借口，以期保全平津而图挽救。此总退却之胜利也。"[3]到何应钦向梅津做出"承诺"后，他又在7月21日的日记中写道："倭态渐变，似有缓和趋势，应十分注意运用方法，毋忘转入主动地位。"[4]

其实，蒋介石只要不痛下决心实行抗战，对日本的侵略又哪里谈得上"转入主动地位"？他在8月3日所写的"本周反省录"中说了一句实话："今则我处被动，而彼处主

---

[1] 蒋介石日记（手稿本），美国斯坦福大学胡佛研究所藏，1935年5月30日、6月10日。
[2]《蒋介石档案·事略稿本》(31)，台北："国史馆"，2008年版，第176、177页。
[3] 同[1]，1935年6月22日，"本周反省录"。
[4] 同[1]，1935年7月21日。

动,我求和缓,而彼求急进,决不能操之在我。"[1]也就是说,他一直处于被动地位,只有当日方逼得太狠了,才讲上几句狠话,而当日方做出一些和缓姿态时,他就如释重负,回到消极退让的旧路上去。这种不断退让,只能被对方视为软弱可欺,更加得寸进尺地进逼。外交耆宿颜惠庆回忆道:"在南京时,曾与当道接谈多次,对于外交方面,实亦看不出有何决策,一切不免随时俯仰,静候国际发生变化,因利乘便。"[2]

就在这个时候,日本军国主义势力却做出准备直接控制整个华北的重大决策,在侵华活动上又跨出了一大步。

为什么日本在此时表现出比签订《塘沽协定》时更大的野心、做出这样的重大决策?除了他们久已垂涎华北的政治经济资源以外,有两个因素起着重要作用:第一,伪满政权成立和热河沦陷后,经过一段时间,日方以为他们对中国东北四省的统治已初步巩固,可以腾出手来侵入中国关内地区。第二,从国际局势来看,由于欧洲德意两个法西斯势力崛起和美国国内孤立主义的抬头,英、美、法等都无暇他顾,在远东一意对日妥协。这就解除了日本军

---

[1]蒋介石日记(手稿本),美国斯坦福大学胡佛研究所藏,1935年8月3日,"本周反省录"。
[2]颜惠庆著,姚崧龄译:《颜惠庆自传》,台北:传记文学出版社,1989年版,第200页。

国主义在1933年签订《塘沽协定》时还有的两点顾忌，认为已是扩大对华侵略的大好时机。

日本陆军省在8月6日提出《关于对北支政策》，希望华北五省"不受南京政府政权政令的支配，而成为自治色彩浓厚的亲日'满'地带"。同月，多田骏在天津就任日方的中国驻屯军司令官。当时，奉天特务机关长是土肥原贤二，关东军参谋副长是板垣征四郎。日本防卫厅战史室编纂的《大本营陆军部》指出，从这年8月起，由于这"三个中国通的共同协作，华北工作有了飞跃发展"。[1]

这以后，局势紧锣密鼓般发展，让人仿佛喘不过气来。

9月间，日本外相广田弘毅会见中国驻日大使蒋作宾，向南京政府提出三条原则："第一，中国须绝对放弃以夷制夷政策；第二，中国对于'满洲国'事实的存在必须加以尊重；第三，中国北边一带地方之防止赤化，中日须共商有效办法。"[2]这三条原则说得明白一些，就是：一、中国不得借助英美力量以牵制日本；二、正式承认"满洲国"；三、共同防俄（这时日俄矛盾正日趋紧张）。这些要求远远

---

[1]《日本军国主义侵华资料长编（上）·〈大本营陆军部〉》，成都：四川人民出版社，1987年版，第255页。

[2]何应钦上将九五寿诞丛书编辑委员会编：《何应钦将军九五纪事长编》（上），台北：黎明文化事业股份有限公司，1984年版，第470页。

超出蒋介石所能接受的限度，成为他考虑对日政策的重要转折。蒋介石后来讲到"广田三原则"时说："当时的情势是很明白的，我们拒绝他的要求，就是战争；我们接受他的要求，就是灭亡。"[1]时任山西省政府主席的徐永昌10月15日日记讲到"广田三原则"时写道："蒋先生看定日本是用不战屈中国之手段，所以抱定战而不屈的对策。"[2]

10月中旬，日本参谋本部第二部部长冈村宁次等来到中国，先后在大连、上海、天津分别召开日本驻华陆海军高级将领和驻各地总领事、领事、武官会议，板垣征四郎、多田骏和日本驻华大使有吉明也参加会议。这自然不是通常的活动，会议内容秘而不宣，也格外引人注目，并引起种种猜测。

11月中旬，更加令人震惊的消息传来：日本军方一手导演的"华北自治运动"公开出台。谁都明白，所谓"自治"，其实是要使华北五省二市脱离中央政府而处于日本的控制之下。包括北平和天津的华北地区，在国内处于举足轻重的地位，这里发生的严重危机自然使全中国为之震动。

---

[1] 蒋中正著：《苏俄在中国——中国与俄共三十年经历纪要》，台北："中央文物供应社"，1982年版，第59页。

[2] 徐永昌著：《徐永昌日记》第3册（手稿本），台北："中央研究院"近代史研究所，1991年影印，第318页。

关东军司令官南次郎此时派土肥原贤二到北平。徐永昌在 11 月 12 日日记中写道:"土(肥原)颇逼迫商(震)宋(哲元),谓你们不组织华北新政权,日将动员五师兵送宣统到平。"[1] 土肥原还向兼任平津卫戍司令的第二十九军军长宋哲元提出最后通牒式的警告:限他在 20 日前宣布"自治"。宋哲元密电报告蒋介石。华北局势已到千钧一发的关头,这也已突破蒋介石能够退让的底线。

国民党正自 11 月 12 日开始举行第五次全国代表大会。蒋介石本来在 16 日已经做了政治报告,由于华北局势的急剧变化,他在 19 日(也就是土肥原逼令宋哲元宣布"华北自治"最后期限的前一天),又在大会上做了对外关系之报告,说了一句很有名的话:"和平未到完全绝望之时,决不放弃和平;牺牲未到最后关头,亦决不轻言牺牲。"[2] 这是一句双关语:一方面是说,现在还没有到"放弃和平""轻言牺牲"之时;另一方面是说,一旦"最后关头"到来,那就只好"放弃和平""决心牺牲"了。这是一个微妙而又十分重要的变化。

---

[1] 徐永昌著:《徐永昌日记》第 3 册(手稿本),台北:"中央研究院"近代史研究所,1991 年影印,第 327 页。

[2] 秦孝仪主编:《蒋介石思想言论总集》卷 13,台北:中国国民党中央委员会党史委员会,1984 年版,第 523 页。

报告结束时,蒋介石又向大会提出:"大会如以上述方针为是,请大会授权政府,在不违背方针之下,政府应有进退伸缩之全权,以应此非常时期外交之需要。"[1]大会一致通过了这种授权,这是一个关系重大的授权。

由于长期坚持"攘外必先安内"的方针,这时对抗日战争还没有做多少准备。陈诚同月3日给妻子的信中写道:"对日虽决定抵抗,但毫无准备也。"[2]

土肥原这次提出最后通牒式的警告,其实是虚声恫吓。宋哲元也好,山东的韩复榘也好,山西的阎锡山也好,都没有在日方的威胁下接受他们提出的实行"华北自治"的要求。日本军方也没有做好立刻采取大规模行动的准备。11月20日这个万众瞩目的"最后期限"在静悄悄中过去了。土肥原只能策动河北专员殷汝耕在冀东地区成立了一个伪政权。

"华北自治"虽然没有能够实现,但日本军队在平津一带已为所欲为地到处横行,不断举行"军事演习"。空气中已充满着火药味。北平一个青年学生给《大众生活》主编邹韬奋的信中写道:"政府当局及学校当局屡次谆谆告诫,要学生安心读书,但是敌人的飞机尽在我们头上掠过,所

---

[1]《蒋介石档案·事略稿本》(34),台北:"国史馆",2009年版,第267页。
[2] 陈诚著:《陈诚先生书信集·家书》(上),台北:"国史馆",2001年版,第353页。

谓野外演习的炮声震得教室的玻璃窗发抖,机关枪不断的响着在打靶。这一颗颗的子弹,好像每颗都打在我们心上一样的难过。先生,我们能念书吗?"[1]这是多么痛心的语言!

民众的悲愤已经到了极点。从北平开始,发生了以爱国学生为主的一二·九运动。在上海以至全国各地,纷纷成立各界的救国会。停止内战、合作抗日,成为越来越多人的共识。这就为全民族抗战的爆发奠定了广泛而坚实的群众基础。

4. 停止内战、合作抗日

国民党五大后,蒋介石和南京政府的内外政策都一步步发生了变化。用蒋介石的话来说:"中日战争既已无法避免,国民政府乃一面着手对苏交涉,一面亦着手中共问题的解决。"[2]

12月10日,蒋介石日记中有一句只有七个字却很值得注意的话:"约立夫、文仪来谈。"[3]谈什么?日记中没有说。从以后的事实来看,就是想解决上述两方面的问题。陈立

---

[1]《大众信箱(四)》,《大众生活》第1卷第6期,1935年12月。
[2]蒋中正著:《苏俄在中国——中国与俄共三十年经历纪要》,台北:"中央文物供应社",1982年版,第62页。
[3]蒋介石日记(手稿本),美国斯坦福大学胡佛研究所藏,1935年12月10日。

夫回忆:"民国二十四年圣诞节之前夕,蒋委员长就派我赴苏俄进行秘密交涉,我向来没办理过外交工作,初次尝试,深感惶恐。领袖授以权宜,并嘱我此行必须绝对保密,故均用化名的护照。"[1]但因消息泄露,中外瞩目,引起苏方不满,只得中途回国。邓文仪当时是驻苏武官。他回忆说:"十二月初旬,政府命我迅即回莫斯科去,有要事要我会同去办,不能延迟。"他回莫斯科后,"对莫斯科与中国有关的俄国高级将领、过去曾在中国担任顾问的人,及中国共产党在莫斯科的代表,曾有相当联系与恳谈"。[2]中共驻共产国际代表团表示,两党的中央都在国内,谈判以在国内进行为好。与此同时,蒋介石在国内也设法寻找中共的关系。陈立夫把这个任务交给他的亲信曾养甫。曾设法找到两个关系,一个是北方的吕振羽,一个是在上海的张子华,并同他们会晤。但他们都不能代表中共中央进行谈判。因此,国民党当局仍希望能同中共中央直接取得联系。

那时,中共中央已经到了陕北。由于国难深重,日本军国主义企图吞并整个中国,成为中华民族最危险的敌人,蒋介石对日态度正在发生变化,共产国际七大提出建立国际反法西斯统一战线的主张对中共中央也产生影响,1935

---

[1]陈立夫著:《成败之鉴——陈立夫回忆录》,台北:正中书局,1994年版,第196页。
[2]邓文仪著:《从军报国记》,台北:正中书局,1979年版,第265、272页。

年 12 月，中共中央在瓦窑堡召开的政治局会议提出了建立抗日民族统一战线的问题。国共双方都有了相互接触的愿望。

最早帮助打通国共双方关系的是宋庆龄。1936 年 1 月，她在上海找到以牧师身份活动的中共党员董健吾，要他到陕北送一封信给毛泽东、周恩来，还给他一张孔祥熙签署委他为"西北经济专员"的委任状，这显然是得到南京政府同意的。董健吾到达陕北的瓦窑堡，会见博古。3 月 4 日，正在山西的毛泽东等复电博古转董健吾表示："弟等十分欢迎南京当局觉悟与明智的表示，为联合全国力量抗日救国，弟等愿与南京当局开始具体实际之谈判。"[1]董健吾回去复命。国共两党中断八年多的联系接通了。当然，这时双方都在相互试探，还摸不清对方的底细。

1936 年上半年，还有几件事对蒋介石的决策有着影响。一、国民党五大后，内部关系得到一定程度的调整。蒋介石在日记中写道："对内既不能用武力贯彻主张，即应用政治以求得统一。""既决心对倭，则一切纷纭之论，内外皆可不计。"[2]二、日本发生少壮派军人发动的二二六兵变，

---

[1] 洛甫、毛泽东、彭德怀致博古转周继吾（即董健吾）电，1936 年 3 月 4 日。
[2] 蒋介石日记（手稿本），美国斯坦福大学胡佛研究所藏，1936 年 2 月 17 日。

军部的好战势力在政府中更占支配地位。蒋介石对这件事很关心。他在1935年日记中曾写过："对倭须待八月内看其少壮派之消长而定。"[1]二二六兵变后，蒋介石在日记中有不少篇幅谈这件事。第二天日记就写道："倭变为叛者胜利，达成其少壮派之目的，则祸乱日急，侵略必益急。"[2]这种预感，使蒋介石下决心处理中日问题的心情更加急迫。

三、日本同苏联在远东的关系日趋紧张，大有兵戎相见之势。由于英美都采取对日妥协的态度，对南京政府的呼吁反应冷淡，蒋介石不得不把较多希望寄托在可能由日苏冲突带来的苏联对华援助。在这个时期的日记中，充满着这类话："世界战争必起于倭俄，以其意在促成俄德战争，且以为倭俄开战则德必乘机攻俄也。""倭俄开战之期更近矣。""廿六日以后，倭俄与蒙伪边境冲突较前加紧，其激烈形势为从来所未有。""俄蒙协定订立之时即倭俄战争开始之时，中国渐离黑暗之势。""倭俄战争，以理测之，当近在眉睫。"[3]蒋介石希望日俄开战可以减轻日本对中国的压力，还有助于争取苏联对中国的援助。对远东形势的这种判断，对蒋当时内外政策的制定自然有着不容忽视的影

---

[1] 蒋介石日记（手稿本），美国斯坦福大学胡佛研究所藏，1935年7月24日。
[2] 同[1]，1936年2月27日。
[3] 同[1]，1935年3月14、15、31日，4月8日。

响。四、国民党内的反对势力中，那时最有实力的是以两广为中心的西南地方实力派。宁粤分裂问题解决后，仍保留着国民党中央西南执行部和国民政府西南政务委员会的名义，俨然仍有同中央政府分庭抗礼的姿态。5月12日，西南的精神领袖胡汉民突然病死。号称"南天王"的广东地方实力派首领陈济棠在6月1日发动"两广事变"后，蒋以政治分化和金钱收买的办法瓦解了他的力量。广西的李宗仁、白崇禧宣布服从中央政府。这样，蒋介石便消除了对内的很大一块心病。

7月10日至14日，国民党五届二中全会在南京召开。会前，蒋介石在中央纪念周上表示："应该采取何种方法来应付当前的事势"，是"一个国家根本大计的决定"，"不但我们任何个人不敢将国家民族生死存亡的大事随便决定，就是中央常委会所有负责的同志也不敢随便来断定"，所以需要召开一次中央全会，"对以后的方针有一个决定和指示"。[1]可见，蒋介石对这次全会十分看重。

会议第一天，蒋介石讲话，将对日政策讲得比国民党五大时明白而强硬得多。他说："中央对外交所抱的最低限度，就是保持领土主权的完整。任何国家要来侵扰我们领

---

[1]《一周间国内外大事述要》，《国闻周报》第13卷第23期，1936年6月15日。

土主权,我们绝对不能容忍,我们绝对不订立任何侵害我们领土主权的协定,并绝对不容忍任何侵害我们领土主权的事实。再明白些说,假如有人强迫我们欲订承认伪国等损害领土主权的时候,就是我们不能容忍的时候,就是我们最后牺牲的时候。"[1]日本对中国实在欺侮得太狠了。蒋介石已经退无可退。像这样的硬话,他以前从来没有公开说过,更没有把它作为方针宣示过。

9月15日起,外交部长张群同日本大使川越茂进行了八次会谈。张群在会谈中采取的强硬态度,和以往明显不同,受到包括中国共产党在内的各方面的注意。中间有过一场戏剧性的插曲。张群回忆道:"双方还是争执不下,吵得很激烈,没有结果,却发生一件莫名其妙的事。川越大使要我接受第七次会谈一份日方的'会议备忘录',我一看内容完全不对,是日方片面制造的,当场拒绝,但是川越不理,他把'备忘录'丢下,自行离去。我立刻叫亚洲司司长高宗武追出去,川越已上汽车而去,高即把它送回日本大使馆。第二天川越又命人投送,我又把它退回。"[2]这也是以

---

[1] 秦孝仪主编:《蒋介石思想言论总集》卷14,台北:中国国民党中央委员会党史委员会,1984年版,第381页。
[2] 张群著:《我与日本七十年》,台北:财团法人中日关系研究会,1980年版,第79页。

往从来没有过的强硬态度。

在这前后,南京政府进行了一些全国抗战的准备工作,包括组织国防会议,整编军队,修筑公路和铁路,推行币制改革等。但由于起步迟,时间匆促,准备仍不充分。

国民党五届二中全会结束后不到一个月,中共中央在8月10日召开政治局会议,决定发表《中国共产党致中国国民党书》。这封信由毛泽东执笔,是公开发表的。信中强烈呼吁:"现在是亡国灭种的紧急关头了。"信中提到蒋介石的时候都称为"蒋委员长",这在中共以往文件中从来不曾有过。信中呼吁:"只有国共的重新合作以及同全国各党各派各界的总合作,才能真正的救亡图存。"[1]9月1日,中共中央向党内发出秘密文件《中央关于逼蒋抗日问题的指示》,明确提出:"目前中国的主要敌人,是日帝。所以把日帝与蒋介石同等看待是错误的,'抗日反蒋'的口号也是不适当的。"[2]这推动了抗日民族统一战线新阶段的到来。

但是,前进的道路并不平坦。蒋介石对中共的疑忌实在太深。在他看来,所谓中共问题的解决,其实就是要受他的收编,他后来说:"我对于中共问题所持的方针,是中

---

[1] 毛泽东著:《毛泽东选集》第1卷,北京:人民出版社,1991年版,第424、432页。
[2] 中央档案馆编:《中共中央文件选集》第11册,北京:中共中央党校出版社,1991年版,第89页。

共武装必须解除，而后对他的党的问题才可作为政治问题，以政治方法来解决。"[1]这自然是办不到的。因此，他还想试一试用武力来消灭共产党，并且拒绝了张学良、杨虎城提出的停止内战的请求，导致西安事变的发生。

西安事变的经过和它的影响，大家都比较熟悉，这里就不多讲了。但有一个问题还值得探讨一下。那就是：蒋介石当初那样坚决地拒绝了张、杨停止内战的请求，在西安事变和平解决过程中又没有签订书面的承诺，并且当张学良送他回南京后却把张软禁了半个多世纪，但是，西安事变后，持续了那么多年的内战确实停止了下来，打开了合作抗日的新局面，成为历史发展的一个转折点，这是为什么？

它的原因离不开前面所说那个大背景。蒋介石的内心其实存在着矛盾：日本对华侵略的形势发展到这个地步，"中华民族到了最危险的时候"，南京政府的生存也受到根本的威胁，抗日战争已是非打不可了；但试试如能先把共产党消灭掉，这对他更为理想。西安事变的发生，完全出乎蒋介石意料，对他起了极大的震慑作用。这个事件对他的影响至少有两点：一是经过福建事变、两广事变，特别是，

---

[1] 蒋中正著：《苏俄在中国——中国与俄共三十年经历纪要》，台北："中央文物供应社"，1982年版，第62页。

这次又发生他没有想到而又采取如此激烈手段的西安事变,使他看到不但全国大多数民众强烈要求抗日,就是他的军队中也同样充满着这种几近忍无可忍的情绪。他对一个熟悉的美国记者说,"若任由日本占领华北而不作抵抗,他将失去中国的民心,亦会失去手下大多数将领的支持"。[1] 二是事实也使他看到中共的军事力量虽然比较小,但无法把它消灭。周恩来同蒋介石的面谈(这在蒋介石日记中只字不提,但同在西安的宋子文日记中却讲得很详细)也给他留下很深印象,使他多少感受到中共的诚意。这些因素使他终于下了决心。这以后,尽管还有这样那样的障碍和波折,但停止内战、合作抗日的新局面终于形成了。

历史就是在这样充满矛盾的运动中前进的。

---

[1][美]哈雷特·阿班著,杨植峰译:《民国采访战:〈纽约时报〉驻华首席记者阿班回忆录》,桂林:广西师范大学出版社,2008年版,第205页。

（三）抗战前夜中共中央战略决策的形成[1]

从中央红军抵达陕北到抗日战争爆发，在短短一年多时间内，中国共产党实现了一次战略性的大转变：由国内土地革命战争转到实现第二次国共合作，形成抗日民族统一战线，为全民族抗日战争打下了基础。

经历了十年内战以后，要实现这样的大转变谈何容易。在十年岁月中，中国共产党人积累的创痛和仇恨是很难淡忘的。国民党对抗日的态度一时又令人难以捉摸，并且在很长时间内依然一心想消灭共产党。这样两个党要实现和解和合作，结成抗日民族统一战线，不得不经过一段艰难而曲折的旅程。

看起来似乎难以想象的事情，最后终于变成事实。对

---

[1] 原载《历史研究》2014 年第 1 期。

这个问题，许多学者已从不同角度做过细致的论述。[1] 本文想着重从中共中央高层决策过程的视角，做一点探讨。

1. 中央红军到达陕北

历史是无法割断的。如果要全面论述这个问题，应该从更早说起。为了节省篇幅，本文选择1935年10月中央红军到达陕北，作为考察的起点。

为什么选择1935年最后几个月作为考察的起点？那时，日本军国主义者正加紧对中国的侵略，特别是要把华北纳入它的直接控制之下，"中华民族到了最危险的时候"的沉痛呼声便是在这时喊出来的；在民族危机空前深重的刺激下，以一二·九运动为起点，中国社会各阶层的抗日救亡浪潮蓬勃兴起，民众广泛觉醒，"停止内战，一致抗日"成为人们的强烈要求；国民党当局由于自身统治遭受严重威胁，开始酝酿改变对日政策；共产国际七大结束不久，提出要建立反法西斯统一战线的策略方针，中共驻共产国际

---

[1] 有关抗战前后国共关系研究的著作可参考胡绳主编：《中国共产党的七十年》，北京：中共党史出版社，1991年版；黄修荣著：《国共关系七十年》，广州：广东教育出版社，1998年版；程中原著：《张闻天传》，北京：当代中国出版社，2000年版；杨奎松著：《西安事变新探——张学良与中共关系之研究》，台北：东大图书公司，1995年版。

代表团起草的《八一宣言》已经发表。这些构成一幅波澜壮阔的历史画面。离开这个大背景，什么问题都无法说清楚。

本文准备着重考察的是中共中央战略决策的演变，自然不能不先来看一看中共中央当时的具体处境。

结束长征，到达陕北，建立起新的根据地，对中国共产党来说，是一件非同小可的事情。长征开始后，中央红军一直遭受着处于优势地位的国民党军队的前堵后追。多次从千钧一发的险境中冲出来。它所面对的首先是自身的生存问题，如果不能生存，其他一切都无从谈起。这时，它同外界的联系又几乎全被切断，能够得到的国内外信息很少。在这种状况下，中共中央没有可能把建立抗日民族统一战线立刻提到重要的实际工作日程上来。

中央红军同红四方面军会合后，曾先后在两河口会议、沙窝会议、毛儿盖会议上确定北上创造川陕甘苏区根据地的战略方针。这是一个正确的方针。但是，张国焘的分裂活动使局势陡然发生逆转。1935年9月9日，中共中央被迫率领右路军中的红一、红三军和军委纵队组成陕甘支队，人数只有不多的七千多人，先行北上。下一步到哪里去才能站定脚跟，一时并没有把握。12日，中央政治局在甘肃南部的俄界召开扩大会议。毛泽东在会上说："我们可以首先在苏联边境创造一个根据地，来向东发展。"他说："目前战略方针，川陕甘计划是有变更，因一、四方面军分开，张国焘南下，使中国革命受到相当严重损失。""所以应该明确地指出这个问题，经过游击战争，打通国际联系，得到国际的指示与帮助，整顿休养兵力，扩大队伍。"[1]党内负总责的张闻天在会上也说：在川陕甘创造根据地，建立全国革命中心，在目前较少可能。"因为一、四方面军分开，我们的力量削弱了，所以我们的战略方针不能不有变更。"[2]

俄界会议这个决定很值得注意。变更原定在川陕甘创造根据地的战略方针，准备"首先在苏联边境创造一个根据地，来向东发展"，当然是万不得已的事情，可以看出当时情势是多么险恶。

但出乎意外，情况很快发生了变化。9月17日，陕甘支队先头部队乘虚抢占天险腊子口，突入甘南开阔地带。18日，红军到达宕昌县。在这里，收集到一批天津《大公报》和《山西日报》等，得知在陕北已有徐海东、刘志丹等很有战斗力的红军和大片比较巩固的根据地。这是中央红军长征出发以来不曾遇到过的。事情需要做新的考虑。27日，陕甘支队继续前进到通渭县榜罗镇。第二天，中共中央政

---

[1]《中国工农红军第四方面军战史资料选编·长征时期》，北京：解放军出版社，1992年版，第151、152页。

[2] 张闻天选集编辑组编：《张闻天文集》（1），北京：中共党史出版社，1990年版，第565、566页。

治局在这里举行常委会议，改变俄界会议的决定，把落脚点确定在陕北。毛泽东在二十多天后举行的政治局会议上说："榜罗镇的会议（由常委同志参加）改变了俄界会议的决定。改变了，因为那里得到了新的材料，知道陕北有这样大的苏区与红军，所以改变决定，在陕北保卫与扩大苏区。在俄界会议上想会合后带到接近苏联的地区去，那时保卫与扩大陕北苏区的观点是没有的，现我们应批准榜罗镇会议的改变，以陕北苏区来领导全国革命。"[1]

毛泽东曾称赞徐海东是"对中国革命有大功的人"，[2]既是对徐海东的赞扬，也是对整个陕北红军和根据地的赞扬，他们在这个重大历史关头立下的，确实是"大功"。

10月19日，北上的陕甘支队到达保安县吴起镇，随后同陕北红军会合。这两支红军合组后，恢复了第一方面军番号。22日，中共中央在这里召开政治局会议。这次会议最重要的内容有两点：一是宣告中央红军主力的长征胜利结束，二是提出了抗日民族战争的新口号。张闻天在会上说："长途行军中间所决定的任务已经最后完成。到达某一苏区，长途行军就是完结了。现在新的任务是保卫与扩大这一苏

---

[1] 毛泽东在中共中央政治局会议上的报告记录，1935年10月22日。

[2]《忆徐海东》编辑组编：《忆徐海东》，郑州：河南人民出版社，1981年版，第2页。

区。""应使同志们了解,现在保卫苏区要变为直接的民族革命战争,要把土地革命与反帝直接结合起来。"[1]毛泽东在会上的报告中说:"现在形势环境均已改变,我们应接受新的形势来工作。""到达这地区的任务已完成了,敌人对我们追击堵击不得不告一段落。现在是敌人'围剿',而我们保卫与扩大陕北苏区。"他又说:"日本帝国(主义)独占华北,反帝运动高涨。昨日捉到东北军俘虏,发二元钱回家,(他)说东三省、热河失去,回什么家!于学忠发宣言,声明退出东三省是上级命令。反帝革命是在全国酝酿,陕北群众急需革命,这是粉碎围(剿)的客观条件。"[2]

中央红军主力到达陕北,一个大变化是重新有了可以立足的根据地。有这样一个根据地和没有这样一个根据地是大不一样的。如果连生存都没有保障,其他自然都顾不上。而他们能在这时提出抗日民族战争的新口号,又同他们来到接近抗日前线的北方地区、能得到更多信息直接有关。从此,"一个历史时期已经完结,一个新的历史时期开始了"。

---

[1] 张闻天选集编辑组编:《张闻天文集》(2),北京:中共党史出版社,1990年版,第1页。
[2] 毛泽东在中共中央政治局会议上的报告记录,1935年10月22日。

2. 瓦窑堡会议

1935年最后两个月，对中共中央的战略决策产生重大影响的有两件事：一件是随着日本军国主义者对加紧侵略华北又跨出新的重大步伐，国难更加深重；另一件是参加共产国际七大的张浩回国，向中共中央口头传达了这次大会的精神。

日本军国主义者企图独占华北，蓄谋已久，早已采取一系列实际行动，深深刺痛着中国人的心。这年11月中旬，一个更加令人震惊的消息传来：日本军方导演的所谓华北自治运动公开出台。谁都明白，所谓自治其实就是要使华北五省二市脱离中央政府，建立亲日政府，处在日本的直接控制之下。日本关东军司令官南次郎派特务机关长土肥原贤二到北平，向兼任平津卫戍司令的第二十九军军长宋哲元提出最后通牒式的警告：限他在11月20日前宣布"自治"，否则日军将武力攻占河北和山东。宋哲元等在19日密电蒋介石报告："北方情势，已甚明显，似非少数日本军人自由之行动。日来应付极感困难，彼方要求，必须华北脱离中央，另成局面。迭经拒绝，相逼益紧。"[1] 24日，土肥原策动成立"冀东防共自治委员会"（两天后改称"冀东防共自治政府"），公开宣称"自本日起，脱离中央，宣布自治"。[2] 华北上空阴云密布，仿佛又重现九一八事变前夜那种浓烈的战争气氛。

民族生存比什么都重要。人们对国民党当局一再对日屈服退让极为不满。北平学生的一二·九爱国运动，便是在这种背景下爆发的。它像燎原的烈火那样，得到社会各阶层的普遍同情和支持，迅猛地向全国各地展开。民众的觉醒和行动引起中共中央的极大重视，抗日救亡的任务自然地被提到越来越突出的地位。

张浩是代表中华全国总工会到苏联参加赤色职工国际工作的，也是中共驻共产国际代表团的成员。这年7月25日至8月20日，共产国际第七次代表大会在莫斯科举行。张浩和中共代表团其他成员出席了这次大会。针对德、意、日法西斯势力在东西方日益猖獗，严重威胁世界的和平与安全，大会提出建立反法西斯统一战线的方针。这次大会着重讨论的是欧洲问题，但共产国际总书记季米特洛夫在

---

[1] 中国国民党中央委员会党史委员会编：《中华民国重要史料初编——对日抗战时期》第6编，傀儡组织（2），台北，1981年版，第81页。
[2] 同[1]，第186页。

报告中也说道：中国共产党要"同中国一切决心真正救国救民的有组织的力量结成反对日本帝国主义及其走狗的广泛的反帝统一战线"。[1]为了尽快恢复共产国际同中共中央之间在红军长征期间中断的联系，不等会议结束，共产国际和中共代表团就派张浩回国。他经过长途跋涉，在11月18日或19日到达瓦窑堡，凭记忆向中共中央传达了共产国际七大的精神。共产国际的意见，对中共中央产生重大影响。它同中共中央在实际生活中强烈感受到的必须团结抗日、救亡图存的要求是一致的。

中共中央机关11月7日从吴起镇迁到瓦窑堡。13日，中共中央发出《为日本帝国主义并吞华北及蒋介石出卖中国宣言》。这时张浩还没有到达瓦窑堡。中共中央在《宣言》中提出："一切抗日反蒋的中国人民与武装队伍，不论他们的党派、信仰、性别、职业、年龄有如何的不同，都应该联合起来，为打倒日本帝国主义与蒋介石国民党而血战！"《宣言》还写道："不反对日本帝国主义，我们无法打倒蒋介石国民党，不打倒蒋介石国民党，我们也无法停止日本帝国主义的侵略，推翻日本在中国的统治！抗日反蒋是全中国

---

[1] 中国社会科学院近代史研究所翻译室编译：《共产国际有关中国革命的文献资料（1929-1936）》第2辑，北京：中国社会科学出版社，1982年版，第392页。

民众救国图存的唯一出路！"[1]《宣言》虽没有明确地提出建立抗日民族统一战线的主张，但要求各种力量"联合起来"，显然已包含这个意思，因为这是中国实际情况所要求的。

29日，中共中央举行政治局会议。毛泽东、周恩来因为在前线指挥直罗镇战役刚刚结束，没有能回来参加这次会议。张浩已来到瓦窑堡。张闻天在会上的报告中，根据共产国际七大的精神和中国面对的现实，着重谈了抗日民族统一战线问题，说："日本对中国的侵略更加紧了。""在目前形势下，反对日本侵略者的，不仅有工农群众、大学教授以及某些派别的资本家，就是在军阀中间也有人对日本侵略不满意。广大阶层参加到民族战线中，许多人持同情态度或守善意中立，反日的基本力量更加广泛。"他强调："甚至对上层统一战线，我们都要争取。"过去，中国共产党看重的只是"下层统一战线"，这时提出对"上层统一战线"也要争取，是一个重要变化。在结论中，张闻天对建立上层统一战线的问题做了更多的阐述，说："今天提出统一战线，与过去有很大不同。一九二七年大革命失败后，反革命团结起来向革命进攻，小资产阶级消极或同情反革

---

[1] 中央档案馆编：《中共中央文件选集》第10册，北京：中共中央党校出版社，1991年版，第574、575页。

命，我们的力量散了些。在这些条件下，只能搞下层统一战线，我们的工作集中于工农群众中团结和巩固自己的力量。现在情形不同，整个小资产阶级动摇及同情我们，在军阀中也有分化，有的动摇、中立或对我们同情，我们有坚强的苏维埃、红军及广大的群众拥护，党的力量也比以前加强了。在全国提出的两条道路问题更清楚的提到群众的前面。这样，就更迫切的提出了实行统一战线策略的任务。这个策略是可以实现的，抗日反蒋必须很好的运用这一策略。"[1]刘少奇在会上说："统一战线问题，我们没有能发动广大群众运动是犯了严重的关门主义，上层领导同志甚至都犯了。""日本帝国主义在侵略中国，中国群众反日运动在高涨，党应去领导和组织这一运动，因此必须反对关门主义。"[2]

12月13日，毛泽东、周恩来回到瓦窑堡。从17日至25日，中共中央连续举行政治局会议。这是一次讨论中国共产党战略决策的十分重要的会议，后来被称为瓦窑堡会议。会议开始后，先由张闻天做政治形势和策略问题的报告，张浩做关于共产国际七大精神的传达报告。会议通过张闻

---

[1] 张闻天选集编辑组编:《张闻天文集》(2)，北京：中共党史出版社，1990年版，第16、18、20页。
[2] 刘少奇在中共中央政治局会议上的发言记录，1935年11月29日。

天起草的《中央关于目前政治形势与党的任务决议》。决议指出:"目前政治形势已经起了一个基本上的变化","党的策略路线,是在发动、团聚与组织全中国全民族一切革命力量去反对当前主要的敌人:日本帝国主义与卖国贼头子蒋介石"。[1]

23日,政治局会议着重讨论军事问题,由负责军事工作的毛泽东报告。他在报告中提出的战略方针是:"在以坚决的民族战争反抗日本帝国主义进攻总任务之下,首先须在一切政治的军事的号召与实际行动上,确定'把国内战争同民族战争结合起来'的方针。""土地革命在民族战争的口号与策略之下执行。"行动上,他主张分三个步骤:第一步是在陕西,包括扩大红军、完成渡河准备等;第二步是在山西,准备用六个月(2月—7月),依情况延长或缩短之;第三步在绥远,时机看战争情况及日本对绥远进攻情形决定。[2]

为什么在建立抗日民族统一战线已成为放在中国共产党面前突出课题的时候,要讨论东征的军事行动?那是现实的需要。第一,它是巩固和发展根据地的需要。直罗镇战役的胜利,虽然已为中共中央把全国革命大本营放在陕

---

[1] 中央档案馆编:《中共中央文件选集》第10册,北京:中共中央党校出版社,1991年版,第598、604、618页。

[2] 毛泽东著:《毛泽东军事文集》第1卷,北京:军事科学出版社、中央文献出版社,1993年版,第413、415页。

北举行了一个奠基礼，但陕北面积狭小，人口稀少，土地瘠薄，经济落后，粮食和工业品缺乏，又遭受国民党重兵的封锁和围困，如果不积极向外发展，只是消极地坐待应付国民党军队的"围剿"，很容易陷入难以持久的不利处境。要向外发展，山西阎锡山部队的战斗力比驻在陕北以南的张学良部东北军弱，打起来较有把握；山西人口稠密，物产丰饶，比陕北以西和以北都要富裕，便于红军的发展；晋绥部队还有一部分已进驻陕北的吴堡、葭县、绥德、清涧一带，进攻山西可以迫使阎锡山将这部分军队调回山西，扩大并巩固陕北苏区。第二，它又便于红军投入抗日的实际行动。那时日本已在河北增兵，并策动伪蒙军向绥远侵袭。东征山西，可以东入河北或北转绥远，"对日直接作战"。张闻天在讨论时说："我同意先向山西方向发展。""我们到了山西，就能组织更广大的群众到我们领导之下，以便来组织抗日的民族战争。山西环境与陕北亦有不同，更能取得广大群众的同情。我们高举抗日旗帜，肯定会取得群众的同情与拥护，群众更会走到我们的领导之下。"[1]

12月27日，毛泽东在党的活动分子会议上做《论反对日本帝国主义的策略》的报告。他在报告一开始就指出：

---

[1] 山西省石楼县县委宣传部编：《红军东征》（上），北京：中共党史出版社，1997年版，第44、45页。

目前形势的基本特点,就是日本帝国主义要变中国为它的殖民地,威胁到了全国人民的生存。"这种情形,就给中国一切阶级和一切政治派别提出了'怎么办'的问题。反抗呢?还是投降呢?或者游移于两者之间呢?"他指出:在这种时候,敌人的营垒是会发生破裂的,而和民族资产阶级有重新建立统一战线的可能性。他进一步分析道:"我们说,时局的特点,是新的民族革命高潮的到来,中国处在新的全国大革命的前夜,这是现时革命形势的特点。这是事实,这是一方面的事实。现在我们又说,帝国主义还是一个严重的力量,革命力量的不平衡状态是一个严重的缺点,要打倒敌人必须准备作持久战,这是现时革命形势的又一个特点。这也是事实,这是又一方面的事实。这两种特点,这两种事实,都一齐跑来教训我们,要求我们适应情况,改变策略,改变我们调动队伍进行战斗的方式。目前的时局,要求我们勇敢地抛弃关门主义,采取广泛的统一战线,防止冒险主义。"[1]

  这篇讲话,更透辟地阐述了瓦窑堡会议的精神,指明党的基本策略任务是建立广泛的抗日民族革命统一战线;同时指出中国革命的长期性,预见到反对日本帝国主义的

---

[1] 毛泽东著:《毛泽东选集》第1卷,北京:人民出版社,1991年版,第143、153页。

斗争"必须准备作持久战"。还需要提到，它又是遵义会议的继续和发展。遵义会议是在红军长征途中召开的，只能对当时最迫切的军事问题和中央领导机构问题做出决定。只有到了这时，才有可能进一步系统地说明党的政治策略。

中共中央到达陕北还只有两个多月。在这样短的时间内，不仅打破了国民党军队对陕北的第三次"围剿"，巩固并发展了陕北革命根据地，开始了东征山西的部署和准备；并且对全国的政治形势做出通盘分析，提出建立广泛的抗日民族统一战线，特别强调发展上层统一战线的必要性和可能性，反对关门主义，在政治策略上实现了大转变。这是一个重大突破，是极不容易的。

自然也要看到，中共中央当时所要建立的抗日民族统一战线甚至上层统一战线，都没有把蒋介石包括在内，主要的口号是"抗日反蒋"，把蒋介石称为"卖国贼头子"。这并不奇怪，且不说十年来国共之间的生死搏斗留下的深重伤痕难以在短期内消除；而且在此前他们看到国民党政府从九一八事变，到放弃热河和签订《塘沽协定》，再到所谓何梅协定和秦土协定，对日本侵略者一直步步屈辱退让，而看不到国民党有改变"攘外必先安内"的方针、奋起抗日的决心；蒋介石又正在继续调集重兵，要把中国共产党和工农红军一举消灭在陕北一隅。在这种情况下，如果就能提出"联蒋"的口号倒是一件奇怪的事情。这些问题，从双方来看，都需要再经历一段艰难而曲折的过程才能得到解决。

3. 东征和晋西会议

1936年2月20日，红一方面军主力按照瓦窑堡会议的决定，突然强渡黄河，进入山西。中共中央主要负责人张闻天、毛泽东和彭德怀、凯丰、张浩等都随军东征，周恩来、博古、邓发、王稼祥等留在陕北，负责后方工作。东征红军进入山西后取得重大胜利。他们使用中国人民抗日先锋军的名义发表布告："本军东行抗日。一切爱国志士、革命仁人，不分新旧，不分派别，不分出身，凡属同情于反抗日本帝国主义者，本军均愿与之联合，共同进行民族革命之伟大事业。"[1] 这也是抗日民族统一战线主张的体现。

在这期间，整个局势进一步变化，民族危机更加深重，国内各种政治力量之间的关系也出现重要而微妙的变动。

日本军国主义者加紧对华侵略，力图把华北从中国分割出去。1936年1月13日，日本对中国驻屯军司令官提出

---

[1] 山西省石楼县县委宣传部编：《红军东征》(上)，北京：中共党史出版社，1997年版，第123页。

《第一次北支(华北)处理要纲》,宣称:"自治的区域,以华北五省为目标","先求逐步完成冀察两省及平津两市的自治,进而使其他三省自然地与之合流。"[1]2月26日,日本部分少壮军人在东京发动兵变,事后由广田弘毅担任首相,蛮横而不可一世的军部牢牢控制了日本中央政府,战争气氛更加浓重。

全国范围内的爱国救亡运动蓬勃高涨,群情日趋激昂,上海和许多城市相继成立起各界救国联合会。国民党上层的政治态度也在发生变化,使中国共产党争取建立"上层统一战线"有了更多可能。

驻军陕西关中地区的张学良部东北军的中下级军官和士兵,因为家乡沦陷,强烈地要求停止内战,一致抗日。英国记者詹姆斯·贝特兰当时访问东北军后得到的印象是:"他们对于逼迫他们打自己同胞的命令,日益不满,而打回老家的决心也日益加强,至少也得为自己所信仰的主义战斗到死。"一个四十多岁的团长对他说:"当我们全体都希望打日本的时候,我们为什么还要打红军呢?"[2]这种情绪对

---

[1] 复旦大学历史系日本史组编译:《日本帝国主义对外侵略史料选编(1931—1945)》,上海:上海人民出版社,1975年版,第191页。
[2] [英]詹姆斯·贝特兰,林淡秋译:《中国的新生》,北京:新华出版社,1986年版,第219、220页。

张学良和东北军高级将领产生了影响。中共中央在实际接触中逐渐看清了这一点,便把"上层统一战线"的重点首先放在张学良和东北军身上。他们让被俘的东北军团长高福源回去向张说明中国共产党的政治主张,又派联络局局长李克农两次去见张学良,秘密商谈合作,取得很好的效果。驻在关中地区的杨虎城部同中国共产党也早有联系。

这时,蒋介石的态度同样在悄悄地发生变化。日本侵略者的胃口实在太大,已超出南京国民党政府所能容忍的程度,直接威胁到它的生存。正如蒋介石不久后所说:华北一旦成为东北第二,南京又何尝不可以变成北平?社会各阶层强烈要求抗日,也对它形成巨大压力。正是在这种情况下,南京政府不能不开始考虑调整它的对日政策。蒋介石以后有一段话,把他这种内心变化刻画得十分清楚:"广田内阁成立之后,把他们侵华的计划,综合为'善邻友好、共同防共与经济合作'的三原则,向国民政府提出交涉。当时的情势是很明白的,我们拒绝他的要求,就是战争;我们接受他的要求,就是灭亡。""中日战争既已无法避免,国民政府乃一面着手对苏交涉,一面亦着手中共问题的解决。我对于中共问题所持的方针,是中共武装必先解除,而后对他们的党的问题才可作为政治问题,以政治方法来解决。"[1]

正是在这种心态下,蒋介石在继续"剿共"的同时,开始伸出一些触角进行政治试探。他加强同苏联的接触,在国内也通过多种渠道设法找寻中共的关系。陈立夫的亲信曾养甫先后找到同中共北方局有联系的吕振羽和上海地下党派出的张子华会晤,但他们都不能代表中共中央进行谈判。因此,国民党当局仍希望能同中共中央直接取得联系。最早将这个信息直接送给中共中央的是宋庆龄。1936年1月,宋庆龄在上海找到有着牧师身份的秘密共产党员董健吾,要他送一封信到陕北交给毛泽东、周恩来,还给他一张由孔祥熙签名委董为"西北经济专员"的委任状,这显然是得到南京政府同意的。张子华与董同行。2月27日,董、张两人到达瓦窑堡,会见博古。3月4日,在山西前线的张闻天、毛泽东、彭德怀复电博古转董健吾,表示:"弟等十分欢迎南京当局觉悟与明智的表示,为联合全国力量抗日救国,弟等愿与南京当局开始具体实际之谈判。"电报中向南京政府提出五点要求:"一、停止一切内战,全国武装不分红白,一致抗日;二、组织国防政府与抗日联军;三、容许全国主力红军迅速集中河北,首先抵御日寇迈进;四、

---

[1] 蒋中正著:《苏俄在中国——中国与俄共三十年经历纪要》,台北:"中央文物供应社",1982年版,第59、62页。

释放政治犯，容许人民政治自由；五、内政与经济上实行初步与必要的改革。"[1]第二天，董健吾带着这个密件离开瓦窑堡，回宋庆龄处复命。国共两党高层间中断八年多的联系，终于在宋庆龄推动下接通了。当然，这种联系只是初步的。双方都在相互试探，彼此都还不清楚对方的底细。

3月间，共产国际七大的正式文件由刘长胜带回国内，送交中共中央。董健吾返回南京后，张子华随博古到山西前线向中共中央报告同南京当局接触中的重要情况。这两件事都是牵动战略全局的大事，需要中共中央领导集体认真研究，及时做出决断。

3月20日—27日，中共中央接连举行六次政治局会议，被称为晋西会议。会议有两项议事日程：一是结合中国实际情况讨论共产国际第七次大会决议，二是研究目前战略方针。很可注意的是：第一，这些会议是在紧张的行军过程中进行的，几乎每次会议都要更换地点：20日在交口县大枣郊上贤村，23日在隰县石口，24日、25日在罗村，26日在泗江村，27日在石楼附近。第二，参加会议的，除在山西前线的中共中央领导人张闻天、毛泽东等外，原来留在陕北负责后方工作的周恩来、博古等也赶来参加。从这

---

[1] 洛甫、毛泽东、彭德怀致博古转周继吾（董健吾）的电报，1936年3月4日。

两点，可以看出这次会议是多么重要。

前三次会议讨论共产国际七大决议。首先由张闻天作报告。根据共产国际七大精神，他在报告中说："中国共产党的任务是，准备开展大规模的民族革命战争，反对日本帝国主义的侵略。目前的关键，是建立统一战线——抗日的人民统一战线。"[1]这就把那次政治局会议的主题点明白了。

讨论中，大家同意这个报告。毛泽东发言中表示：瓦窑堡会议决议是符合共产国际七大决议的。他说："要提出停止内战"，"'争取对日作战的时机'应改为'争取直接对日作战'。"在革命策略上，"我们的任务，利用每一分钟来争取最多数。""我们要谨防扒手，但第一是应开大门。""政权问题，主张苏维埃当然是对的，但（哪一个）对全国更好，就用哪一个。在华北，一般的用抗日政府较好。"谈到"联俄问题"时，他说："中国人的事要自己干，相信自己。故（一）相信自己。（二）不要朋友是不对的。"[2]张浩说：瓦窑堡会议时，政治局并没有因为我传达不充分而对共产国际七大的精神不了解，反而能具体讨论了问题，与国际

---

[1] 张闻天选集编辑组编：《张闻天文集》（2），北京：中共党史出版社，1990年版，第83页。

[2] 毛泽东在中共中央政治局会议上的发言记录，1936年3月23日。

决议精神符合。谈到统一战线问题时,他主张:"集中一切力量反对主要敌人。过去'打倒一切帝国主义、一切军阀',好听而做不到。只打一个,就使主要敌人孤立。"[1]彭德怀说:"十二月决议在现在事实证明正确。未过黄河之前,对山西群众的估计不如现在。这里比(中央苏区的)广昌、石城之间还好。学生运动之激烈,刊物之左倾,表示中国革命形势猛烈开展着。""怎样促成抗日反卖国贼统一战线的实现?要定出具体口号,站在领导地位。统一战线的成功,首先要分裂统治阶级的力量。统治者有一部分同情我们,一部分反对我们,要分裂他们,才能促成统一战线。"[2]

可以看出,随着国内外局势的发展,中国共产党的抗日民族统一战线主张已更趋明朗化和具体化,"停止内战"的口号已经提出,对南京国民党政府内部各种力量开始按照是否赞同抗日而区别对待,原来的苏维埃政权也可考虑改称抗日政府。

在这次会议上,有两个问题没有完全解决,说明党的战略决策仍处在逐步形成的过渡阶段。

第一个问题是:抗日民族统一战线是否包括蒋介石。

---

[1] 张浩在中共中央政治局会议上的发言记录,1936年3月23日。
[2] 彭德怀在中共中央政治局会议上的发言记录,1936年3月24日。

（三）抗战前夜中共中央战略决策的形成　311

尽管蒋介石通过多种渠道在寻找中国共产党的关系，进行政治试探，董健吾、张子华还拿着南京政府的证件来到瓦窑堡，但这毕竟只是接触的开始，对南京政府的真实意图究竟是什么并不清楚。何况蒋介石又在3月24日委派陈诚为太原绥靖公署第一路总指挥，率领关麟征、汤恩伯等部重兵进入山西协助阎锡山作战，企图围歼红一方面军主力于黄河以东。因此，这次会议自然不可能把蒋介石立刻列入联合对象之内。会上"抗日的人民统一战线"的提法，特别标出"人民"二字，也表明这种保留态度。

但会议没有提"抗日反蒋"，而是提"抗日反卖国贼"，包含着一层意思：如果蒋介石决心抗日，那就不是"卖国贼"了，不再是反对的对象；如果他采取相反的态度，"反卖国贼"自然也成为"反蒋"的同义语。张浩在讲要"集中一切力量反对主要敌人"后又说了一句"打蒋介石，现改为'打卖国贼'"，表明这里是有意识地留有余地的，从一个侧面反映出同董、张接触后在口号上的调整。张闻天在做结论时说："有反动派来谈判，我们应说你抗起日来，苏联会帮助。全中国群众看到苏联是好的。故恩来说讲此问题时，要他们表示抗日诚意，这是对的。"[1] 这也说明此时中共中

---

[1] 张闻天在中共中央政治局会议上结论的记录，1936年3月24日。

央对待蒋介石的态度如何,关键是看他究竟有没有真正的抗日诚意,他的下一步行动如何。

第二个问题是,实行抗日统一战线是否要改变土地革命的政策。

十年内战时期中共的主要口号是土地革命,它涉及同广大农民的关系,因此,中共中央在这个问题上不容易很快下决心是很自然的。特别当全国抗日民族统一战线还没有真正形成时,更不可能轻言改变。张闻天在报告中笼统地谈道:"土地革命与抗日斗争联系起来的方式应随环境而异。这种联系也不是公式,是要根据环境而采取的。"

讨论中,许多人都对这个问题发表意见。大家更多倾向于不宜改变土地革命的政策,以免脱离农民群众。博古说:"土地问题的解决不违背民族统一战线。是否土地革命服从民族革命?如了解为'低一点'则不对的、不适合的。""有人以为'着重土(地)革(命),将使我们与反帝群众脱离'。他未想'群众'是谁。我们恰恰是在群众中依照民众的程度与力量,领导到土地革命。当然土革不是在任何地方简单化,但我们的立场应坚持。"[1]周恩来说:"现在土地革命的开展,正是加强统一战线的力量。农民总是要走上土革,

---

[1] 博古在中共中央政治局会议上的发言记录,1936年3月23日。

是否推迟之使会利于民族革命？党不是勉强制造，亦不是做尾巴。我们的统一战线不是要地主资本家全部而不要农民。对于抗日地主可以优待，而不是不动其土地。"[1] 王稼祥说："不发动土地革命，主要人口之农民不能吸收到抗日的战线上去。"[2] 会议并没有对这个问题做出结论。

　　大革命失败时，八七会议确定的总方针是，土地革命和武装反抗国民党。十年内战中，中国共产党始终坚持这个总方针，一切行动都是为了实行土地革命和推翻国民党的统治。人们的思想总容易有惯性。因此，新形势下，在处理如何对待蒋介石和如何对待土地革命这两个问题上实行大的转变格外慎重，是可以理解的。

　　晋西会议中的两次会，是讨论目前战略方针，由毛泽东做报告。他说："经营山陕，主要是山西，是对日作战必要与重要的步骤。"方针应该是："以发展求巩固，反对巩固的向前发展。""现在应进攻，'围剿'来时则防御，'围剿'打破则应进攻，李德则取消进攻。"[3] 他批评李德，因为李德不久前写了一个《意见书》，里面说："转到战略的进攻，我们还非常之弱。我们的转入进攻是过早的，且在将来行

---

[1] 周恩来在中共中央政治局会议上的发言记录，1936年3月23日。
[2] 王稼祥在中共中央政治局会议上的发言记录，1936年3月24日。
[3] 毛泽东在中共中央政治局会议上的报告记录，1936年3月25日。

动区域中的政治准备不充分，应当注意这两点。"《意见书》还提出："我们应当从我们的战略计划取消向绥远先机接迎外蒙的条文"，他担心的是"（苏日）战争未发生以前，在我们方面应当避免能够引起苏日冲突的行动"。[1]

讨论中，与会者都同意毛泽东的报告。周恩来说："发展问题：迅速直接作战之下规定计划，以华北为抗日战场，现在进行山西第一时期的计划。以后计划看形势来定，现在是进行山西作战。"他也批评李德《意见书》："其整个估计，右倾出发。过去错误根源的未认识，及对红军此次行动政治任务与军事上进攻不认识，是保守主义。这不但是单纯防御，而且丧失进攻机会，引到失败，必须批评之。"[2]

晋西会议最后一天，讨论外交（统一战线）问题，仍由毛泽东做报告。他对情况的估计，第一条就是"国民党破裂"：民族反革命派，以蒋介石为代表，"坚持大革命失败时起的反动路线，现在与将来暂不改变"（说"暂不改变"，多少留了余地）；民族革命派又分为左右两翼，右翼是"昨天的民族反革命，而由于日本之压迫与民众的压迫，开始变成民族改良主义"，左翼如宋庆龄、中小工商业、中小资

---

[1] 李德：《关于红军渡过黄河后的行动方针问题的意见书》，1936年1月27日。
[2] 周恩来在中共中央政治局会议上的发言记录，1936年3月26日。

产阶级、《大众生活》等，"诚意联俄联共，自信能打日本，在我们领导下可以坚决走上革命"。他特别指出东北军的特点："失掉土地，因此其抗日情绪高，愿与我们合作。其策略：借助我们与苏联回东三省去。这种情形将来向两极分化。"报告提出的方针："不但要把'民改'与'民反'区别，在外交进行中亦应区别。而且要把'民改'之左右派区别。"对报告中几次提到的"民族改良主义"，中共中央曾有一个解释："民族改良主义就是和帝国主义妥协的主义"，"在某种情况下，民族资产阶级得到相当的让步与利益，或斗争更进一步深入时，他们就会动摇，妥协以致投降叛变，这就是民族改良主义的实质"。[1]

晋西会议后，4月9日，毛泽东、彭德怀致电已回瓦窑堡的张闻天，提出：目前不应发布讨蒋令，而应发布告人民书与通电。我们的旗帜是讨日令，在停止内战旗帜下实行一致抗日。10日，周恩来到延安同张学良会谈，取得良好的效果。

5月2日，因为国民党军队在山西对红军大举进攻，为了避免发生大规模内战，红一方面军主力开始西渡黄河，至5日全部渡完，结束了历时75天的东征。

---

[1] 中央宣传部关于目前形势与党的策略路线的问答，1936年2月3日。

4. 对两广事变和国民党五届二中全会的反应

红军结束东征返回陕北后,又发动了西征。为什么要发动西征?只要看一看陕甘革命根据地四周的形势,就可以明白。那时,陕甘革命根据地需要巩固和发展。在它的南面,中国共产党同驻防陕西关中地区的张学良部东北军和杨虎城部十七路军的关系发展得很快,已建立起比较密切的秘密联系,两部官兵都不愿同红军作战;东面的阎锡山同蒋介石之间也存在矛盾,不再以大量兵力进入陕北"剿共";因此,这两个方向的战线比较稳定,而西面和北面是国民党军队兵力较为薄弱的方向。5月18日,中共西北军委领导人毛泽东、周恩来、彭德怀下达西征战役的命令,由彭德怀率领红军一万三千多人,组成西方野战军,向西北方向的陕甘宁三省边界地区进攻。发动这次战役的目的,一是巩固并扩大陕甘抗日根据地,二是争取向北打通同苏联、蒙古的联系,三是策应红四方面军和二、六军团北上。但和东征不同,中共中央没有随西征军行动。

这时,国内政治局势发展中最令人怵目惊心的是两件事:第一,日本对华北的侵略采取了新的严重步骤,一是增兵,二是走私。他们"借口保侨,增兵华北。于5月1日宣布以田代皖一郎为日本驻屯军新任司令官,增加兵额约六千名,连同原有驻军达八千余众,于沿平津铁路之杨村、马厂等地分建营房,并设旅团司令部于北平,违反'辛丑条约'限制驻军员额之规定,严重侵犯我国之主权"。[1]在日军控制冀东地区后,走私活动日趋猖獗。从1935年8月至1936年4月间,中国关税损失达2500万元以上;而1936年4月一个月的损失就达800万元,相当全国关税收入的1/3。华北风云更加险恶。南京政府除令驻日大使许世英向日本提出交涉,并由外交部提出抗议外,并没有采取任何有力措施。第二,南京政府再度准备对陕甘根据地发动大规模军事进攻,他们把红军西渡黄河视为已"遭受重创",可以乘势"进剿"。中央红军主力又已出动西征。5月26日,蒋介石任命陈诚为晋陕甘宁边区"剿匪"总指挥。28日,中央军关麟征、汤恩伯等部由山西渡河,进入陕北的清涧、绥德,准备大举进扑中共中央所在的陕甘根据地,一时险象环生。这也是中共中央一时难以下决心把蒋介石列入抗日民族统一战线之内的一个重要原因。

挽救更加危急的民族危机,打破南京政府企图用武力消灭中国共产党的图谋,成为放在中共中央面前的两个最

---

[1] 秦孝仪总编纂:《蒋介石大事长编初稿》卷3(上册),台北:国民党中央党史委员会,1978年版,第293页。

紧迫的问题。

正在这个时刻,爆发了以陈济棠、李宗仁为首打起"抗日"旗号的"两广事变"。6月2日,他们用国民党中央执行委员会西南执行部和国民政府西南政务委员会的名义突然发出通电称:"时危势亟,敝部等认为非立即对日抗战,国家必无以求生。"[1]4日,陈、李等通电"北上抗日",桂军四个师开入湖南境内,矛头实际上对着蒋介石和南京政府。

"两广事变"的发生很突然,远在陕北的中共中央所掌握的信息更十分有限,但局势却要求它必须很快做出反应。"两广事变"的旗号是"北上抗日"。在南京政府正准备对陕北大举进攻的时候,"两广事变"迫使它不能不分兵南顾,这多少减轻了陕北的压力,自然容易得到中国共产党的好感。起初,中国共产党对"两广事变"曾做出比较乐观的估计,抱有较大的希望。6月12日,中共中央召开政治局会议,由周恩来做关于西南问题的报告。他说:"陈济棠自己称抗日革命军,并电蒋北上抗日,总的口号表现抗日的、革命的,这是我们应有之估计。""全国抗日运动将因此而推动,可以利用这次事变将运动推动到广大范围及更彻底道

---

[1]《一周国内外大事述要》,《国闻周报》第13卷第23期,1936年6月15日。

（三）抗战前夜中共中央战略决策的形成

路上去。"[1]毛泽东说："西北是抗日大本营，西南发动对西北起了大作用。""前途：蒋是否能战胜两广？在政治、军事上不能压倒广东，这次内战带若干革命性质，但两广压倒蒋，暂时亦难做到。"博古说："广东事变是日本更进一步并吞华北所引起人民抗日的一个标志，表现人民抗日运动的高涨。"张闻天说："两广是人民武装抗日的开端，左倾分子到两广是人民阵线的开端。"但政治局会议也多少注意到"两广事变"的消极方面。王稼祥说："西南行动政纲我们不清楚，但内部有左的及右的，同两广要联合，但也要善意批评及建议。"张闻天说："两广事件发动有很大弱点，弱点在发动领袖。"[2]周恩来在做结论时也讲道："西南事件是抗日民族统一战线最广泛的发端，但运动不发展扩大，有可能妥协软弱下去。"[3]同一天，以毛泽东、朱德的名义公开发表《中华苏维埃人民共和国中央政府、中国人民红军革命军事委员会为两广出师北上抗日宣言》，对"两广事变"做了充分肯定。[4]

两天后，中共中央举行政治局常委会时，态度更冷静

---

[1] 周恩来在中共中央政治局会议上的报告记录，1936年6月12日。
[2] 毛泽东、博古、张闻天、王稼祥在中共中央政治局会议上的发言记录，1936年6月12日。
[3] 周恩来在中共中央政治局会议上的结论记录，1936年6月12日。
[4] 中央档案馆编：《中共中央文件选集》第11册，北京：中共中央党校出版社，1991年版，第25页。

一些。毛泽东在报告中说："西南事变，发动是抗日革命军，故系进步的。第二，它因受帝国主义之操纵及阻止群众斗争，我们立场应该是以进步的革命的建议批评，使他们成为真正抗日的力量。"[1] 也就是说，已经多少觉察到对"两广事变"还不能做过高的估计，不能把它看作已是"真正抗日的力量"。

随着国内政治局势的发展，加上共产国际对"两广事变"并不肯定，中共中央对这个问题又有新的估计，并且把原来的态度作为教训来总结。9月15日的中共中央政治局扩大会议上，张闻天在报告中说："对蒋（向陕北）的进攻，我们应站在自卫的立场上来反对进攻。对西南问题，他发表抗日宣言，我们拥护是对的；但在他挑拨内战上并没有严厉的批评是不对的；对于他没有在广东、在军队中发动群众，我们也没有严厉的批评，也是不对的。因此，我们好像袒护了西南，丧失了我们的立场。在发动西北抗日战争上，我们应接受这一教训。"[2]

这里所说引起中共中央态度变化的"国内政治局势的发展"，最重要的是指国民党五届二中全会的召开，蒋介石公开表明对日政策有明显转变。

---

[1] 毛泽东在中共中央政治局常委会上的报告记录，1936年6月14日。

[2] 张闻天选集编辑组编：《张闻天文集》（2），北京：中共党史出版社，1990年版，第147、148页。

这次国民党中央全会是蒋介石在"两广事变"发生后决定召开的。召开的原因,一是日本在华北大举增兵等事实直接威胁蒋介石在中国的统治,更使他感到难以容忍,觉得需要加紧应对的准备;二是"两广事变"反映出国内以致国民党内部对他的对日政策的强烈不满,民众的抗日呼声更加高涨,在国民党内也需要统一认识。蒋介石在中央纪念周上表示:"应该采取何种方法来应付当前的事势",是"一个国家根本大计的决定","不但我们任何个人不敢将国家民族生死存亡的大事随便决定,就是中央常会所有负责的同志也不敢随便来断定",所以需要召开中央第二次全体会议,"对以后的方针有一个决定和指示。在此困难严重的时期,这个会议关系国家前途甚为重要"。[1]可见,蒋介石对这次全会相当看重。

本来,1935年11月的国民党五大宣言中已曾提出:"在和平未至完全绝望之时,决不放弃和平,如国家已至非牺牲不可之时,自必决然牺牲,抱定最后牺牲之决心,对和平为最大之努力。"[2]这里已表露出南京政府对日政策的某些变化,但话毕竟说得很笼统,完全可以从不同的角度来解释。

---

[1]《一周国内外大事述要》,《国闻周报》第13卷第23期,1936年6月15日。
[2] 中国第二历史档案馆编:《中华民国史档案资料汇编》第5辑第1编政治(2),南京:江苏古籍出版社,2000年版,第490页。

隔了半年多，到 1936 年 7 月，国民党五届二中全会在南京召开。蒋介石的话就说得明白多了。他在会议第一天讲话，表示要把"所谓最低限度的解决明白说明一下"。他说："中央对外交所抱的最低限度，就是保持领土主权的完整。任何国家要来侵扰我们领土主权，我们绝对不能容忍，我们绝对不订立任何侵害我们领土主权的协定，并绝对不容忍任何侵害我们领土主权的事实。再明白些说，假如有人强迫我们欲订承认伪国等损害领土主权的时候，就是我们不能容忍的时候，就是我们最后牺牲的时候。这是一点。其次，从去年 11 月全国代表大会以后，我们如遇有领土主权再被人侵害，如果用尽政治外交方法而仍不能排除这个侵害，就是要危害到我们国家民族之根本的生存，这就是为我们不能容忍的时候。到这时候，我们一定作最后之牺牲，所谓我们的最低限度，就是如此。"[1] 日本对中国实在欺侮得太狠了。像这样的硬话，蒋介石以前从来没有说过，更没有在如此重要场合公开说过，不能不引起各方面的极大关注，感到蒋介石有可能参加抗日民族统一战线。这是时局发展中的一个重要关节点，是中共中央稍后做出《中央关于逼蒋抗日问题的指示》的重要由来。

---

[1] 秦孝仪总编纂：《蒋介石大事长编初稿》卷 3（上册），台北：国民党中央党史委员会，第 304、305 页。

5. 中共中央关于逼蒋抗日的指示

但真要把一直被称为"卖国贼头子"的蒋介石列为抗日民族统一战线的争取对象,对中国共产党来说,这个决心仍不好下,有些事情一时还没有完全看清楚,何况国民党当局仍在策划对陕甘根据地的进攻,用武力阻止红二、四方面军北上,有极大可能在解决西南问题后,腾出手来,又大举进攻陕北,并且一直强调抗日的先决条件是实行军政军令的统一,也就是以强势姿态要迫使国内一切政治力量和社会力量听从他的指挥,稍不小心就会跌入他设下的陷阱。但总的趋势确实已发生明显变化。为此,中共中央进行了多次讨论。

8月10日,也就是国民党五届二中全会结束后不到一个月,中共中央召开政治局会议。这是中国共产党开始确定从"抗日反蒋"向"逼蒋抗日"转变的一次重要会议。

毛泽东在会上做军事、外交两个报告。他首先提出蒋介石的对日态度在看起来基本战略没有变中正在发生的微妙变化:"准备抗日、国防会议以至局部的对日作战等战术大部变了。然而战术既大变,将来革命发展更大,将来影响他的战略动摇,也有可能。""关于南京往来,对我们提出五条件,他们第一种答复说我们分散力量,再对恩来同志的来信,要我们出去,领袖到南京,改组国民政府,促进联俄,从此可看出蒋有动摇的可能。还有一件事,蒋在苏联大使馆谈话,表示还好。"毛泽东着重指出:"明显可以看出蒋的策略:过去是让出东三省等,尽量镇压全国革命,现在总方针变了,现在是巩固他的统治;从前和我们无往来,现在有些改变了,现在他也来谈统一战线;他可能改成国防政府,但要他统一指挥,使群众对他改变态度,使日本退步。他想利用这一民族运动,不愿站在敌对地位。在今天,我们该承认南京是一种民族运动的大的力量。我们为要达到真正的抗日,必须经过这种中间的过程。我们可以和他谈判,但我们唯一的要求是真正的抗日。"他强调:在新形势下,当前党的各项任务中,"统一战线应放在第一位"。[1]

毛泽东报告后,列席会议的潘汉年(潘刚由中共驻共产国际代表团派回国内不久)报告了在苏联同国民党方面的邓文仪、回国后同曾养甫和张冲接触的情况。讨论中,周恩来说:"过去抗日必先反蒋的口号,现在不适合,现在应以抗日联合战线为中心,抗日联俄联红为中心。""与南

---

[1] 毛泽东在中共中央政治局会议上的报告记录,1936年8月10日。

京谈判应提出实际问题：一、停止内战；二、抗日民主，发动抗日战争。"张闻天说："从南京方面所提出四个条件，虽然我们不能满意，但从他容纳各派一点，共产党从此有取得公开活动的可能；从他集中全国人才一点，可说我们可以到南京去。所以我们说，可以与南京谈判。""我们不一定先抗日后统一，这样不能得到群众拥护，我们应该在抗日原则下来统一。"他还谈到一直有争议的土地革命问题，说："现在民族革命是第一，土地革命的策略的改变，主要是适合民族革命。"[1]

毛泽东在做结论时说："对南京问题，现在民主的抗日已冲破蒋的压迫，但并没有冲破蒋的最高界限。他同我们的往来，我们是有半公开活动的可能。我们为什么与他们来往，重心是争取群众。先抗日后统一问题，蒋总说先统一后抗日，我们要他先给抗日的民主，只要看他做到怎样程度，我们就同他讲统一。抗日必须反蒋，不适合。""对苏维埃形式，红军形式，土地政策等应有新的变动。这是为得争取群众，是有利的。我们应公开宣言，专门送一封信给南京。"[2]这里说到的那些变动，都是党的战略决策上的

---

[1] 周恩来、张闻天在中共中央政治局会议上的发言记录，1936年8月10日。
[2] 毛泽东在中共中央政治局会议上的结论记录，1936年8月10日。

重大变动。

这次政治局会议决定发表一个公开宣言,发一个秘密指示。公开宣言就是《中国共产党致中国国民党书》。秘密指示就是《中央关于逼蒋抗日问题的指示》。会后半个多月,中共中央书记处收到共产国际执委会8月15日发来的电报。电报说:"得悉你们1935年12月25日决议与电报内容后,我们基本同意你们通过的建立抗日民族统一战线的方针。""我们同意你们的看法,即为了建立抗日民族统一战线,党应该对过去的经济政策作一些重大改变:停止不必要的没收,特别是不再没收出租土地的小土地所有者的土地,不再没收积极参加抗日的官兵的土地,允许自由贸易。""我们认为,把蒋介石与日本侵略者相提并论是不对的。""在现阶段,一切都应服从于对日本帝国主义的斗争。"[1]它的基本精神同这次政治局会议的看法是一致的,也使中共中央的一些提法比原来更明确了。

《中国共产党致中国国民党书》在8月25日发出,是毛泽东写的。信中一开始就强烈呼吁:"现在是亡国灭种的紧急关头了。"信中提到蒋介石时都称为"蒋委员长",这

---

[1] 中国社会科学院近代史研究所翻译室编译:《共产国际有关中国革命的文献资料(1936–1943)》第3辑,北京:中国社会科学出版社,1990年版,第7—9页。

在中共以往文件中从来没有过。对蒋介石在国民党五届二中全会上就"最低限度所作的解释",信中说:"我们承认蒋委员长的这种解释,较之过去是有了若干进步,我们诚恳地欢迎这种进步。"同时,对蒋介石接着所说"半年来外交的形势,大家相信并未到达和平绝望的时期"提出了批评。信中对蒋介石把"集中统一"说成抗日的"先决条件"称为"本末倒置"。信中郑重宣言:"我们赞助建立全中国统一的民主共和国,赞助召集由普选权选举出来的国会,拥护全国人民和抗日军队的抗日救国代表大会,拥护全国统一的国防政府。我们宣布:在全中国统一的民主共和国建立之时,苏维埃区域即可成为全中国统一的民主共和国的一个组成部分,苏区人民的代表将参加全中国的国会,并在苏区实行与全中国一样的民主制度。"信中最后呼吁:"只有国共的重新合作以及同全国各党各派的总合作,才能真正的救亡图存。"[1]这里正式提出了"国共合作"的主张,并且公开发表,是一个引人注目的突破。

9月1日,中共中央发出张闻天起草的秘密文件《中央关于逼蒋抗日问题的指示》,明确提出:"目前中国的主要敌人,是日帝。所以把日帝与蒋介石同等看待是错误的,'抗

---

[1] 毛泽东著:《毛泽东文集》第1卷,北京:人民出版社,1993年版,第424—433页。

日反蒋'的口号,也是不适当的。""在日帝继续进攻,全国民族革命运动继续发展的条件之下蒋军全部或其大部有参加抗日的可能。我们的总方针,应是逼蒋抗日。""在全国人民前面,我们应表现出我们是'停止内战一致抗日'的坚决主张者,是全国各党各派(蒋介石国民党也在内)抗日统一战线的组织者与领导者。"[1]从"抗日反蒋"到"逼蒋抗日",确实是抗战前夜中国共产党战略决策的重大转变,从而开始了中国共产党推进抗日民族统一战线形成的新阶段。

为了落实"逼蒋抗日"的方针,中共中央在9月15日、16日举行政治局扩大会议。这次会议的规模很大,参加者有34人,这在以往很少有。

会议一开始,由张闻天做题为《目前政治形势与一年来民族统一战线问题》的报告。他说:"现在全国一致要求抗日,停止内战是全国人民的共同要求。""蒋介石正在动摇走到抗日方面来。"报告中最值得注意的是第三部分"修改我们的部分口号"。他说:我们的基本口号是联合全民族的统一战线,这是十二月决议提出来的,但根据目前的形势,部分口号应有修改。"第一,从前是把抗日反蒋并提的,这是错误的;过去我们对南京政府的估计,说他完全是与冀

---

[1] 中央档案馆编:《中共中央文件选集》第11册,北京:中共中央党校出版社,1991年版,第89—90页。

察政权一样的，这也是错误的；说蒋的力量削弱了，但没有估计蒋仍是抗日的大的力量，这也是错误的。""第二，我们所主张的是'停止一切内战，一致抗日'。我们应反对反蒋战争，不应如从前给上海指示信所说的同情反蒋战争。"这里，自然不包括当蒋介石发动进攻时被迫进行的自卫战争。"第三，我们还主张建立'和平统一的国家'。因为全国人民要求的是一个全国统一的民主共和国。这个共和国目前还是资产阶级的民主共和国。过去说国防政府是各阶级的联盟，但现在看来还是不够的。我们应赞成建立民主共和国，应宣布苏维埃愿成为它组成的一部分。"[1]

会上的讨论十分活跃，对报告中一些问题的认识又深化和发展了。毛泽东说："民族资产阶级动摇性，怕帝国主义，又怕民众，表现在国民党方面很明显。""只有共产党有力量来领导，但是这样的领导，还是要争取。""现在问题，国民党说要纳三民主义与共产主义于轨道，虽然没有明说要取消红军，但要改编红军。我们要保持独立，不在乎名义上，主要在政治上的独立。""我们现在要用各种办法，逼蒋抗日，抗日统一战线是一条统一战线，不是两条统一战线。对统一战线工作，我们指出自九一八以来是提出了，然而

---

[1] 张闻天选集编辑组编：《张闻天文集》(2)，北京：中共党史出版社，1990年版，第145—148页。

我们是犯了错误的,我们没有实际进行。在与十九路军虽做了些,但仍是有错误。我们应老实承认这一错误。"周恩来引人注目地提出了"联蒋抗日"的问题。他说:"联蒋抗日是具有重要意义的。""对南京是否全部或大部可参加到抗日方面来,我们应有正确的估计。过去把蒋所代表的力量除外是不对的,我们现在要改变过来。""过去蒋是投降的,但自五全大会后是有变动的,近半年来有更多的变动。蒋对帝国主义关系上,认蒋是完全投日的,也是不对的。实际,英美对南京是支持的,英美与日是有矛盾的,蒋是利用这一矛盾来与日讲价钱的。""蒋的本身,如果完全投到日本是不利的。事实因为蒋还没有完全降日,所以他还能维持他的统治,他的本身力量是加强了,这就是由于他没有公开投日,并且利用一些以前不敢用的口号,如停止内战等。不管他的欺骗作用怎样,都说明他在动摇着。察看向着哪个方向动摇,是倾向抗日方面的。但是要实现走到抗日,还是要从斗争中来使它实现。"周恩来对蒋介石的这些分析是很实在的、切合实际的。他还谈到一个需要考虑的问题:"广大群众已起来抗日,但未接受土地革命。"毛泽东在第二次发言中说:"联蒋问题,我们一方面要联,现在还没有实行联。我们的警戒是不能放松的。他和我们联合是可能的,但哪天可实现联合,是说不定的。我们的方针应如此,那方面的事情要由他自己去决定。"[1]

会后，中共中央起草了国共两党抗日救国草案。张闻天、毛泽东在一份电报中说："此草案是我方起草，准备恩来带往谈判，彼方所能容纳之最后限制尚不详知。"[2] 由于希望谈判能取得成果，先派潘汉年作为初步谈判代表，到上海同陈立夫、张冲会谈，但国民党方面提出的却完全是收编条件，同时又调胡宗南等部进逼陕甘根据地，企图形成城下之盟。毛泽东在给潘汉年的电报中说："条件使红军无法接受，恩来出去也无益。近日蒋先生猛力进攻，不能不使红军将领生疑。"[3] 这样，周恩来就无法前去谈判。陈立夫晚年在回忆录中说周恩来曾到南京同他进行谈判，[4]并非事实，可能是他年老记忆有误。

从"逼蒋抗日"到实现"联蒋抗日"，这一步实在相当艰难。在日本军国主义者企图独吞中国的狼子野心和步步紧逼面前，从1935年下半年起，蒋介石逐渐下决心加紧准备抵抗日本的侵略，这是事实。中国要实现全民族的抗日战争，确实离不开蒋介石这个掌握着全国政权、主要军

---

[1] 毛泽东、周恩来在中共中央政治局扩大会议上的发言记录，1936年9月15、16日。
[2] 中央统战部、中央档案馆编：《中共中央抗日民族统一战线文件选编》（中），北京：档案出版社，1985年版，第287页。
[3] 毛泽东致潘汉年电，1936年11月12日。
[4] 陈立夫著：《成败之鉴——陈立夫回忆录》，台北：正中书局，1994年版，第194、195页。

事力量并受到国际承认的最大的政治力量。联蒋抗日是必需的，为此而做出某些重大让步也是必需的。但另一方面，蒋介石对共产党的疑忌实在太深。尽管他派人同共产党联系和谈判，只要有可能，他还是希望先用武力来消灭中国共产党，再来抗日，继续以很大力量来做这种准备和部署。他对包括救国会在内的民众运动同样十分疑忌，仍采取压制的态度，不久还逮捕了救国会"七君子"。而且他的抗日决心并不是不再存在摇摆。这些也是事实。事情就是这样复杂，这两个方面同时都在起作用。蒋介石和国民党这种两面性，给中共中央出了相当大的难题：既要力争同它联合，又要对它保持高度警戒；既要看到实现联合的可能性，又要做好应对一切不测事件的准备。必须以两手来对付对方的两手，其中还有许多变数。这样，局势只能在一波三折中前进，不可能那样直截和顺当。

10月22日，三大主力红军胜利会师，结束了长征。对中国共产党来说，这确是一件了不起的大事：如果自身没有足够的力量，别人就轻视你，难以团结和带领方方面面的力量形成强大的抗日民族统一战线；有了这样一个"坚强的支柱"，中国的民族民主革命便有可能很快打开一个新的局面。

11月9日，毛泽东、周恩来致电正在同国民党方面接触的张子华："甲，请告陈委员、曾市长（指陈立夫、曾养甫——引者注），日本新的大举进攻，迫在目前，我方切望南京当局坚持民族立场，立即准备抗战，我方愿以全力赞助，万不可作任何丧失领土主权之让步，再使全国失望，以符蒋介石先生七月间对全国人民宣示之诺言。乙，当此国难严重关头，我方正式宣言只要国民党方面不拦阻红军抗日去路，不侵犯红军抗日后方，红军愿首先实行停止向国民党军队攻击。以此作为我方停止内战、一致抗日的诚意表示，静待南京当局回答，仅在国民党军队向我方攻击时，我方才在不得已的防御方式下给以必要的回击。"[1]

11月13日，中共中央举行政治局会议，讨论在新形势下党的战略方针。毛泽东做了红军行动方向和外交问题的报告，他对张学良和蒋介石的态度都做了冷静而中肯的分析，提出明确的方针，说："张的改变，不完全是表面上的，而是带有根本性的而有内容的改变。我们的方针应更争取他根本改变。""对蒋的问题，现在还没有把握。他是要签字才作算的。我们应用很大的力量，要群众的力量。""张学良向蒋说与红军联合，杨虎城亦讲了，都碰了钉子。阎亦来西安要问蒋，蒋不给他讲话的机会。然而蒋不一定始终是不变的。根据情况的变迁，有可能逼他走到与我们联

---

[1] 毛泽东、周恩来致张子华电，1936年11月9日。

合。现在与南京妥协的范围缩小到红军怎样处理问题,焦点在这里。最近他要我们照广西的样,要服从中央,除红军叫国民革命军,这与国防政府、抗日联军在表面上是不同的。但是表面得不到,我们应准备重实际,应该承认他,这在政治上是胜利的。虽然穿件白军衣服,但更便于进行与白军接洽,便于改白为红。"[1]周恩来做了长篇发言。他说:"我们的战略基础应在促成统一战线的成功,不管所遇的困难怎样,每个行动都要在这个基础出发。""我们应估计蒋有可能利用形势,利用抗日力量控制在他手里,有与我们一面妥协,一方面利用可能向我们进攻。蒋是代表资产阶级,即使参加到民族统一战线,他始终是动摇的。""两广事件妥协后,他就积极派兵来,他要封锁黄河,阻止我们抗日,逼我们就范,剥夺我们的政治资本。""他对我们的妥协,现在主要是军队问题,想把红军控制在他的下面。逼蒋抗日,是要有很大的力量的,现在力量还不大,他现在只能控制,我们应使他控制不住。""停战运动生了效力,红军的胜利更要推动全国力量。假使我们与全国见面,我们的影响更扩大。红军改名字是不要紧的,是更有利的,不仅包括主力,应包括全国各地红军与游击队。这四种力量(指英美、群

---

[1] 毛泽东在中共中央政治局会议上的报告记录,1936年11月13日。

众、南京统治集团的其他各派力量、红军的力量——引者注)的范围,是使蒋走到抗日方面来的重要条件,应在这一前途上来实现我们的战略计划。"[1]

这是西安事变爆发前夜中共中央的一次重要会议。由于各方面的情况已逐渐明朗,中共中央充分估计到局势发展中多种可能的复杂性,特别是充分估计到蒋介石政治态度的两面性,甚至还会"利用可能向我们进攻",但仍判断在各方面压力下,蒋有走到抗日方面来的可能。因此,中共中央已考虑就红军改编为国民革命军等重大让步达成协议,以求得停止内战、一致抗日。可以清楚地看出,中国共产党稍后主张和平解决西安事变,绝不是出于一时的决断,也不是主要因为共产国际因素的影响,而是基于对国内外政治局势的冷静分析,经过一年多对战略决策的深思熟虑和逐步演变的必然结果。

6. 西安事变前后

12月12日,震惊中外的西安事变爆发了。蒋介石去西安,是为了督责张学良、杨虎城所部全力"进剿"陕甘红军。

---

[1] 周恩来在中共中央政治局会议上的发言记录,1936年11月13日。

为什么蒋介石一方面已开始同中国共产党接触和谈判，一方面仍要坚持"剿共"？这种矛盾的现象该怎样解释？其实，蒋介石原来所提"以政治方法来解决"中共问题，不过是要中共向他投诚，受他收编，这自然是办不到的。因此，如果能用武力来强行解决，在他看来依然是"上策"，还要想试一试。他在动身去西安前的12月2日的日记中写道："本月局势，察北'匪伪'未退，倭寇交涉将裂，而陕甘边区'残匪'企图渡河西窜，局势甚不清也。且东北军之兵心，为察绥战争而动摇，而'剿赤'之举，几将功亏一篑，此实为国家安危最后之关键，故余不可不进驻西安，以资镇慑，而挽危局，盖余个人之生死，早置诸度外矣。"[1]他带了大批高级将领如陈诚、卫立煌、蒋鼎文、朱绍良、陈调元、万耀煌等同去，显然准备取张、杨而代之。张、杨向他进言，要求停止内战，一致抗日，苦谏不从，最后只得出以"兵谏"。

关于西安事变的研究成果已经很多很多，这里不复赘言，只准备集中考察一下中共中央高层的决策过程，着重看看在这个时期举行的三次中央政治局会议。

西安事变的发动，中国共产党事先并未与闻。张学良扣留蒋介石后，在当天寅时致电毛泽东、周恩来称：吾等

---

[1] 秦孝仪总编纂：《蒋介石大事长编初稿》卷3（上册），台北：国民党中央党史委员会，第360页。

为中华民族及抗日利益计,不顾一切,今已将蒋等扣留,迫其释放爱国分子,改组联合政府,兄等有何高见,速复。毛、周亥时复电,除对军事部署提出建议外,并称:恩来拟来兄处协商大计。

第二天,中共中央召开政治局会议。因为西安事变发生得很突然,内外各方面的情况还不很清楚,有待进一步了解和观察,会上对许多重大问题只是交换意见,需要在进一步弄清情况后才能做出决断。当时最急迫要求立刻回答的问题是毛泽东在会议开始时所说:"我们对这一事变的态度怎样,应该拥护,还是中立,或反对?应该明白确定,是不容犹豫的。"由于苏联对张学良一向持怀疑态度,中国共产党更需要表明自己的看法。毛泽东提出明确的主张:"这次事变是有革命意义的,是抗日反卖国贼的。他的行动,他的纲领,都有积极的意义,就是在他们自己的出发点上也是革命的。""蒋最近的立场虽是中间的立场,然在'剿共'一点上还是站在日本方面的,这一立场对他的部下是有很多矛盾的,所以他是被这样的矛盾葬送了。"他把西安事变同"两广事变"做了比较,指出:"这次事变与西南事变是显然不同的,因为他没有任何帝国主义的背景,而且他完全站(在)反对'剿匪'立场上的。同时,他同我们的友好是公开的。""我们对西安事变说明是革命,但不是共产党干的,是他们自己的英勇。这对于争取蒋的内部与资产阶级是有利的。我们暂不即发宣言,但在实际行动上应积极做。我们应以西安为中心的来领导全国,控制南京,以西北为抗日前线,影响全国,形成抗日战线的中心,并且这一地区又很巩固,应抓紧这一环去做。""我们的政治口号:召集救国大会。其他口号都是附属在这一口号下,这是中心的一环。"[1]周恩来接着说:"在西北的联合是三个力量(指东北军、十七路军和红军——引者注),应使它更巩固,更成为抗日的中心力量,我们应有相当的努力,给他以帮助。在全国力量团结上,首先要注意的是阎锡山,援绥应成为政治的宣传中心。"[2]这里说的"援绥",是指日本指使伪蒙军侵入绥远东部,傅作义部晋绥军奇袭百灵庙,取得重大胜利,在全国民众中产生重大影响,应当对它声援。

在这次政治局会议上,由于多年来坚持"剿共"的蒋介石突然被扣,很多人都很兴奋。而发言表现得最激烈的是张国焘。他提出的具体主张是:"我们以西安为抗日中心,就包含了以西安为政权中心的意义。""在反对独裁上,亦要联系到南京政府存在问题。""在西安事件意义上,第一是抗日,

---

[1]毛泽东在中共中央政治局会议上的报告记录,1936年12月13日。
[2]周恩来在中共中央政治局会议上的发言记录,1936年12月13日。

第二是反蒋。""内乱问题是不是可免？这是不可免的，只是大小的问题。""以抗日的政府代替妥协的政府。因此，打倒南京政府，建立抗日政府，应该讨论怎样来实现。"讨论中，没有人同意张国焘的主张。周恩来说："在政治上不采取与南京对立，但在实际上应取领导作用，用团结名义，如抗日救国会等，不取发号施令形式。欢迎各方面派代表来参加。"张闻天说："我们不采取与南京对立的方针，不组织与南京对立方式，实际是政权形式，把西安抓的很紧，发动群众，威逼南京。改组南京政府口号并不坏，尽量争取南京政府正统，联合非蒋系队伍。"博古说："我们对西安事件，应看成是抗日的旗帜，而不是抗日反蒋的旗帜。"[1]毛泽东在做结论时说："为的要争取群众，我们发言要不轻易的。我们不是正面的反蒋，而是具体的指出蒋的个人的错误。我们对这一事变要领导，又要反蒋又不反蒋，不把反蒋与抗日并立。"[2]

14日，毛泽东等十人致电张学良、杨虎城，主张组成西北抗日援绥联军，由张任总司令，下编三个集团军，以张、杨和朱德分任总司令，并主张在联军三部分中提出十个口号，这十个口号没有提到反对蒋介石。15日，毛泽东

---

[1] 张国焘、周恩来、张闻天、博古在中共中央政治局会议上的发言记录，1936年12月13日。
[2] 毛泽东在中共中央政治局会议上的结论记录，1936年12月13日。

等十五人又致电南京国民党、国民政府诸负责人，说明中共一直"谋国共之合作，化敌为友，共赴国仇"，要求他们"宜立下决心，接受张杨二氏主张，停止正在发动之内战，罢免蒋氏，交付国人裁判，联合各党、各派、各界、各军，组织统一战线政府，放弃蒋氏爱摆之集权、统一、纲纪等等索然无味之官僚架子，老老实实与民更始，开放言论自由，启封爱国刊物，释放爱国人犯，举内战之全军，立即开赴晋绥，抗御日寇，化黑暗为光明，变不祥为大庆。"[1] 17日，到达西安并已同张学良进行会谈的周恩来致电中共中央，通报他所了解的内外各方面情况，报告"张同意以西北三角团结成推动全中国"，并提出"答应保蒋是可以的，但声明如南京兵挑起内战则蒋安全无望"。次日，又续电报告："蒋态度开始强硬，现在亦转取调和。"[2] 18日，中共中央致电国民党中央执行委员会，提出停止一切内战，一致抗日，召集全国各党各派各界各军的抗日救国代表大会，决定对日抗战，组织国防政府、抗日联军等要求，并明白提出："本党相信，如贵党能实现上项全国人民的迫切要求，不但国家民族从此得救，即蒋氏的安全自由当亦不成问题。"[3]

---

[1] 毛泽东著：《毛泽东文集》第1卷，北京：人民出版社，1993年版，第469页。
[2] 周恩来致毛泽东并中共中央电，1936年12月17、18日。
[3] 中国共产党中央委员会致南京国民党中央执行委员会电，1936年12月18日。

12月19日，中共中央召开西安事变发生后的第二次政治局会议。由于对西安和全国的情况比以前更清楚了，这次政治局会议对如何处理西安事变就能提出更明确的方针，那就是和平解决。毛泽东在会上做报告。他说："西安事变发生后，南京的一切注意力都集中在捉蒋介石问题上，动员一切力量来对付西安，把张杨一切抗日主张都置而不问，更动员所有部队讨伐张杨，这是西安事变发生后所引起的黑暗方面的表现。这是对于抗日不利的，客观上是有利于日本帝国主义。我们必须揭破这是日本帝国主义的阴谋，指出目前问题主要是抗日问题，不是对蒋个人的问题。""西安事变后，对于内战的发生与延长是不利的，我们主要是要消弭内战与不使内战延长。"当时苏联报纸上毫无根据地指责西安事变是日本人策动的，不承认它的革命意义。毛泽东不同意这种看法，说："苏联《真理报》两次的评论，对西安事变认为等于"两广事变"一样。日本说苏联造成，苏联说日本造成，双方对事实的实质都有抹煞。"[1]博古说："这一事变有两个前途，一方面是一些蒋的部下在日本帝国主义的挑拨下而进行更大的内战，一方面是成为抗日战争的起点，我们应争取成为抗日战争的前途，我们应反对转

---

[1]毛泽东在中共中央政治局会议上的报告记录，1936年12月19日。

为内战。"张闻天说："一、这次事变的前途，一是全国抗日的发动，一是内战的扩大。我们的方针应确定争取成为全国性的抗日，坚持停止内战、一致抗日的方针。这一立场得到全国的同情，这是完全正确的。二、不站在反蒋的立场上，不站在恢复反蒋的立场，因为这一立场可以使蒋的部下对立，是不好的。我们应把抗日为中心，对于要求把蒋交人民公审的口号是不妥的。"张国焘也改变了说法，称："这几天事变与消息，我们应采取停止内战、一致抗日的立场是对的。"[1]毛泽东在结论中说："我们应变国内战争为抗日的战争。""内战的前途一定要结束，才能抗日。现在应估计到这次是有可能使内战结束。"[2]

毛泽东在这次会上还讲道："我们准备根据这样的立场发表通电。国际指示还未到，或者要停两天再发。"本来，中共中央在西安事变当天中午就把事变的情况电告共产国际书记处，以后几天又连续多次将情况的发展电告共产国际，但共产国际在16日才给中共中央发来一个电报，又因密码差错，无法译出。中共中央在18日去电要求重发。因此，毛泽东在19日的会上说："国际指示还未到"。原来他讲通

---

[1] 博古、张闻天、张国焘在中共中央政治局会议上的发言记录，1936年12月19日。
[2] 毛泽东在中共中央政治局会议上的结论记录，1936年12月19日。

电"或者要停两天再发",由于局势紧急,需要中共立刻表明态度,领导层内部又已取得一致意见,所以仍在19日由中华苏维埃中央政府和中共中央公开发出通电,并由中共中央在内部发出《关于西安事变及我们的任务的指示》。公开发出的通电要求由南京召开和平会议,西安、中共等各方参加,团结全国,反对一切内战,一致抗日。内部指示中更明确地说:"反对新的内战,主张南京及西安间在团结抗日的基础上,和平解决",并且指出事变发展有两个前途:"或者由于这一发动使内战爆发,使南京中派(民族改良派)一部或大部主观上与客观上走向亲日,削弱全国抗日力量,推迟全国抗战的发动,以致造成了日寇侵略的顺利条件";"或者由于这一发动结束了'剿共'的内战,使停止内战一致抗日反而得到早日的实现,使全国的抗日救亡的统一战线反而更迅速的实际建立起来。"[1]同一天,毛泽东致电潘汉年:"请向南京接洽和平解决西安事变之可能性,及其最低限度条件,避免亡国惨祸。"[2]这很清楚,中共中央和平解决西安事变的方针在19日这一天已正式确定下来,并且依此同南京政府接洽。第二天,也就是20日,共产国际的

---

[1] 中央档案馆编:《中共中央文件选集》第11册,北京:中共中央党校出版社,1991年版,第127、128页。
[2] 毛泽东致潘汉年电,1936年12月19日。

来电也到了,电报中说:"主张用和平方法解决这一冲突。"中共中央当天把共产国际的电报全文立刻电告在西安的周恩来。它同中共中央已做出的决定是一致的。

周恩来到西安后,和张、杨同蒋介石以及随后到西安的宋美龄、宋子文之间的谈判紧张地进行着,其中经过多次反复。最近在海外公布的宋子文12月22日日记中记录了当晚蒋介石同他的谈话:"委员长说,我必须要求周(恩来)同意废除:(一)中国苏维埃政府;(二)取消红军名义;(三)阶级斗争;(四)愿意接受委员长之领导。去告知周,他无时无刻都在思考重组国民党的必要性。如果需要,他会要求蒋夫人签订保证书,保证在三个月内召开国民大会。但在此之前,他必须要求国民党大会把权力交给人民。国民党重组后,他将:(一)同意国共联合——假如共产党愿意服从他,正如同他们服从总理;(二)抗日,容共,联俄;(三)同时他愿意给汉卿(即张学良——引者注)收编共产党的手令,而收编进来的伙伴都会配备良好的武器。"宋子文25日的日记又记载,周恩来会见了蒋介石,对蒋说:"共产党过去一年来为保存国力,曾试图避免打仗。他们并没有利用西安事变,而且建议的措施也同几个月前提出来的一样。"他要蒋保证:"(一)停止'剿共';(二)容共抗日;(三)允许派遣代表前往南京向委员长解释。""委员长回应说，共产党向北推进抵抗日本一直是他的希望，果如周所言，共产党愿意停止一切共产主义宣传活动，并服从他的领导，他将像对待自己子弟兵一样看待他们；虽然'剿共'之事常萦绕于心，但是大部分共产党领导人都是他以前的部下，如果他能以宽大胸怀对待广西，当然也能以宽容态度对待他们。他已经把纳编的共产党军队委托张学良。如果他们对他是忠诚的，他将像对待胡宗南的军队一样对待他们。委员长要周，休息够了，也针对相关问题详细讨论之后，亲自去南京。"宋子文还对周恩来说：身为委员长的旧部属，应该知道委员长是重然诺之人。[1]

当天下午，张学良没有同周恩来商量，就送蒋介石回南京，并且自己陪去。蒋介石在机场对张、杨说："今天以前发生内战，你们负责；今天以后发生内战，我负责。今后我绝不'剿共'。我有错，我承认；你们有错，你们亦须承认。"[2]他还把答应的条件重申了一遍。蒋介石一离西安，态度就发生变化，扣留了张学良，调集中央军直逼西安，并对东北军和十七路军进行分化。但"剿共"的内战毕竟停止了下来，这是很不容易的。国共两党走向第二次合作。

---

[1]《宋子文西安事变日记》,《近代中国》(台北)季刊第157期,2004年6月30日。
[2]《周恩来选集》编委会编：《周恩来选集》(上卷),北京：人民出版社,1980年版,第73页。

27日,中共中央举行政治局扩大会议。毛泽东在报告中对西安事变的意义,用斩钉截铁的肯定语言,做出高度评价。他说:"西安事变成为国民党转变的关键。没有西安事变,转变时期也许会延长,因为一定要一种力量逼着他来转变。西安事变的力量使国民党结束了十年的错误政策,这是客观上包含了这一意义。就内战来说,十年的内战,什么来结束内战? 就是西安事变。西安事变结束了内战,也就是抗战的开始。国共合作虽然说了很久,尚未实现,联俄问题,亦在动摇中。西安事变促进了国共合作,结束了他的动摇。西安事变,开始了这些任务的完成。"[1]在张学良送蒋介石回南京刚两天、政治局势还显得有些扑朔迷离的时候,对西安事变的意义和历史地位就说得这样明白和肯定,真是难得。

为什么西安事变能促成这个转变的实现? 毛泽东接着指出:"西安事变这样的收获不是偶然的,因为国民党已开始动摇,酝酿了很久。他们内部矛盾发展到最高度。所以西安事变便解决了这个矛盾,这是酝酿成熟、时局转变的焦点。西安事变是划时代转变新阶段的开始。"[2]也就是说:

---

[1] 毛泽东在中共中央政治局扩大会议上的报告记录,1936年12月27日。
[2] 同[1]。

在日本侵略者咄咄逼人地进攻和全国汹涌澎湃的民众抗日救国热潮的压力下，蒋介石已着手准备抵抗日本侵略的战争。对转变政策、团结国内各方面力量共同抗日，"国民党已开始动摇，酝酿了很久"，但这个决心一时仍下不了，"一定要一种力量逼着他来转变"。继福建事变和"两广事变"之后，东北军和十七路军在西安事变中竟采取如此激烈的"兵谏"手段，不能不给蒋介石留下极深的印象，感到自己阵营内部的抗日要求也已很难压抑得住，这就"结束了他的动摇"。周恩来同蒋介石直接接触，使他多少感受到中共的诚意。事实也使他看到中共力量不是在短期内能够消灭的。这一切推动并促使他终于下了决心。历史就是在这样充满矛盾的运动中前进的。

在中共中央政治局讨论毛泽东的报告时，林伯渠在发言中说："党对这次事变的处置，所采取的策略路线完全是正确的。""国民党十年错误政策的转变，我同意毛（所说）是由于内部矛盾的发展。"他又说："国际对西安事件总的分析是对的，但有些没有顾到中国实际情形，应多多供给他们实际材料。"在党的政治局扩大会议上能这样说，而且出于林伯渠这样的长者之口，可见共产国际的意见虽仍受到尊重，但已不再都被看作金科玉律。张闻天说："现在一般的说，结束内战的前途是占了优势，但是我们应估计到这中间一些可能发生的障碍。我们应争取把中派的动摇最后的结束。"[1]毛泽东在做结论时说:"关于内战是否结束?我们应该说基本上是结束了。至于前途,不是内战或是抗日的问题,而是抗日迅速与迟缓问题。"[2]

这三次政治局会议,清楚地表明中共中央对西安事变的决策过程。在局势仿佛仍在千变万化的进程中,能如此当机立断地做出正确的判断和决策,实在极不容易。

为了调整政策,国民党决定在1937年2月召开五届三中全会。这是西安事变后举行的第一次国民党中央全会。1月24日,中共中央在刚从东北军手中接管的延安召开政治局常委会议。毛泽东报告谈判问题。他说:"自从释蒋后,我们总的方针是和平","现在已一般的趋向和平了","现在困难问题,就是怕和平没有保障"。[3]张闻天说:"照现在看,蒋一般的是想和平的,蒋开始结束他的动摇。"他提出:"关于三中全会,还有二十天要开,这是国民党转变关键。我们的方针应争取国民党彻底的转变。我们不能希望他立刻宣布对日作战,但停止内战是可能做到的。""我们要发表宣言:第一要表白我们在西安事变和平的决心。第二,

---

[1] 林伯渠、张闻天在中共中央政治局扩大会议上的发言记录,1936年12月27日。
[2] 毛泽东在中共中央政治局扩大会议上的结论记录,1936年12月27日。
[3] 毛泽东在中共中央政治局常委会上的报告记录,1937年1月24日。

要坚决拥护和平统一，拥护能够和平统一的中央政府。第三，应表示我们愿意改变红军的番号与苏维埃名称，红军应改什么名称，可以考虑。我们表示忠于和平统一。在苏维埃区域可以实现普选的制度。我们要声明停止没收豪绅地主。"朱德说："我们过去如果条件苛刻，我们就觉得有些投降的样子。现在看清楚只要于抗日有利，无论条件怎样都好的，因为真要抗日，群众和我们是一定要发展的。"张浩说："在国际国内的情势上，我们在某些地方让步，在别的地方获得胜利是策略上需要的。我们愿意改变红军番号，改苏区为特别区域，多给面子与蒋。"他又说："我们与国际指示有一点不同，就是逼蒋抗日。国际也是主张用群众的逼，但我们还主张利用张、杨、陈、李、白、刘（湘）逼他。这在中国封建社会环境下，这种方法也未尝不对。"从共产国际归来的张浩这样说，再次表明中共中央已不只是亦步亦趋地按照共产国际的指示去做，而是努力按照中国的实际情况办事了。毛泽东再次发言说："对三中全会，应有表示。这次表示应有新问题。""我们并不主张成立西北国防政府，我们要张学良去与蒋介石说和，但蒋不要他去，蒋要派兵来消灭我们，要说我们是汉奸。当时我们对内是动员抵抗，但对外还是积极表示和平的。至于蒋扣留起来，我们还是主张和平。至于放了蒋，我们开去，还是为着和平。"他坦率地指出在此过程中的一点教训:"西安事变后,那宣言上交人民裁判是不对的。"张闻天最后说:"关于和平谈判,是表示双方让步,实际上所说到的,我们是大的胜利。"[1]

2月9日,中共中央政治局常委会通过对国民党五届三中全会的通电。通电在第二天发出,提出著名的"五项要求"和"四点保证",[2]奠定了第二次国共合作的基础。11日,毛泽东在政治局会议上说:"我们的通电,是大的让步,是带原则性的让步,是对工人农民以外的小资产阶级等的让步。因为为着一个大的问题。就是为着现阶段的革命,为着抗日问题。对于土地问题在大阶段说,是不放松的,但在目前阶段是应停止的。苏维埃过去十年斗争是对的,现在改变是对的,应从理论上说清楚这个问题。"[3]事实确实如此:中国的土地属于日本还是属于中国,比它属于地主还是属于农民更加重要。当时要团结一切有爱国心的中国人一起抗日,只能限制地主的剥削,还不能完全解决土地问题。这样,晋西会议上没有解决的怎样对待蒋介石和土地革命这两大问题都得到了解决。

---

[1] 张闻天、朱德、张浩、毛泽东在中共中央政治局常委会议上的发言记录,1937年1月24日。

[2] 中央档案馆编:《中共中央文件选集》第11册,北京:中共中央党校出版社,1991年版,第157、158页。

[3] 毛泽东在中共中央政治局会议上的发言记录,1937年2月11日。

3月23日，毛泽东在政治局扩大会议的发言中提出一条极为重要的原则："中日矛盾是基本矛盾，国内矛盾放在次要地位。在早我已提出，在十二月决议上还没有明显的规定。"[1]也就是说：在现阶段，中日之间的民族矛盾是中国社会的主要矛盾，阶级矛盾应该处在次要和服从的地位。这便把党在战略决策上的大转变，"从理论上说清楚"了。从而，使中国共产党在整个抗日战争时期处理各种复杂问题时，始终有一条明确的指导原则，不致因某些一时或局部的现象偏离大的方向。

正确的战略决策，来自主观认识能符合不断变动着的客观实际。经过一年多在实践中的艰难探索，包括过程中的若干反复和曲折，抗战前夜中共中央的战略决策和中国的抗日民族统一战线已经大体形成，开始进入实际准备抗日的阶段。尽管前进中仍不断遇到这样那样的障碍，总的发展趋势已不可逆转。再过三个多月，中国历史上空前规模的全民族抗日战争便开始了，中华民族的历史揭开了新的一页。

---

[1] 毛泽东在中共中央政治局扩大会议上的发言记录，1937年3月23日。

征引文献

一、报刊征引文献

1.《大公报》(天津), 1933 年 6 月 17 日

2.《大公报》1944 年 9 月 16 日

3.《大公报》1945 年 1 月 1 日

4.《独立评论》第 52、53 合期, 1933 年 6 月

5.《独立评论》第 181 号, 1935 年 12 月

6.《大众生活》第 1 卷第 3 期, 1935 年 11 月

7.《大众生活》第 1 卷第 4 期, 1935 年 12 月

8.《大众生活》第 1 卷第 6 期, 1935 年 12 月

9.《大众生活》第 1 卷第 7 期, 1935 年 12 月

10.《大众生活》第 1 卷第 8 期, 1936 年 1 月

11.《大众生活》第 1 卷第 9 期, 1936 年 1 月

12.《大众生活》第 1 卷第 11 期, 1936 年 1 月

13.《大众生活》第 1 卷第 16 期, 1936 年 2 月

14.《生活教育》第 2 卷第 20 期，1935 年 12 月

15.《生活教育》第 2 卷第 21 期，1936 年 1 月

16.《国闻周报》第 12 卷第 48 期，1935 年 12 月

17.《国闻周报》第 13 卷第 23 期，1936 年 6 月 15 日

18.《上海文化界救国会会刊》第 4 号，1936 年 4 月

19.《救亡情报》第 4 期，1936 年 5 月

20.《救亡情报》第 6 期，1936 年 6 月

21.《血路》第 2 期，1938 年 1 月 22 日

22.《群众》周刊，第 1 卷第 19 期，1938 年 4 月 23 日

23.《八路军军政杂志》创刊号，1939 年 1 月 2 日

24.《文献》卷 4，1939 年 1 月 10 日

25.《新华日报》1941 年 1 月 18 日

26.《新华日报》1944 年 9 月 1 日

27.《新中华报》1941 年 3 月 9 日

28.《解放日报》1944 年 12 月 31 日

29.《党史通讯》1984 年第 7 期

30.《近代中国》（台北）季刊第 157 期，2004 年 6 月 30 日

二、图书等征引文献

1. 曹聚仁、舒宗侨编著：《中国抗战画史》，上海：联合画

报社，1947年版

2. 邹韬奋著:《患难余生记》，杭州：浙江新华书店，1949年翻印

3. 夏衍著:《懒寻旧梦录》，北京：生活·读书·新知三联书店，1985年版

4. 复旦大学历史系日本史组编译:《日本帝国主义对外侵略史料选编（1931—1945）》，上海：上海人民出版社，1975年版

5.《皖南事变资料选》编选组编:《皖南事变资料选》，上海：上海人民出版社，1983年版

6. 邹韬奋著:《韬奋全集》第10卷，上海：上海人民出版社，1995年版

7. 郭沫若著:《洪波曲》，北京：人民文学出版社，1979年版

8.《周恩来选集》编委会编:《周恩来选集》（上卷），北京：人民出版社，1980年版

9.《周恩来选集》编委会编:《周恩来选集》（下卷），北京：人民出版社，1980年版

10. 彭德怀著:《彭德怀自述》，北京：人民出版社，1981年版

11.《一二九运动回忆录》第1集，北京：人民出版社，1982年版

12. 毛泽东著:《毛泽东著作选读》（下册），北京：人民出版社，1986年版

13. 任弼时著:《任弼时选集》,北京:人民出版社,1987年版

14.《王稼祥选集》编辑组编:《王稼祥选集》,北京:人民出版社,1989年版

15. 毛泽东著:《毛泽东选集》第1卷,北京:人民出版社,1991年版

16. 毛泽东著:《毛泽东选集》第2卷,北京:人民出版社,1991年版

17. 毛泽东著:《毛泽东选集》第3卷,北京:人民出版社,1991年版

18. 毛泽东著:《毛泽东文集》第1卷,北京:人民出版社,1993年版

19. 毛泽东著:《毛泽东文集》第2卷,北京:人民出版社,1993年版

20. 续磊、穆青编著:《续范亭文集》,北京:人民出版社,2013年版

21. [日]信夫清三郎编,天津社会科学院日本问题研究所译:《日本外交史》(下册),北京:商务印书馆,1980年版

22. [美]巴巴拉·塔奇曼著,陆增平译:《史迪威与美国在华经验》(上册),北京:商务印书馆,1985年版

23. [美]约翰·佩顿·戴维斯著,罗清、赵仲强译:《抓住龙尾——戴维斯在华回忆录》,北京:商务印书馆,1996年版

24.《救国会》,北京:中国社会科学出版社,1981年版

25. 中国社会科学院近代史研究所翻译室编译:《共产国际有关中国革命的文献资料(1929-1936)》第2辑,北京:中国社会科学出版社,1982年版

26. 中国社会科学院近代史研究所翻译室编译:《共产国际有关中国革命的文献资料(1936-1943)》第3辑,北京:中国社会科学出版社,1990年版

27. [美]约翰·斯图尔特·谢伟思著,王益、王昭明译:《美国对华政策(1944—1945)》,北京:中国社会科学出版社,1989年版

28. 胡绳著:《胡绳文集(1979—1994)》,北京:中国社会科学出版社,1994年版

29.《忆徐海东》编辑组编:《忆徐海东》,郑州:河南人民出版社,1981年版

30. 南开大学马列主义教研室、中共党史教研组编:《华北事变资料选编》,郑州:河南人民出版社,1983年版

31. 中央档案馆编:《皖南事变(资料选辑)》,北京:中共中央党校出版社,1982年版

32. 中央档案馆编:《中共中央文件选集》第10册,北京:中共中央党校出版社,1991年版

33. 中央档案馆编:《中共中央文件选集》第11册,北京:中共中央党校出版社,1991年版

34. 中央档案馆编:《中共中央文件选集》第13册,北京:中共中央党校出版社,1991年版

35. 沙千里著,中国人民政治协商会议全国委员会文史资料研究委员会编:《漫话救国会》,北京:文史资料出版社,1983年版

36. 赵荣声著:《回忆卫立煌先生》,北京:文史资料出版社,1985年版

37. [美]西奥多·怀特、安娜·雅各布著,王健康、康元非译:《风暴遍中国》,北京:解放军出版社,1985年版

38. [美]哈里逊·福尔曼著,熊建华译:《来自红色中国的报告》,北京:解放军出版社,1985年版

39. 粟裕著:《粟裕战争回忆录》,北京:解放军出版社,1988年版

40. 中国人民革命军事博物馆、《百团大战历史文献资料选编》编审组编:《百团大战历史文献资料选编》,北京:解放军出版社,1991年版

41.《中国工农红军第四方面军战史资料选编·长征时期》,北京:解放军出版社,1992年版

42. 徐向前著:《徐向前军事文选》,北京:解放军出版社,1993年版

43. 朱德著:《朱德军事文选》,北京:解放军出版社,1997年版

44. 中央统战部、中央档案馆编:《中共中央抗日民族统一战线文件选编》(中),北京:档案出版社,1985年版

45. 中央统战部、中央档案馆编:《中共中央抗日民族统一战线文件选编》(下),北京:档案出版社,1986年版

46. 荣孟源主编:《中国国民党历次代表大会及中央全会资料》(下册),北京:光明日报出版社,1985年版

47. 张治中著,中国人民政治协商会议全国委员会文史资料研究委员会编:《张治中回忆录》,北京:中国文史出版社,1985年版

48. 全国政协文史资料委员会编:《中华文史资料文库》第5卷,北京:中国文史出版社,1996年版

49. 全国政协文史资料委员会编:《文史资料存稿选编》第20卷,北京:中国文史出版社,2002年版

50. 重庆市政协文史资料研究委员会、中共重庆市委党校编:《国民参政会纪实》(下卷),重庆:重庆出版社,1985年版

51. [英]詹姆斯·贝特兰著,林淡秋等译:《华北前线》,北京:新华出版社,1986年版

52. [英]詹姆斯·贝特兰著,林淡秋译:《中国的新生》,北京:新华出版社,1986年版

53. 军事科学院军事历史研究部编著:《中国人民解放军战史》第2卷,北京:军事科学出版社,1987年版

54. 毛泽东著:《毛泽东军事文集》第 1 卷,北京:军事科学出版社、中央文献出版社,1993 年版

55. 毛泽东著:《毛泽东军事文集》第 2 卷,北京:军事科学出版社、中央文献出版社,1993 年版

56. [英]珍妮·德格拉斯选编,李匡武等译:《共产国际文件(1929-1943)》,北京:东方出版社,1986 年版

57. 中共北京市委党史资料征集委员会编:《一二九运动》,北京:中共党史资料出版社,1987 年版

58. 中共中央党史研究室著,胡绳主编:《中国共产党的七十年》,北京:中共党史出版社,1991 年版

59. 张闻天选集编辑组编:《张闻天文集》(1),北京:中共党史出版社,1990 年版

60. 张闻天选集编辑组编:《张闻天文集》(2),北京:中共党史出版社,1990 年版

61. 薄一波著:《七十年奋斗与思考》(上卷),北京:中共党史出版社,1996 年版

62. 山西省石楼县县委宣传部编:《红军东征》(上),北京:中共党史出版社,1997 年版

63. 薄一波著作编写组编:《薄一波论新军》,北京:中共党史出版社,2008 年版

64. 中共中央党史研究室第一研究部译:《共产国际、联共

（布）与中国革命档案资料丛书》第19卷，北京：中共党史出版社，2012年版

65.《日本军国主义侵华资料长编（上）·〈大本营陆军部〉》，成都：四川人民出版社，1987年版

66.新疆社会科学院历史研究所编著：《新疆通史》第3册，乌鲁木齐：新疆人民出版社，1987年版

67.中共上海市委党史资料征集委员会编：《"一二·九"以后上海救国会史料选辑》，上海：上海社会科学院出版社，1987年版

68.《周恩来书信选集》编委会编：《周恩来书信选集》，北京：中央文献出版社，1988年版

69.中共中央文献研究室编：《毛泽东在七大的报告和讲话集》，北京：中央文献出版社，1995年版

70.薄一波著：《领袖元帅与战友》，北京：人民出版社，2002年版

71.［美］约瑟夫·W.埃谢里克编著，罗清、赵仲强译：《在中国失掉的机会》，北京：国际文化出版公司，1989年版

72.《董必武文集》编辑组编：《董必武统一战线文集》，北京：法律出版社，1990年版

73.郭卿友主编：《中华民国时期军政职官志》（上），兰州：甘肃人民出版社，1990年版

74. 中共中央文献研究室、中共湖南省委《毛泽东早期文稿》编辑组编:《毛泽东早期文稿》,长沙:湖南出版社,1990年版

75. 公安部档案馆编注:《在蒋介石身边八年——侍从室高级幕僚唐纵日记》,北京:群众出版社,1991年版

76. 龙显昭主编,四川师范学院《张澜文集》编辑组编:《张澜文集》,成都:四川教育出版社,1991年版

77. [美] 费正清著,陆惠勤等译:《费正清对华回忆录》,上海:知识出版社,1991年版

78.《叶剑英传》编写组编:《叶剑英传》,北京:当代中国出版社,1995年版

79. 徐则浩著:《王稼祥传》,北京:当代中国出版社,1996年版

80. 黄修荣著:《国共关系七十年》,广州:广东教育出版社,1998年版

81. 程中原著:《张闻天传》,北京:当代中国出版社,2000年版

82.[日]矶野富士子整理,吴心伯译:《蒋介石的美国顾问——欧文·拉铁摩尔回忆录》,上海:复旦大学出版社,1996年版

83.《林伯渠文集》编辑组编:《林伯渠文集》,北京:华艺出版社,1996年版

84. 中国第二历史档案馆编:《中华民国史档案资料汇编》第5辑第1编政治(2),南京:江苏古籍出版社,2000年版

85.［保］季米特洛夫著，马细谱等译：《季米特洛夫日记选编》，桂林：广西师范大学出版社，2002年版

86.［美］哈雷特·阿班著，杨植峰译：《民国采访战：〈纽约时报〉驻华首席记者阿班回忆录》，桂林：广西师范大学出版社，2008年版

87.《文史资料选辑》第71辑

88.陈浩：《一二·九运动前夕学生（中间群众）是怎样动起来的》，未刊稿

89.中央档案馆所藏档案（包括会议记录、电报、谈话记录、简报、手稿等）

三、海外征引文献

1.［美］埃德加·斯诺著：《我在旧中国十三年》，香港：朝阳出版社，1972年版

2.蒋中正著：《中国之命运》，台北：正中书局，1976年版

3.秦孝仪总编纂：《蒋介石大事长编初稿》卷3（上册），台北：国民党中央党史委员会，1978年10月版

4.秦孝仪总编纂：《蒋介石大事长编初稿》卷4（上册），台北：国民党中央党史委员会，1978年10月版

5.秦孝仪总编纂：《蒋介石大事长编初稿》卷5（上册），

台北：国民党中央党史委员会，1978年10月版

  6.秦孝仪总编纂:《蒋介石大事长编初稿》卷5（下册），台北：国民党中央党史委员会，1978年10月版

  7.邓文仪著:《从军报国记》，台北：正中书局，1979年版

  8.张群著:《我与日本七十年》，台北：财团法人中日关系研究会，1980年版

  9.沈亦云著:《亦云回忆》（下册），台北：传记文学出版社，1980年版

  10.中国国民党中央委员会党史委员会编:《中华民国重要史料初编——对日抗战时期》绪编（1），台北，1981年版

  11.中国国民党中央委员会党史委员会编:《中华民国重要史料初编——对日抗战时期》绪编（3），台北，1981年版

  12.中国国民党中央委员会党史委员会编:《中华民国重要史料初编——对日抗战时期》第3编（1），台北，1981年版

  13.中国国民党中央委员会党史委员会编:《中华民国重要史料初编——对日抗战时期》第5编（4），台北，1981年版

  14.中国国民党中央委员会党史委员会编:《中华民国重要史料初编——对日抗战时期》第6编，傀儡组织（2），台北，1981年版

  15.李云汉编著:《抗战前华北政局史料》，台北：正中书局，1982年版

16. 何应钦上将九五寿诞丛书编辑委员会编:《何应钦将军九五纪事长编》(上)，台北：黎明文化事业股份有限公司，1984年版

17. 秦孝仪主编:《蒋介石思想言论总集》卷9，台北：中国国民党中央委员会党史委员会，1984年版

18. 秦孝仪主编:《蒋介石思想言论总集》卷13，台北：中国国民党中央委员会党史委员会，1984年版

19. 秦孝仪主编:《蒋介石思想言论总集》卷14，台北：中国国民党中央委员会党史委员会，1984年版

20. 秦孝仪主编:《蒋介石思想言论总集》卷18，台北：中国国民党中央委员会党史委员会，1984年版

21. 秦孝仪主编:《蒋介石思想言论总集》卷21，台北：中国国民党中央委员会党史委员会，1984年版

22. 秦孝仪主编:《蒋介石思想言论总集》卷38，台北：中国国民党中央委员会党史委员会，1984年版

23. 郭廷以编著:《中华民国史事日志》第4册，台北："中央研究院"近代史研究所，1985年5月版

24. 阎伯川先生纪念会编:《民国阎伯川锡山先生年谱长编初稿》(3)，台北：商务印书馆，1988年9月版

25. 颜惠庆著，姚崧龄译:《颜惠庆自传》，台北：传记文学出版社，1989年版

26. 蒋纬国著:《抗日战争指导》,台北:远流出版事业股份有限公司,1989年版

27. 王世杰著:《王世杰日记》第1册(手稿本),台北:"中央研究院"近代史研究所,1990年影印

29. 王世杰著:《王世杰日记》第3册(手稿本),台北:"中央研究院"近代史研究所,1990年影印

29. 王世杰著:《王世杰日记》第4册(手稿本),台北:"中央研究院"近代史研究所,1990年影印

30. 徐永昌著:《徐永昌日记》第3册(手稿本),台北:"中央研究院"近代史研究所,1991年影印

31. 徐永昌著:《徐永昌日记》第4册(手稿本),台北:"中央研究院"近代史研究所,1991年影印

32. 徐永昌著:《徐永昌日记》第5册(手稿本),台北:"中央研究院"近代史研究所,1991年影印

33. 徐永昌著:《徐永昌日记》第6册(手稿本),台北:"中央研究院"近代史研究所,1991年影印

34. 徐永昌著:《徐永昌日记》第7册(手稿本),台北:"中央研究院"近代史研究所,1991年影印

35. 蒋中正著:《苏俄在中国——中国与俄共三十年经历纪要》,台北:"中央文物供应社",1982年版

36. 中国国民党中央委员会党史委员会编:《国民政府处理

九一八事变之重要文献》,台北,1992年版

37. 陈立夫著:《成败之鉴——陈立夫回忆录》,台北:正中书局,1994年版

38. 杨奎松著:《西安事变新探——张学良与中共关系之研究》,台北:东大图书公司,1995年版

39. "国立编译馆"主编,陈志奇辑编:《中华民国外交史料汇编》第8册,台北:渤海堂文化事业有限公司,1996年版

40. 王子壮著:《王子壮日记》第2册,台北:"中央研究院"近代史研究所,2001年影印

41. 王子壮著:《王子壮日记》第5册,台北:"中央研究院"近代史研究所,2001年影印

42. 王子壮著:《王子壮日记》第7册,台北:"中央研究院"近代史研究所,2001年影印

43. 陈诚著:《陈诚先生书信集·家书》(上),台北:"国史馆",2001年版

44. 陈诚著:《陈诚先生书信集·家书》(下),台北:"国史馆",2001年版

45. 陈诚著:《陈诚先生书信集·与蒋中正先生往来函电》(上),台北:"国史馆",2001年版

46.《蒋介石档案·事略稿本》(31),台北:"国史馆",2008年版

47.《蒋介石档案·事略稿本》(34),台北:"国史馆",2009年版

48.《蒋介石五记·困勉记》(上),台北:"国史馆",2011年版

49.郝柏村著:《郝柏村解读蒋公八年抗战日记(1937—1945)》(上),台北:远见天下出版股份有限公司,2013年版

50.陈克文著:《陈克文日记》(上册),"中央研究院"近代史研究所,2013年版

51.胡宗南著:《胡宗南先生日记》(上),台北:"国史馆",2015年版

52.陈诚著:《陈诚先生日记》(一),台北:"国史馆",2015年版

53.钱世泽编:《千钧重负:钱大钧将军民国日记摘要》(一),台北:中华出版公司,2015年版

54.《民国二十七年之蒋介石先生》,台北:政治大学人文中心,2016年版

55.《民国二十八年之蒋介石先生》,台北:政治大学人文中心,2016年版

56.《民国二十九年之蒋介石先生》,台北:政治大学人文中心,2016年版

57.《民国三十年之蒋介石先生》,台北:政治大学人文中心,2016年版

58. 孙元良著:《亿万光年中的一瞬——孙元良回忆录（1904—1949）》，台北：时英出版社，2008年版

59.《革命文献》第76辑，1978年版

60. 蒋介石日记（手稿本），现藏美国斯坦福大学胡佛研究所

61. 黄郛著:《黄郛日记》（手稿复印件），台北："中央研究院"近代史研究所图书馆藏

62. 陈绍禹:《王明选集》第5卷，[日本]汲古书院，1975年11月发行

后　记

一、本文曾在纪念中国人民抗日战争暨世界反法西斯战争胜利70周年时，在中共中央党史研究室主办的《中共党史研究》上连载。原题为：《抗战期间国共合作中的联合与斗争》。由于刊物的篇幅有限，文字力求从简。现在承三联书店好意，单独出版，趁这个机会，又适当做了补充。

二、本文的主题是抗战期间国共关系的演变，而不是对这个时期中国政治、军事、经济、文化、社会、外交的全面论述，现有的内容已经够庞杂了，其他方面许多重要内容在文中只得省略。

三、文中提到作者过去所写的《华北事变和抗日救亡高潮的兴起》《七七事变前蒋介石对日政策的演变》《抗战前夜中共中央战略决策的形成》三篇论文，内容都同本文有关。为了减少读者翻检之劳，现一并作为本书附录，特此说明。

四、本书付排时，台北的政治大学人文中心出版了《民国某某年之蒋介石先生》(从1937年至1945年,共十三册)。它是将蒋介石亲自审定的《蒋介石档案·事略稿本》的这几年各册排印出版的。《事略稿本》中原缺1937年下半年和1939年,这次出版时将所缺部分根据底稿档案补全。不少读者可能不了解《民国某某年之蒋介石先生》同《事略稿本》的关系,附此说明。

金冲及
2017年6月29日